LE DIVORCE FRANÇAIS

DU MÊME AUTEUR

L'Espace, Terre des hommes, Tchou, 1969.

La lune est à vendre, Denoël, 1969.

En danger de progrès, Denoël, 1970 ; coll. « Médiations », 1975.

Le Bonheur en plus, Denoël, 1973 ; coll. « Médiations », 1975.

La France et ses mensonges, Denoël, 1977 ; coll. « Médiations », 1978.

Scénarios du futur

Histoire de l'an 2000, Denoël, 1978.

Le Monde de l'an 2000, Denoël, 1979.

Le Système E.P.M., Grasset, 1980.

Toujours plus !, Grasset, 1982 ; Le Livre de poche, 1984.

Tous ensemble : pour en finir avec la syndicratie, Seuil, 1985 ; coll. « Points Actuels », 1987.

Le Pari de la responsabilité, Payot, 1989.

La Grande Manip, Seuil, 1990 ; coll. « Points Actuel », 1992.

Tant et plus : comment se gaspille votre argent, Grasset/Seuil, 1992 ; Le Livre de poche, 1993.

Le Bonheur d'apprendre : et comment on l'assassine, Seuil, 1996 ; coll. « Points », 1997.

Le Compte à rebours, Fayard, 1998 ; Le Livre de poche, 1999.

L'Imposture informatique, avec Bruno Lussato, Fayard, 2000 ; Le Livre de poche, 2001.

La Dernière Liberté, Fayard, 2001 ; Le Livre de poche, 2003.

Ne dites pas à Dieu ce qu'il doit faire, Seuil, 2004 ; coll. « Points Sciences », 2006.

Une vie en plus, avec Dominique Simonnet, Joël de Rosnay et Jean-Louis Servan-Schreiber, Seuil, 2005.

Plus encore !, Fayard/Plon, 2006 ; Le Livre de poche, 2007.

François de Closets
en collaboration avec Sophie de Closets

Le divorce français

Le peuple contre les élites

Fayard

ISBN : 978-2-213-63632-0

Introduction

Le pourquoi et le comment

La France broie du noir. Sondage après sondage, les Français manifestent leur mécontentement du présent, leur inquiétude de l'avenir. Ce pessimisme de l'opinion ne se nourrit pas de fantasmes, mais de faits. Tous les chiffres concordent : pouvoir d'achat en berne, croissance anémique, chômage persistant, précarité grandissante, remise en cause des acquis sociaux. Comment la pauvreté peut-elle augmenter alors que nos prélèvements obligatoires sont les plus élevés d'Europe ? Pourquoi les résultats scolaires de nos élèves sont-ils si décevants dans les comparaisons internationales en dépit des efforts consentis ? Pourquoi le chômage des jeunes est-il le plus important d'Europe alors que les gouvernements ont multiplié les plans pour combattre ce fléau ? Qu'il s'agisse de productivité, de créativité, de recherche, la France ne cesse de régresser par rapport à ses voisins. Or, pour atteindre ce résultat désastreux, elle doit vivre au-dessus de ses moyens. Chaque année elle accumule 40 milliards d'euros de déficit public et 40 milliards de déficit commercial. Le pays s'endette alors même qu'il s'enfonce. Le voilà devenu l'homme malade de l'Europe. Le seul qui, au cours des dernières années, a décliné au lieu de se redresser. Qui se souvient encore que, en

1970, il en était le « dragon », affichant la croissance la plus forte et les finances les plus solides ?

« Pourquoi en est-on arrivé là ? », « Comment faire maintenant ? » Vous vous posez ces questions. Moi aussi. Elles n'en font qu'une : le « pourquoi » de nos problèmes est aussi le « comment » de nos solutions ; en cherchant l'un nous trouverons l'autre. C'est ainsi que l'on transforme le passé en expérience. Je vous propose des histoires de France qui visent d'abord à éclairer l'avenir. J'ai repris un certain nombre de dossiers que je suis depuis une quarantaine d'années et j'ai tenté de comprendre ce que nous avons vécu afin de découvrir, non pas ce que nous allons vivre, mais ce que nous pourrions faire.

Hier, c'est demain !

L'actualité procède comme ces auteurs de romans policiers qui égarent le lecteur dans les premiers chapitres pour ne livrer leurs secrets qu'aux dernières pages. Mais, à la différence du romancier, elle ne vient jamais au bout de ses récits. Dès la centième page, elle a basculé sur un autre livre. Les affaires s'enchaînent ; nous en suivons le début, nous n'en connaîtrons jamais le fin mot.

Comme tout journaliste, j'ai été immergé dans le présent, porté par l'instant. Hier, c'était déjà de l'histoire ancienne. Aux historiens d'en comprendre le sens ! Malheureusement, ce sera trop tard. Ah, si nous avions su…

La vision s'améliorant avec le recul, les événements plus lointains sont mieux connus que les plus proches. Manque de chance : c'est l'inverse qui nous serait nécessaire. Nous avons besoin d'une grande distance pour bien voir, mais d'une courte distance pour bien agir.

Mes histoires de France appartiennent à un passé proche, nous les avons encore en mémoire, nous en vivons les suites. Les acteurs sont toujours là, gardiens scrupuleux des fausses interprétations ; les oubliés n'ont pas eu le temps de reprendre leur place, et les conséquences, fastes ou néfastes, n'ont pas fini de rendre leur verdict. Ce n'est plus de l'actualité, et pas encore de l'histoire.

Je suis donc revenu sur des terrains que j'ai beaucoup fréquentés. J'ai refait les enquêtes, remis les informations à jour, les faits en perspective. À ma grande surprise, j'ai reconstitué des histoires différentes de celles dont j'avais gardé souvenir. J'étais bien loin du compte ! Unique consolation, je ne fus pas le seul. Nous avons ignoré des épisodes décisifs, négligé des mécanismes essentiels, nous n'avons pas su ce qu'on nous a caché ou que nous n'avons pas voulu voir. Cette vision rétrospective est riche d'enseignements. Lorsqu'elle nous révèle ce qu'il fallait faire, l'évidence nous glisse à l'oreille ce qu'il faudrait faire.

La confiance perdue

Mes histoires nous parlent d'une société qui fonctionne mal, et cela ne tient pas seulement à l'opposition hégémonique entre la gauche et la droite, les « forces de progrès » et celles « du conservatisme », explication unique et simplificatrice qui ouvre toutes les portes avec la subtilité du bâton de dynamite dans la serrure. Ces épisodes extravagants ou scandaleux montrent une dialectique du mouvement et de l'immobilisme, plus riche, plus diverse, plus inattendue.

J'ai retrouvé ces dysfonctionnements de la démocratie dans les épisodes les plus divers : techniques nouvelles ou sécurité routière, politique budgétaire ou protection de l'environnement, questions stratégiques ou problèmes de fin de vie. Ce ne sont partout que de grands emballements ou d'irrésistibles dérives, d'interminables stagnations ou de soudaines explosions, des commandements technocratiques ou des laisser-aller démagogiques, des protestations idéologiques ou des acceptations moutonnières, rarement l'engagement de tout un pays dans un projet commun. C'est peut-être cela, le fil conducteur. Pourquoi nous est-il si difficile de nous entendre entre Français, de coopérer pour le bien commun, en dépit d'inévitables désaccords ?

La France est en perte de lien social, d'*affectio societatis,* comme disaient les Anciens. Un étrange rhumatisme affectif qui grippe tous les rouages sociaux. Les citoyens ont une vision négative de la classe politique, tout comme les salariés de l'entreprise, les pauvres des riches, les parents de l'école, les justiciables de la justice, les administrés de l'administration, les travailleurs des chômeurs, les jeunes des policiers... et réciproquement. Curieusement ce phénomène est inversement proportionnel à l'échelle. Il joue très peu dans la proximité. Les citadins aiment leur maire, les parents aiment l'école de leurs enfants, les employés aiment leur « petite » entreprise et leur patron, etc. Mais tout se gâte quand ce rapport direct, personnel, bascule dans les grands systèmes, quand on passe de son environnement immédiat au pays tout entier. C'est alors que se fait jour cette crispation qui bloque la société.

Il ne s'agit pas d'une idée reçue, mais d'un fait sociologique. Le constat a été dressé par Pierre Cahuc et Yann

Algan[1] au terme d'un travail qui nous renvoie une image implacable autant qu'irréfutable de la fameuse « exception française ». Les auteurs, deux universitaires de l'École polytechnique et de l'École d'économie de Paris, ont recensé toutes sortes d'enquêtes internationales sur la mentalité et le comportement des peuples et, en premier lieu, celles menées par deux réseaux scientifiques internationaux : *World Values Surveys* et *International Social Survey Programme* (ISSP). Ces organisations sans but lucratif fédèrent et coordonnent depuis plus de vingt ans les recherches sociologiques afin de mener des études comparatives d'une société à l'autre. Il s'est ainsi accumulé au fil des ans un matériel scientifique de première valeur, qui n'intéressait guère les Français jusqu'à l'analyse de Yann Algan et de Pierre Cahuc.

La réponse sévère, consternante, tient dans le titre de leur ouvrage : la société de défiance. Les Français entretiennent une méfiance générale et systématique qui justifie et nourrit un incivisme sans égal dans les grandes démocraties occidentales. Ils n'ont tout d'abord aucune confiance dans leurs institutions. Qu'il s'agisse du Parlement, de la justice ou des syndicats, la France se situe toujours parmi les cinq pays les plus méfiants sur un échantillon de 25. Imagine-t-on que, pour la justice, il n'est que la Turquie et la Belgique pour manifester un plus grand scepticisme ?

La majorité de nos compatriotes considère qu'il faut être corrompu pour arriver au sommet. Une opinion partagée par 13 % seulement des Norvégiens et qui nous place au 12e rang sur 15 pays.

1. Yann Algan et Pierre Cahuc, *La Société de défiance : comment le modèle social français s'autodétruit*, Paris, Éditions Rue d'Ulm, 2007.

Cette méfiance dans la société n'a d'égale que la méfiance à l'égard des individus. À choisir entre deux propositions : « Il est possible de faire confiance aux autres » ou « on n'est jamais assez méfiants », 21 % seulement des Français penchent pour la première opinion. Trois fois moins que les Scandinaves ou les Néerlandais. Ce qui nous classe au 24ᵉ rang sur 26 pays de l'OCDE.

Les Français n'ont donc aucune vergogne à gruger une telle société. Qu'il s'agisse de profiter d'aides publiques auxquelles on n'aurait pas droit, d'acheter un bien que l'on sait provenant d'un vol, de toucher un pot-de-vin dans l'exercice de ses fonctions, c'est toujours en France que la réprobation est la plus faible. Les vingt et un pays dans lesquels l'enquête a été menée ne sont pourtant pas tous scandinaves, germaniques ou anglo-saxons. On y trouve des contrées moins rigoristes comme le Mexique, la Pologne, la Chine ou l'Italie. Véritable schizophrénie, c'est en France, où l'administration est reconnue pour son intégrité, que la concussion choque le moins !

Le Français s'accroche à son « modèle social » comme le créancier à son débiteur. De son État-providence, il a fait une compagnie d'assurance dont il attend une protection, des prestations et des services, mais à laquelle il participe fort peu. Il prend ainsi une position de client extérieur au système dont il dépend. À charge pour lui de défendre ses droits et de ne pas se laisser flouer. Ce lien social univoque est à l'opposé de la relation citoyenne faite d'échanges et nourrie de confiance qui intègre l'individu dans la société. Jusqu'où peut-on vivre ensemble dans cette communauté réduite aux droits acquis ?

L'impossible divorce

Sociologues et politologues se sont longuement interrogés sur cette perte du lien social, sur cette panne de la citoyenneté. Plutôt qu'en faire l'analyse et la théorie, je vous propose de la voir à l'œuvre au fil de ces histoires, si diverses dans les faits qu'elles relatent, si convergentes dans les enseignements qu'on en tire.

Ce « mal français », pour reprendre l'expression d'Alain Peyrefitte, joue essentiellement à la verticale, du bas en haut de la hiérarchie sociale. À l'échelle d'un pays, le peuple n'est plus en prise directe sur le pouvoir, il le délègue. Une classe dirigeante fait les choix, prend les décisions, provoque ou refuse le changement, et c'est elle, dans son ensemble, qui souffre aujourd'hui de ce discrédit. Elle se compose également d'hommes politiques, de chefs d'entreprise, de hauts fonctionnaires, d'intellectuels, d'artistes, de scientifiques, de religieux, de journalistes, de bien d'autres encore. Sans oublier tous les tribuns protestataires, de José Bové à Augustin Legrand, auxquels les médias confèrent une autorité bien supérieure à celle de notables mieux considérés dans leurs milieux, mais beaucoup moins influents sur l'opinion.

Ce sont eux qui détiennent l'autorité et exercent les pouvoirs… au nom et sous le contrôle de la population, cela va de soi. Mais cela ne va plus du tout. La compétence ne confère plus l'autorité, la hiérarchie sociale est devenue suspecte, le lien social se trouve frappé d'illégitimité.

Lorsque la méfiance s'installe dans un couple, chacun peut partir de son côté, vivre seul ou chercher un autre partenaire. Rien de tel pour le couple qui fonde la république. On ne peut dissoudre ni le peuple ni l'élite. Ils doivent vivre ou périr ensemble. Tel est le divorce français, un divorce impossible qui nous condamne à la réconciliation. Si longtemps qu'elle n'interviendra pas, la France ne s'en sortira pas et la dynamique réformatrice initiée par Nicolas Sarkozy s'épuisera faute de ce consensus républicain.

Cette élite n'est pas monolithique, elle regroupe des blocs d'intérêts, des alliances objectives, des lobbies spécialisés, autant de féodalités qui taillent leurs fiefs. Les décideurs qui sont ici à l'œuvre ne sont jamais les mêmes, ni par leur origine, ni dans leurs regroupements. Dans le voyage que je vous propose, nous découvrirons les technocrates décidés et les économistes distingués, les politiciens hésitants et les experts péremptoires, les idéologues enflammés et les apprentis sorciers, les généraux et les cardinaux.

Et les Français, dans tout ça ? Sont-ils des acteurs ou des spectateurs, des citoyens ou des sujets ? C'est selon, et c'est là sans doute que ces histoires divergent. Tantôt les élites décident sans le peuple, et c'est, pour le meilleur ou pour le pire, le changement à marche forcée. Tantôt le peuple n'est pas entraîné par les élites, et c'est l'inertie, l'attente interminable. Parfois, enfin, les élites se dressent contre le peuple et agissent contre la volonté générale.

Élite-peuple : la mésentente cordiale

L'élite sans le peuple ? Je prendrai l'aventure du nucléaire, tant militaire que civil, comme exemple emblématique, un parmi bien d'autres. Elle fut menée au pas de charge par les nucléocrates, jusqu'à buter sur le mur idéologique des antinucléaires. Pour comprendre cette histoire, il ne faut pas seulement remonter aux années cinquante, il faut aussi l'étendre au monde entier. La France semblerait presque sage, comparée aux délires des Docteurs Folamour et autres prophètes du tout-nucléaire. Nous voici maintenant confrontés dans les mêmes termes aux OGM.

Le peuple sans élite, c'est l'interminable histoire de la sécurité routière. Quarante années de perdues, 100 000 morts pour rien, faute d'un pouvoir politique capable de décider. C'est aussi l'accumulation de ces réformes toujours recommandées, jamais appliquées, qui transforment le pays en une gigantesque salle d'attente. C'est surtout la catastrophe financière annoncée et toujours pas conjurée. Trente ans de déficit budgétaire, un peuple drogué, une élite incapable de tirer le signal d'alarme, et le mur devant nous.

L'élite contre le peuple, c'est le dossier tragique de la fin de vie. 85 % de Français veulent pouvoir décider de leur mort, les pouvoirs médicaux et religieux s'y opposent. Survient l'affaire Humbert. L'élite va-t-elle céder à la demande populaire ? Une extraordinaire bataille s'est livrée à huis clos pour manipuler le Parlement et préserver l'ordre moral – une histoire secrète dont nous fûmes tous les contemporains, mais pas les témoins.

D'une histoire à l'autre, l'évidence s'impose : la France possède un art sans pareil pour se créer ses propres problèmes. Inutile d'incriminer la mondialisation, elle est la même pour tous et nous sommes mieux armés que n'importe quel autre pays pour en relever les défis. Les performances de l'équipe France ne dépendent que de sa façon de jouer. Elle est brillante quand elle peut rassembler toutes ses forces et décevante lorsqu'elle perd le sens du jeu collectif.

Lors des Trente Glorieuses, elle a fondé son efficacité sur le mode technocratique en privilégiant la compétence sur la contestation, l'action sur le débat, la réussite sur la critique. Lors des Trente Miteuses qui ont suivi, elle s'est pervertie dans le mode idéologique en privilégiant le verbe sur la réalité, l'émotion sur la raison, l'affrontement sur la concertation, l'hypocrisie sur la vérité.

Ces histoires montrent que la France ne parvient pas à trouver l'équilibre démocratique entre le peuple et les élites. Ce n'est pas affaire de pouvoir, mais d'autorité. L'organisation des pouvoirs n'assure pas à elle seule le bon fonctionnement de la république. Elle suppose, au-delà de la simple élection, que l'autorité soit reconnue par les uns et exercée par les autres. La démocratie a besoin de citoyens concernés qui donnent leur confiance et d'élites responsables qui s'appuient sur le peuple. Entre des citoyens démissionnaires et des élites incertaines, elle fonctionne mal. Ce que démontrent les traités de sciences politiques, ce que montrent ces histoires où notre pays se lit à livre ouvert.

Tel est donc l'itinéraire que je propose au sein de notre histoire de France, c'est-à-dire celle qui nous appartient en propre, que nous avons vécue. Il demanderait à être complété par bien d'autres explorations. Les découvertes, comme on sait, exigent de nombreuses expéditions.

PREMIÈRE PARTIE

L'ÉLITE SANS LE PEUPLE

CHAPITRE 1

100 000 bombes pour le Docteur Folamour

Pourquoi les deux Grands ont-ils fabriqué 100 000 bombes atomiques ? Il suffisait d'un arsenal cent fois moins important pour éviter une troisième guerre mondiale. Les peuples n'ont rien demandé, les élites seules ont lancé cette folle course aux armements nucléaires. En Amérique, en URSS et même en France.

Deux héros face à face qui s'avancent l'un vers l'autre, prêts à dégainer. Dans les films de Sergio Leone, cela donne une scène d'anthologie ; dans le cours de l'Histoire, cela peut conduire à une guerre mondiale. Exemple emblématique de ces défis au bord du gouffre : la crise des missiles de Cuba. Le 24 octobre 1962, John et Nikita ont le doigt sur la détente. Des deux côtés, les armes nucléaires sont sorties. Le monde retient son souffle. Deux jours plus tard, la négociation l'emporte sur la confrontation. La guerre nucléaire n'aura pas lieu. Pas cette fois.

À deux reprises, et deux seulement, la bombe atomique a fait irruption dans l'Histoire : en 1945, elle a détruit Hiroshima et Nagasaki ; en 1962, elle a failli entraîner l'humanité dans une escalade infernale et suicidaire. Hormis ces deux épisodes, la menace nucléaire ne fut jamais brandie lors des crises et des conflits qui ont déchiré le monde. On ne possède donc aucune expérience en matière de guerre atomique, on ne sait pas comment cela pourrait se passer « pour de vrai ». Les stratèges, qui s'appuient d'ordinaire sur les batailles passées pour préparer les batailles à venir, se trouvent ici pris au dépourvu.

Pour surmonter cette disette de faits, ils théorisent à perte de vue, loin de toute exigence populaire, fondent leurs hypothèses sur des postulats invérifiables, déploient leurs raisonnements dans le monde virtuel et remplacent le tribunal de l'expérience par des jeux de guerre. Parlant de conflits qui ne peuvent pas exister, ils n'ont pas à redouter le démenti des faits. Qui donc aura tort ou raison au lendemain d'une guerre nucléaire ?

Faute d'un ancrage solide dans la réalité, cette polémologie de l'impossible devrait perdre toute crédibilité. Mais la terreur dispense de preuves. Pour les stratèges de l'apocalypse, le sérieux du propos tient moins à sa pertinence qu'à l'énormité des menaces évoquées. On ne conteste pas un argument à cinq mégatonnes ! Dispensés de toute confirmation expérimentale, ils ont pu entretenir la course au surarmement nucléaire. Les sommes gaspillées se chiffrent en milliers de milliards de dollars, les bombes inutiles en dizaines de milliers : l'arnaque du siècle.

Dès le début des années 60, l'affaire de Cuba avait démontré, non pas en théorie mais dans la réalité, l'absurdité des postulats qui servirent de prétexte à cette course au nucléaire. Il était prouvé que la terreur nucléaire n'est liée ni à l'importance, ni à la qualité des arsenaux en présence. Telle est la seule leçon de stratégie atomique que nous ait donnée l'Histoire.

John et Nikita face à face

À l'origine de la crise, l'opération « Anadyr » lancée en mai 1962 par Nikita Khrouchtchev pour assurer la protection du régime castriste face aux menaces américaines. 50 000 soldats soviétiques et surtout 60 missiles nucléaires doivent transformer Cuba en une citadelle inattaquable. La mise en place se fait dans le plus grand secret jusqu'au 14 octobre 1962. Ce jour-là, l'avion-espion U2 du major Enderson photographie le déploiement militaire sur l'île. D'autres clichés révèlent la progression d'une flotte soviétique livrant de nouvelles armes nucléaires à Cuba.

Des bombes soviétiques à 150 kilomètres des côtes américaines ! C'est évidemment inacceptable pour J.F. Kennedy. Il doit écarter cette menace. Par quels moyens ? C'est toute la question au cœur de la réunion qui se tient le 21 octobre dans le Bureau ovale de la Maison-Blanche. Suivons son déroulement tel que le raconte l'ancien secrétaire d'État à la Défense, Robert McNamara[1]. Le chef de l'État se trouve confronté au choix nucléaire. Il est pressé de prendre les devants et de bombarder ces installations avant qu'elles ne deviennent opérationnelles. Parmi les participants à la réunion, neuf sont favorables à cette attaque, et huit opposés. Notez qu'aucun ne propose un bombardement atomique de Cuba, qui serait pourtant le moyen le plus sûr d'éradiquer tout l'arsenal soviétique. Mais ce serait aussi exposer l'Amérique à une riposte nucléaire, que Khrouchtchev déclencherait en guise de représailles. La dissuasion fonctionne alors même que les Soviétiques n'en font pas une doctrine et qu'ils bana-

1. Ruedi Mäder, « McNamara : coup d'œil dans l'abîme nucléaire », *Horizons et débats*, n° 30, mars 2005.

lisent l'emploi de l'arme nucléaire. Elle va jouer derechef cette fois au niveau d'une frappe conventionnelle.

Sensible aux pressions en faveur d'une attaque préventive, le président s'adresse au général Sweeney, responsable des forces aériennes qui accompliraient une telle mission : « Pouvez-vous me garantir qu'une attaque détruirait les missiles atomiques à Cuba ? » Après quelques périphrases, le général conclut : « Pouvons-nous garantir que nous n'allons pas laisser intactes une, deux, cinq fusées ? Non, nous ne le pouvons pas. » Autant de missiles portant des charges nucléaires et que les chefs militaires adverses s'empresseraient de mettre à feu. Cette perspective de quelques bombes atomiques frappant les États-Unis suffit à emporter la décision présidentielle : John Kennedy estime qu'il ne peut pas faire courir un tel risque à son pays. Il renonce, contre l'avis de ses conseillers, à l'option bombardement. Scène historique, seul exemple en grandeur réelle de la dissuasion. Les Américains ne savent pas ce que sont les bombes soviétiques à Cuba, ils en ignorent le nombre et la puissance, ils ne sont même pas assurés qu'elles soient réellement opérationnelles. En revanche, ils ne doutent pas que les Soviétiques répliqueront. Dans de telles conditions, la barrière atomique se révèle infranchissable. La leçon est claire : quelques bombes suffisent.

Le 22 octobre, dans une adresse solennelle à la nation, Kennedy annonce : « Tous les bateaux à destination de Cuba, quels que soient leur pavillon ou leur provenance, seront interceptés et seront obligés de faire demi-tour s'ils transportent des armes offensives. » C'est le blocus.

La flotte soviétique poursuit sa progression, protégée par quatre sous-marins ; la marine américaine se déploie en une ligne de défense infranchissable. L'affrontement est une question de jours, peut-être même d'heures. Dans le climat de l'époque, l'escalade du conventionnel au nucléaire est inéluctable. Les Américains ne doutent pas que les Soviétiques soient décidés à faire parler l'atome, et pas seulement la poudre. De fait, leurs sous-marins sont équipés de torpilles nucléaires, tandis qu'à Cuba même leurs techniciens s'affairent jour et nuit pour rendre opérationnels les missiles déjà sur place. L'arsenal nucléaire est présent sur le champ de bataille ; qui plus est, sa mise en œuvre est placée sous l'autorité d'un commandement militaire. Quant aux Américains, s'ils ont refusé d'utiliser les armes atomiques dans des guerres lointaines, en Corée ou en Indochine, ils n'ont aucune hésitation lorsque leur patrie est directement menacée. La défense nucléaire va de soi, et des B52 avec des bombes dans leurs soutes tiennent l'air en permanence, prêts à foncer sur l'ennemi soviétique.

On en arrive ainsi à cette journée cruciale du 24 octobre, lorsque les flottes ennemies sont face à face. Les hostilités vont s'engager. Et pourtant, en fin de matinée, Khrouchtchev donne l'ordre à ses navires d'arrêter leur progression. Dans les quarante-huit heures qui suivent, les escarmouches se multiplient, un U2 est abattu, les navires américains jouent au chat et à la souris avec les sous-marins soviétiques. Les torpilles nucléaires sont déjà engagées dans les tubes de lancement. La CIA annonce qu'à Cuba les missiles sont désormais opérationnels et pointés sur l'Amérique.

Autant d'étincelles qui auraient pu provoquer la déflagration générale, mais les pompiers l'emportent sur les pyromanes, la négociation sur l'affrontement. Des discussions s'ébauchent, tant au Conseil de sécurité qu'à travers des canaux officieux aussi difficiles à trouver qu'à utiliser.

À partir du 28, la tension retombe. La flotte soviétique fait demi-tour et Khrouchtchev annonce qu'il va retirer ses missiles de Cuba. En contrepartie, les États-Unis s'engagent à ne rien tenter contre le régime castriste et à démanteler les fusées Jupiter à tête nucléaire installées en Turquie, près de la frontière soviétique.

Crédibilité des armes, crédibilité des hommes

Tout au long de ces journées dramatiques, les deux chefs d'État ont recherché de discrets intermédiaires pour communiquer directement en s'affranchissant des lourdeurs et des lenteurs diplomatiques. Aux instants cruciaux, cette déficience des liaisons a failli provoquer les pires malentendus. Washington et Moscou prennent acte de cette carence. Dès 1963, une ligne directe et permanente est établie entre les deux chefs d'État : le « téléphone rouge ». Pour le reste, les enseignements de cet épisode resteront lettre morte. Ils ont prouvé que la course aux armements nucléaires est une absurdité. Elle va donc s'accélérer tout au long des années 1960-1980.

Dans un monde pré-nucléaire, l'évaluation stratégique se serait d'abord fondée sur les capacités guerrières de l'adversaire, sur l'état de son armement et sur ses capacités manœuvrières. Pour la crise de Cuba, nous possédons les témoignages des principaux acteurs, nous connaissons les interrogations, les hésitations et déchirements des uns et des autres. Ces sources historiques montrent que la puissance respective des arsenaux atomiques, le nombre de bombes, leur fiabilité, leur capacité destructrice, les possibilités d'interception n'ont jamais été des critères de décision. Confrontés au fait nucléaire, Américains et Soviétiques découvrent qu'il ne se décline pas, ne se hiérarchise pas, qu'il est inadmissible pour l'un comme pour l'autre. Qu'il se concrétise dans des engins de 100 kilotonnes ou d'une mégatonne, dans l'impact de deux bombes ou d'une dizaine, que la chasse soit à même d'intercepter 30 ou 70 % des véhicules assaillants, rien de tout cela ne sera jamais pris en compte.

C'est la leçon que Pascal Boniface et Barthélemy Courmont tirent de cet épisode : « Une chance minime de frappe nucléaire a dissuadé les Américains d'agir, alors que le rapport de forces conventionnelles, tant au niveau local que global, leur était tout à fait favorable. La crise de Cuba a également démontré, sans que cela soit officiellement exprimé à l'époque, que la dissuasion du faible au fort fonctionne. À l'époque, les Soviétiques n'avaient en effet que 300 armes nucléaires à opposer aux 4 000 armes américaines[1]. » La perspective de subir deux ou trois frappes nucléaires était pour l'Amérique tout à fait dissuasive, et l'effet n'eût pas été différent si les Soviétiques avaient possédé dix fois plus de bombes.

En revanche, la communication entre les chefs d'État revêt une importance cruciale. Cela traduit l'extrême personnalisation d'un tel conflit. Qu'une démocratie se trouve face à une dictature n'y change rien. D'un côté comme de l'autre, c'est la volonté d'un seul qui tranche en première et dernière analyse. Nul n'imagine une délibération du Congrès pour savoir s'il convient de déclarer la guerre atomique à l'URSS. Une telle décision doit être celle d'un homme et d'un seul : président élu ou tyran sanguinaire, peu importe. Tout se jouera sur un ordre individuel, le fameux doigt censé appuyer sur le bouton rouge.

1. Pascal Boniface et Barthélemy Courmont, *Le Monde nucléaire*, Paris, Armand Colin, 2006.

De ce fait, la personnalité des protagonistes pèse plus lourd que la puissance des arsenaux. La crise de Cuba a moins opposé l'URSS aux USA que Nikita Khrouchtchev à John F. Kennedy. Le premier est assurément un « dur ». Il s'est imposé dans l'univers criminel du stalinisme, n'a survécu et prospéré qu'en étant aussi manœuvrier dans l'intrigue qu'implacable dans l'exécution. Avec un tel parcours, il ne peut avoir qu'une piètre opinion du jeune président américain. Fils de famille, porté au pouvoir par son clan, celui-ci incarne à ses yeux le pur et pire produit du capitalisme. Le genre de personnage qui bluffe, mais serait incapable de tenir l'affrontement nucléaire. Le leader soviétique entraîne donc son adversaire dans un poker d'enfer, pariant que le jeune homme, placé devant le fait accompli, abandonnera la partie. Il ne veut pas déclencher une guerre atomique, mais il est le seul à le savoir.

Khrouchtchev lance l'opération « Anadyr » sans tenir le moindre compte de la supériorité nucléaire américaine, habité par la conviction que le président américain n'aura pas le cran d'appuyer sur le bouton. Tout au long de la crise, les acteurs, d'un côté comme de l'autre, ne se réfèrent pas à des schémas stratégiques, à des doctrines militaires ; chacun tente de persuader l'autre qu'il ne bluffe pas et n'hésitera pas à déclencher les hostilités. Dans une lettre privée transmise par l'ambassadeur Dobrynine, Kennedy en vient à évoquer sa propre destitution par les militaires : « L'armée américaine risque d'échapper à notre contrôle. » Retenez-moi, sinon ils feront un malheur !

À partir du 26 octobre, le maître du Kremlin prend conscience de son erreur. Non pas sur les armes, mais sur l'homme. John Kennedy n'est pas celui qu'il croyait. Peu importe qu'il ne puisse pas ou ne veuille pas céder, le fait est qu'il tiendra l'affrontement jusqu'au bout. Il n'en faut pas plus pour que la crise s'achemine vers son dénouement.

Dans de tels conflits, la crédibilité n'est donc pas celle des armes, mais celle des hommes. Si, à la place d'un Khrouchtchev, Kennedy avait trouvé en face de lui un Fidel Castro, armé ne serait-ce que d'une dizaine de bombes, tout eût été différent. De bout en bout, le leader cubain s'est conduit en va-t-en guerre version Folamour. Évoquant ces journées devant le comité central du parti communiste cubain en janvier 1968, il se souvient : « Je me suis dit alors : je vais faire une lettre à Khrouchtchev pour lui donner du courage et l'exhorter à ce qu'il ne flanche pas [*rires*] [...]. Mon opinion était qu'en cas d'invasion il fallait leur envoyer une bordée de missiles nucléaires massive et totale [...]. On ne doit pas perdre son temps à des balivernes, ni à donner à l'ennemi celui de déclencher la première frappe. »

La terreur atomique est moins inspirée par les armes que par les politiques qu'elles servent. Ainsi la Chine semble-t-elle moins dangereuse aujourd'hui bien qu'elle n'ait jamais possédé autant de bombes. En 1964, elle réalise sa première explosion atomique et commence à développer une force de frappe. Celle-ci est nécessairement rudimentaire, car l'URSS a cessé toute coopération en ce domaine. Quelque envie qu'il en ait, Mao ne disposera pas d'un arsenal moderne et opérationnel avant de nombreuses années. Mais la bombe atomique n'est pas, à ses yeux, une simple arme de dissuasion, il la voit fort bien en arme d'emploi. La perspective d'un holocauste de dizaines, voire de centaines de millions de morts, n'est pas pour le faire reculer. Il le proclame haut et fort, et son histoire personnelle cautionne cette menace. Entre de telles mains, la bombe chinoise fait trembler le monde. « Les craintes de

Washington étaient alors plus grandes à l'égard de Pékin que de Moscou, qui pourtant disposait d'armes performantes, tandis que l'arsenal chinois restait encore ridicule », constatent Pascal Boniface et Barthélemy Courmont[1].

En 2008, la Chine dispose d'un arsenal nucléaire bien plus impressionnant. Mais les nouveaux dirigeants sont à l'évidence dans un tout autre état d'esprit. S'ils devaient être impliqués dans un conflit majeur, ce que nul ne peut exclure, ils suivraient la logique d'un Khrouchtchev ou d'un Kennedy s'efforçant d'éviter à tout prix une guerre nucléaire, et non pas celle d'un Mao misant sur un tir croisé nucléaire. La bombe chinoise a cessé d'être une source d'angoisse stratégique, et ce changement tient à l'évolution de la politique et non à celle des techniques.

Paix aux arsenaux, guerre aux artificiers : c'est la morale de cette fable. Avec certains chefs d'État, les armes nucléaires seront toujours suffisantes ; avec d'autres, toujours insuffisantes. Et ce n'est pas en augmentant la puissance des armes qu'on augmente la crédibilité des chefs.

Voilà pourtant ce que le monde va faire pendant des décennies. Pourquoi les puissances nucléaires, la France comme les autres, vont-elles s'entêter dans cette erreur ?

De la guerre au duel

Il a fallu trois ans pour mettre au point la bombe atomique, mais il faudra trente ans pour comprendre son mode d'emploi. La question se pose dès le printemps 1945. Ses inventeurs, qui ne sont pas des ingénieurs ou des officiers, mais des

1. Pascal Boniface et Barthélemy Courmont, *op. cit.*

scientifiques, savent depuis le premier jour que ce n'est pas une arme comme les autres. Ils sont opposés à son utilisation contre le Japon et souhaitent que le secret soit partagé avec l'URSS afin de créer un équilibre (on ne disait pas encore « de la terreur ») plus favorable à la paix qu'un monopole américain. Certains, et non des moindres, fournirent même aux Soviétiques de précieuses informations afin d'aboutir au plus vite à cette paix nucléarisée.

Les militaires américains, au contraire, ne voient là qu'un « superexplosif ». Ils ont mis au point une stratégie anti-cités qui consiste à raser des villes entières sous des tapis de bombes incendiaires. Pour chacun de ces bombardements, le nombre des avions engagés se compte par centaines, et celui des morts par dizaines de milliers. L'arme nucléaire permet de faire la même chose à moindre coût. Un seul avion, un seul équipage, une seule bombe, alors qu'il a fallu 279 appareils à Tokyo et 1 200 à Dresde. La question, en fait, ne concerne pas seulement le bombardement japonais. C'est toute la mise en œuvre de l'arme nucléaire qui est ici en cause. Doit-elle s'inscrire dans la stratégie ordinaire, ou se fonder sur de nouveaux principes ?

Dans la décennie qui suit, trois événements apportent des réponses contradictoires. D'un côté, la guerre froide et la bombe soviétique se situent dans le droit fil de la stratégie classique. Les puissances qui se défiaient avec leurs forces navales ou aériennes le font maintenant avec leurs forces nucléaires. La logique est toujours la même. Mais, à partir des années 1950, la bombe H vient supplanter la bombe A. Concrètement, cela signifie que la puissance est multipliée par cent. Ce saut quantitatif est aussi un saut qualitatif. Comme les physiciens du projet Manhattan le pressentaient, la maîtrise de la force nucléaire donne naissance à l'arme absolue, une arme d'anéantissement, et donc de suicide, pas de combat, qui change de fond en comble la nature même du conflit.

Deux puissances nucléaires qui se défient avec des bombes mégatonniques ne sont pas en position de belligérants, mais de duellistes. Chacun met son adversaire en joue. À bout portant. Si l'un tire, l'autre tire aussi. Dans le meilleur des cas, il y aura un survivant gravement blessé ; dans le pire, ils seront tous les deux morts. Les stratèges parlent en l'occurrence de MAD, qui ne signifie pas « fou », mais « Destruction mutuelle assurée ».

Cette assurance ne tient pas à la marque, au calibre ni à l'entretien du pistolet. Même le nombre de balles dans le barillet est oublié. Au premier feu, les deux adversaires seront atteints et sans doute occis. La victoire n'est possible que si la partie s'arrête avant, elle est acquise à celui qui fera baisser le bras de son adversaire.

Ce scénario, en rupture avec l'art traditionnel de la guerre, tient à l'importance des dommages provoqués par les bombes H. Le combat avec des armes conventionnelles est considéré comme « acceptable », le conflit nucléaire comme « inacceptable ».

À partir de 1955, Soviétiques et Américains se lancent dans une course à la grosse bombe. Les premiers expérimentent un engin de 58 mégatonnes et rêvent d'en faire exploser un de 100 mégatonnes. Pour tout pays, pour tout dirigeant, de telles frappes sont intolérables, impensables. La terreur est telle que la menace suffit, qu'elle naît de l'incertitude. Là est le point fondamental. Avec des armes classiques, chaque camp doit prouver l'efficacité de son arsenal. Au moindre doute, il cesse d'impressionner. Dans le duel thermonucléaire, ces supputations n'ont plus cours. Pour celui qui est visé, le pistolet sur la tempe est toujours chargé. Une bombe mégatonnique est crédible, quelles que soient ses chances d'atteindre son objectif. Certains stratèges en tirent la conclusion logique. Ainsi Claude Nigoul, directeur de l'Institut européen des hautes études internationales, pose-t-il en principe que « c'est cette incertitude qui dissuade toute agression, même la plus modeste ». Mais il doit constater que « ce coefficient essentiel d'incertitude est, par contre, absent de la stratégie nucléaire américaine… Il n'existe que dans les capacités de représailles à une première frappe soviétique[1] ». Il est vrai que les États-Unis depuis Pearl Harbor sont obsédés par la crainte de la frappe surprise.

L'anti-stratégie de la dissuasion

L'engagement dans cette course folle se fait au début des années 1960. Les grandes puissances se trouvent alors à la croisée des chemins. Ou bien elles cèdent à la logique de la guerre froide et se lancent à corps perdu dans la course aux armements atomiques, ou bien elles adoptent une nouvelle logique, celle de la dissuasion, et s'en tiennent à quelques dizaines ou centaines de bombes, bien suffisantes pour créer l'incertitude et faire jouer la terreur. L'opinion n'a aucune part dans ce débat, tout juste bonne à faire la claque pour obtenir le vote des crédits.

1. *La Course aux armements et le désarmement. Leurs conséquences sociales et économiques. Tendances de la recherche et bibliographie,* Paris, Unesco, 1979, « Rapports et documents de sciences sociales », n°39.

La contradiction est absolue entre cette logique de la dissuasion et l'intérêt du lobby militaro-industriel. Depuis qu'elle fait la guerre, autant dire depuis toujours, l'humanité s'efforce de perfectionner ses armes. « Si tu veux la paix, prépare la guerre » – le précepte romain pourrait se traduire : « Renforce sans cesse ton arsenal et montre-le bien à ton ennemi. » Les états-majors et les sociétés d'armement vivent de cette dynamique. Qu'elles soient conventionnelles ou nucléaires, les armes doivent se renouveler sans cesse en quantité, en qualité, pour faire vivre ceux qui les conçoivent, ceux qui les fabriquent et ceux qui sont censés les utiliser. Il importe que la nouvelle arme s'inscrive dans la logique traditionnelle de la guerre.

Considérer les armes atomiques comme des armes conventionnelles destinées à gagner les guerres et pas seulement à les éviter : telle est la doctrine officielle des années 1950. Pas de différence dans les armes, pas de différence non plus dans la course aux armements. Mais, lorsque, en 1950, il prétend utiliser la bombe atomique en Corée, le général Mac Arthur se heurte au refus du président Eisenhower et se fait limoger. Preuve que l'amalgame entre le conventionnel et le nucléaire n'est évident que dans les chimères d'état-major.

Cette stratégie, en tous points démentie lors de la crise de Cuba, sera poursuivie et amplifiée par les deux camps au cours des décennies 1960-1980. Les stratèges du lobby refusent la dissuasion du tout ou rien, la seule qui corresponde à la spécificité de cette arme extraordinaire, et inventent sans cesse de nouveaux scénarios qui remettent le nucléaire dans le jeu de la guerre. Ceux-ci ont pour seul objectif de justifier le développement de toute une panoplie atomique très variée, très coûteuse et protégée de toute évaluation par son origine conjecturale.

Irréalisme oblige ! Robert McNamara se complaît dans les délices de la « riposte graduée ». Plus question de n'avoir qu'une destruction massive comme expression du nucléaire. Il sera possible de le décliner sur toute la gamme depuis les mines et les obus jusqu'aux bombes. Et les stratèges d'imaginer les conflits de l'avenir dans lesquels on engage les hostilités en se lançant des « petites » bombes atomiques. Puis on discute. « Cet ultime avertissement est-il suffisant, dois-je frapper plus fort ? », etc. Des histoires à frémir debout pour ces états-majors appliqués à préparer la non-guerre nucléaire, mais qui permettent d'ajouter aux armes stratégiques de longue portée des armes tactiques de courte portée qui vont doubler ou tripler la taille des arsenaux.

Les *think tanks* du lobby militaro-industriel ont trouvé l'arme fatale du surarmement : la certitude. Dans l'affaire de Cuba, l'Amérique a été tenue en respect par une menace des plus incertaines. Elle ignorait tout des armes braquées sur elle. Elle ne savait pas que les sous-marins soviétiques étaient équipés de torpilles nucléaires ; quant aux missiles, ils étaient encore loin d'avoir une parfaite fiabilité. En dépit de cette incertitude, elle tint la menace pour certaine. Les experts militaro-industriels, toujours à contresens de la réalité, en ont déduit que la menace, pour être crédible, doit être d'une absolue certitude. L'ennemi doit savoir comment les choses se passeront dans chaque cas de figure, il ne doit pas entretenir le moindre doute sur les armes qui le frapperont, sur le sort qui l'attend. La maîtrise de la certitude devient le Graal des stratèges nucléaires, la justification de tous les nouveaux programmes, de toutes les augmentations de budget.

Pour atteindre cette bienheureuse certitude, il faut tout d'abord multiplier le nombre des armes afin de jouer sur les grands nombres. Avec des centaines, voire des milliers de têtes assaillantes, la défaillance des unes ou des autres ne compte plus. À ce jeu, les Soviétiques ont sans doute établi un record en 1986, quand, aux dires du ministre de l'Énergie atomique, Victor Mikhailov, le stock atteignit 45 000 têtes !

Mais nos stratèges redoutent que la première salve, en visant les armes nucléaires, laisse le pays à la merci de son ennemi. Imaginez cela : une frappe, une seule, qui détruit instantanément des centaines de bombes réparties sur un très vaste territoire avec un effet de surprise tel que pas une bombe n'a le temps d'être tirée. Quoi de plus vraisemblable ? En vérité, on sait parfaitement que « la capacité réelle de ces missiles intercontinentaux à détruire l'ensemble des silos américains serait dès à présent sujette à caution[1] ». La capacité américaine de détruire d'une seule frappe les armements soviétiques étant tout aussi invraisemblable.

Ce fantasme va pourtant servir de prétexte à la multiplication des armes et, notamment, des silos à blindage renforcé contenant les missiles terrestres américains, les *Minutemen*. Irwin Goodwin relate cet épisode : « En 1964, l'administration du Budget de Lyndon Johnson, soucieuse de dégager les moyens financiers pour son projet de "Grande Société", arrivait à la conclusion qu'un arsenal dépassant les 450 missiles Minutemen représentait non seulement un excès de capacité destructrice, mais surtout un gaspillage financier. La même année, le secrétaire à la Défense Robert McNamara affirmait de son côté que le nombre nécessaire était de 10 000 Minu-

1. André Dumoulin, « Éléments modérateurs dans l'évaluation du rapport des forces et dans la perception de la menace nucléaire », Groupe de recherche et d'information sur la paix de Bruxelles.

temen (il finit par se contenter de 1 000)[1]. » Une aberration qu'il regrettera amèrement, à la fin de sa vie, dans ses mémoires.

Outre ces missiles terrestres, l'arsenal comportait 41 sous-marins porteurs de fusées Polaris. Sans compter les bombardiers, pour ne parler que des armes stratégiques. Et la mise au point des missiles *Midgetmen* et des MX/Peecakeepers qui assureront leur protection en se déplaçant sans cesse sur un support mobile, tandis que les Soviétiques préparent leurs SS 16, missiles mobiles statégiques. À ce prix, la certitude de la riposte devrait être garantie. Pour un temps !

Puis nos stratèges se prennent au jeu de l'interception. Comment maintenir la certitude de l'attaque face à des missiles antimissiles en embuscade ? Ils trouvent la réponse dans les MRV[2]. Désormais, chaque missile emportera plusieurs têtes nucléaires, trois au minimum, qui jailliront de la coiffe et tomberont en grappe, rendant l'interception beaucoup plus incertaine. Comme on n'arrête pas le progrès, surtout quand il ne sert à rien, on passera ensuite des MRV aux MIRV. Dorénavant, les missiles lancent des grappes de charges nucléaires dont chacune est dirigée vers un objectif déterminé. Les missiles des sous-marins peuvent en emporter jusqu'à quatorze.

Les analyses stratégiques, d'autant plus subtiles que totalement irréalistes, ne sont le plus souvent que des plaidoyers pour des intérêts particuliers : ceux des industriels qui, au terme de la démonstration, engrangent les commandes,

1. Texte d'Irwin Goodwin publié dans *Physics Today* et repris dans *La Recherche*, n° 315, décembre 1998.
2. MRV (*Multiple Reentry Vehicle*) : plusieurs bombes en grappe qui s'éparpillent au moment du bombardement ; MIRV (*Multiple Independently targeted Reentry Vehicle*) : chaque bombe est guidée par le missile vers un objectif différent des autres.

mais aussi ceux des différentes armes – Terre, Air, Mer –, toujours en rivalité dans le camp occidental comme dans le camp soviétique.

Après Hiroshima, les aviateurs ont fait main basse sur le nucléaire. La marine a pris sa revanche avec les sous-marins lance-engins. Mais l'armée de terre est alors la grande oubliée de ce Yalta atomique. Elle prendra sa revanche à partir des années 1960 grâce au développement des armes tactiques placées sous sa responsabilité. On ne parle plus de « destructions massives », mais d'*over kill capability*. Il faut pouvoir tuer l'ennemi plusieurs fois pour lui donner la certitude – toujours la certitude ! – que, le moment venu, il sera tué au moins une fois.

À force de préparer la guerre pour ne pas la faire et de construire les vraies armes pour des conflits virtuels, ces experts ne savent plus distinguer le réel de l'hypothétique. Ils partent dans l'imaginaire comme ces amateurs de jeux vidéo qui doivent tuer un maximum d'ennemis pour gagner la partie. Eux aussi lancent des bombes terrifiantes et tuent des millions d'hommes tous les matins.

Les stratèges officiels peuvent ainsi évoquer des frappes anti-armes ou des frappes tactiques « d'ultime avertissement » de plusieurs centaines de bombes. Le déchaînement d'une puissance nucléaire représentant des milliers d'Hiroshima est une simple étape dans le déroulement de leurs scénarios. Tout cela n'a plus aucun sens. Avec le recul, la plupart des stratèges le reconnaissent aujourd'hui. À l'époque, les programmes les plus délirants étaient cautionnés par les plus grandes intelligences. Le sens critique était balayé par la puissance du conformisme ambiant et des intérêts en jeu.

Les merveilles du surarmement

Pratiquée à contresens, la dissuasion a fait découvrir un phénomène jusque-là inconnu : le surarmement. L'expression n'est pas nouvelle. Les mouvements pacifistes en font le plus large usage pour dénoncer les programmes militaires. Mais ce qualificatif satisfait davantage la polémique que l'analyse. Comment affirmer qu'un armement classique est surnuméraire ? Plus il est important, plus il impressionne l'ennemi en temps de paix et mieux il permet de le combattre en temps de guerre. Il n'y a aucune raison de fixer une limite au-delà de laquelle tout équipement supplémentaire serait superflu. Avec les armes conventionnelles, le surarmement ne peut être que relatif par rapport à d'autres dépenses, il n'a pas de sens dans l'absolu. Avec l'armement nucléaire, en revanche, il existe en soi. Un arsenal qui ne vise pas à gagner la guerre, mais à l'éviter, atteint son objectif dès lors qu'il terrifie l'ennemi. Passé ce seuil de crédibilité, son développement n'apporte aucun avantage supplémentaire, il n'est plus que du surarmement. L'affaire de Cuba prouve que ce niveau était atteint dès le début des années 1960. Pourquoi renforcer sans cesse cette promesse d'une mutuelle destruction ?

Une formidable machine à construire des bombes – des bombes et des vecteurs – s'est mise en marche dans les années 1950-1960. Une machine dont les rouages incluent le chercheur et le général en chef en passant par l'ingénieur, le technicien, le stratège, l'actionnaire, l'industriel et les travailleurs qui, par dizaines de milliers, ont fait de l'armement nucléaire leur « business » ou leur « job ». Reproduisant le modèle des « marchands de canons » de naguère, ce lobby pousse obstinément, aveuglément à l'accroissement des arsenaux. Sa force devint irrésistible dès lors qu'elle était soutenue par la guerre froide, cet amplificateur de délires.

Jacques Villain[1], qui a suivi cette course à la trace, fait les comptes : « À la fin des années 1960, les Américains disposent déjà de 656 missiles embarqués sur 41 sous-marins, de 1 054 missiles enterrés dans des silos, et de 4 800 bombardiers... L'apparition des têtes multiples, les MIRV, provoqua un accroissement considérable du nombre des charges. C'est ainsi que de 1968 à 1979, leur nombre sera passé de 1 710 à 7 594. » Pour les seules armes stratégiques, bien sûr.

Prise d'une véritable frénésie, la bureaucratie militaire exige un renouvellement permanent des forces stratégiques. Aux États-Unis comme en URSS : les Soviétiques alignaient à la fin des années 1980 six nouveaux systèmes de missiles balistiques et de croisière, plus un bombardier lourd, tout en poursuivant le développement d'une génération plus perfectionnée, plus chère et tout aussi fournie. L'arsenal nucléaire se développait également vers le bas avec la multiplication des armes tactiques dites de « faible puissance », disons équivalentes à la bombe d'Hiroshima. Les Américains avaient même conçu une sorte de mortier atomique d'utilisation individuelle : le « David Crockett » ! Ils dépensaient aussi des sommes considérables pour la bombe à neutrons, qui devait tuer les hommes sans s'attaquer aux choses. Bref, il y avait toujours des scientifiques pour lancer de nouvelles recherches, des stratèges pour les justifier, et des gouvernements pour les suivre.

Dans les années 1970-1980, chacun des deux Grands disposait de quelque 12 000 têtes stratégiques et de deux à

1. Jacques Villain, historien de la Dissuasion, « L'effort français comparé à celui des autres puissances », conférence à la Sorbonne, 24 janvier 1989.

trois fois plus de têtes tactiques. L'évidente absurdité d'une telle accumulation ne pouvait échapper aux responsables politiques. Mais comment faire machine arrière? La pression de la guerre froide interdisait tout désarmement unilatéral et, au contraire, imposait la course sans fin à la suprématie. Restait la possibilité d'un désarmement négocié. Les premiers contacts soviéto-américains, baptisés SALT pour *Strategic Arms Limitation Talks*, débutèrent dès la fin des années 1960. Ils aboutirent en 1972 à un premier traité qui figeait le nombre des missiles stratégiques de part et d'autre. Effet salutaire, aussitôt compensé par le développement des engins à têtes multiples. Les discussions se poursuivent tout au long des années 1970 et débouchent en 1979 sur SALT 2, qui fixe à 2 250 le nombre des missiles dans chaque camp et limite le recours aux têtes multiples. Mais les chefs d'État restent prisonniers de ce comportement schizophrénique qui les pousse à freiner sur le plan diplomatique alors même qu'ils accélèrent sur le plan militaire en lançant sans cesse de nouveaux programmes. La nécessité d'arrêter cette folie s'impose, mais nul ne sait comment redescendre sur terre.

La rentrée dans l'atmosphère ne débute vraiment qu'avec la fin de l'empire soviétique. Le traité Start 1 de 1991 engage le démantèlement de ces arsenaux : le nombre des missiles diminue de moitié. Depuis la disparition de l'URSS, le désarmement nucléaire, ou plus exactement la fin du surarmement, est à l'ordre du jour en Amérique comme en Russie, sur le plan bilatéral ou unilatéral. Les 50 000 armes nucléaires que possédait chacun des deux Grands ne sont plus que 12 000. Dont une majorité ne sont même pas en alerte ni simplement opérationnelles. Et leur nombre continuera de diminuer dans les années à venir. Bruno Tertrais fait le point pour les États-Unis : « Le nombre d'armes stratégiques opérationnelles sera réduit et compris en 2012 entre 1700 et 2200, soit une réduction de 80 % par rapport à 1990. Le complexe nucléaire américain est vieillissant. Les États-Unis n'ont pas produit de plutonium de qualité militaire depuis 1988, n'ont pas procédé à un essai nucléaire depuis 1992. Ils n'ont pas produit d'armes depuis 1989. L'âge moyen des armes en service est de 21 ans [1]. »

La tendance est la même en Russie. Il est probable qu'à terme les arsenaux des « Grands » ne compteront guère plus d'un millier de têtes opérationnelles. Quant aux autres puissances nucléaires, Chine, Inde, Pakistan, instruites par les erreurs du passé, elles ne dépasseront sans doute pas quelques centaines d'armes, et les arsenaux non déclarés, Israël aujourd'hui, Iran, Corée du Nord ou autres demain, se limiteront à quelques dizaines. La page du surarmement nucléaire serait-elle tournée ?

La facture

Avant de boucler un tel chapitre, il faut arrêter les comptes, faire place nette et vérifier s'il ne resterait pas quelques séquelles non encore désactivées. Côté américain, le bilan de l'armement nucléaire a été dressé par une équipe de la Brookings Institution. Sous la direction de Stephen Schwartz, les onze chercheurs sont allés chercher dans tous les coins les programmes et les budgets disséminés, voire dissimulés et jamais regroupés. Ils ont présenté leurs conclusions en

1. Bruno Tertrais, *La dissuasion nucléaire en 2030, essai de prospective*, Fondation pour la recherche stratégique, Paris, 2006.

juin 1996 dans «*Atomic Audit : the costs and consequences of US nuclear weapons since 1940*». L'addition finale? 5 500 milliards de dollars! Précisons qu'il s'agit là de l'armement, et non du seul surarmement, que le dollar a perdu en dix ans 20 % de sa valeur, et concluons que les dépenses excédentaires atteignent *plusieurs milliers de milliards de dollars*! Passant des comptes à l'inventaire, les chercheurs ont répertorié 70 000 têtes nucléaires construites par les États-Unis, 65 modèles de bombes différents et 116 types de vecteurs!

Côté soviétique, les dépenses furent beaucoup moins importantes en valeur absolue, mais beaucoup plus en valeur relative. S'ajoutant aux budgets militaires, aéronautiques et spatiaux – le régime soviétique fusionnait le tout dans le même complexe militaire –, elles ont pesé lourdement sur une économie planifiée, centralisée et fort peu efficace. On peut donc estimer que, *au total, l'humanité a construit plus de 100 000 bombes atomiques et dépensé près de 10 000 milliards de dollars actuels dans le nucléaire militaire!*

En regard de ces sommes faramineuses, il faut mettre un actif, et non des moindres : la troisième guerre mondiale n'a pas eu lieu. Sans l'équilibre des terreurs, la guerre froide aurait vraisemblablement débouché sur un embrasement général. L'arme atomique a donc préservé la paix et, en tout état de cause, dès lors qu'elle était inventée, on ne voit pas comment elle aurait pu être «désinventée». Fallait-il pour autant se lancer dans de telles folies?

En URSS, comme d'ailleurs en France, l'argent public ne compte pas. Les gouvernements peuvent le dilapider sans le moindre contrôle. Il n'en va pas de même aux États-Unis, où les citoyens voient toujours «leurs» dollars dans les budgets de l'État. Le contrôle y est donc efficace et permanent, en dépit des « black programs » qui échappent aux parlementaires. Exemple typique de cette censure budgétaire : l'avion de transport supersonique, le SST, s'est vu couper les ailes par le Sénat américain alors que son concurrent français, le Concorde, bénéficiait de tous les crédits nécessaires. Les électeurs et leurs représentants auraient dû mettre le holà aux ruineuses folies des stratèges. Ce fut tout juste le contraire : les budgets d'armements, même les plus extravagants, ont toujours été populaires.

L'action d'un lobby militaro-industriel ne suffit pas à tout expliquer. De telles pressions existent toujours et partout. Comment se fait-il que celles-ci aient été si efficaces ? Cette faveur, cette ferveur ont été entretenues par la phobie de l'ennemi communiste. Dans les années 1960, deux Américains sur trois pensaient mourir lors d'une guerre atomique avec l'URSS. L'Amérique, tout comme l'Union soviétique d'ailleurs, se vivait comme une forteresse défiée, assiégée, menacée. À la moindre défaillance, au plus petit relâchement, la poigne de fer communiste risquait de s'abattre sur le monde libre. Face à de tels périls, le compte est toujours bon. Les représentants du lobby ne cessaient de répéter que « la paix n'a pas de prix ». Ainsi conditionné, le peuple américain voyait dans la suprématie nucléaire la clé de sa survie. Ajoutons l'idée reçue que les non-initiés ne peuvent rien entendre aux questions nucléaires, militaires comme civiles, et l'on comprend le montant extravagant des sommes qui furent extorquées.

Si nous n'avions qu'à pleurer sur l'argent gaspillé ! Mais non ! Le surarmement fut inventé là, précisément, où il est intolérable. Se débarrasser d'un arsenal classique est une affaire de ferrailleurs. Se débarrasser d'un arsenal nucléaire, c'est une affaire d'experts. Le démantèlement de la moindre bombe est une opération longue, délicate, et qui, surtout, laisse une charge indestructible d'explosif nucléaire, uranium hautement enrichi ou plutonium, dont on ne sait que faire.

Il y a une dizaine d'années, Jacques Attali[1] s'est penché sur cette question à la demande du secrétaire général des Nations unies. Son constat fut terrifiant. D'une part, l'arsenal accumulé par le pouvoir soviétique s'est retrouvé à l'abandon après la fin de l'URSS. La description qu'il en donne fait froid dans le dos : « Plusieurs sources affirment même que certains missiles sont équipés de systèmes de sécurité catastrophiques, parfois limités à un simple cadenas ! Des ogives seraient stockées sur des automotrices ! La taille de leur cœur étant inférieure à 20 centimètres et leur diamètre inférieur à un mètre, leur décompte est malaisé et leur disparition toujours possible. Leur nombre étant inconnu de tous… »

D'autre part, l'élimination de dizaines de milliers d'engins se révèle hautement problématique. « Cinq missiles nucléaires au maximum pouvant être démantelés chaque jour en Russie comme aux États-Unis, il faudra entre sept et dix ans pour respecter les traités de réduction des armements. » Enfin, une telle opération, à supposer même qu'elle soit menée à bonne fin, laisserait le plus empoisonné de tous les cadeaux, l'explosif nucléaire : « Le désarmement des deux superpuissances libérera dans les vingt prochaines années plus de 200 tonnes de plutonium et 1 000 tonnes d'uranium très enrichi. » Rappelons que la masse critique nécessaire pour faire une bombe est inférieure à une dizaine de kilos de

---

1 Jacques Attali, *Économie de l'apocalypse. Trafic et prolifération nucléaires*, Paris, Fayard, 1995.

plutonium et à une cinquantaine de kilos d'uranium 235. Sans oublier les sous-marins nucléaires qui pourrissent à Mourmansk et représentent un risque écologique majeur.

Si, encore, on en avait fini avec ces aberrations, mais il reste toujours un domaine dans lequel les stratèges poursuivent leurs ruineuses chimères : ce sont les antimissiles.

La guerre des étoiles

La pensée militaire est tout entière conditionnée par la dialectique de l'épée et du bouclier, de l'obus et du blindage, de l'attaque et de la défense. Tout progrès d'un côté doit entraîner un progrès équivalent de l'autre côté afin que la guerre reste possible. Cette problématique se trouve prise en défaut par l'arme nucléaire, qui, de ce fait, rend la guerre impossible. Voilà ce que certains militaires n'ont pas voulu entendre. Face à l'échec des défenses passives que pulvériseraient les armes nucléaires, ils se prirent à rêver d'une défense *active* : des missiles intercepteurs se précipitant au-devant des bombes assaillantes ne pourraient-ils les détruire avant qu'elles ne touchent terre ? Dès le début des années 1960, les Soviétiques travaillent sur le missile anti-missile Galosh. En 1967, ils déploient la première unité opérationnelle pour protéger Moscou. Les Américains répliquent en multipliant les têtes nucléaires sur leurs propres fusées.

Les deux Grands ont un éclair de bon sens dans ce monde en folie. Ils se rendent compte que, en engageant le nucléaire dans la logique de l'obus et de la cuirasse, ils se lancent dans une course insensée. Dès 1972, ils parviennent à conclure le traité ABM, par lequel ils s'engagent à n'avoir jamais qu'un seul site de défense antimissile. Le monde doit vivre sur la certitude d'une destruction mutuelle.

Mais voilà que, le 23 mars 1983, le président Ronald Reagan présente au monde ébaubi son Initiative de défense stratégique. « J'en appelle à la communauté scientifique, qui nous a donné les armes nucléaires, afin qu'elle mette ses talents éminents au service de l'humanité et de la paix mondiale et qu'elle nous permette de frapper ces armes d'impuissance et de les faire tomber en désuétude. » Le système censé remplir ce programme mirifique doit inclure des lasers ultra-puissants et autres armes futuristes. Lorsque ce rempart, aussitôt rebaptisé « Guerre des Étoiles », sera mis en place, aucune bombe atomique assaillante ne pourra plus atteindre les États-Unis. Cette infranchissable muraille n'est encore qu'un thème de recherche, à peine un projet, tout juste une « initiative », mais elle bénéficie d'un budget bien réel de 25 milliards de dollars.

L'idée est à ce point stupide que, en ce domaine où pourtant les sottises font loi, le bouclier-miracle déclenche une belle salve de critiques. Des scientifiques dénoncent ce très mauvais scénario de science-fiction. Certes, on peut imaginer que le progrès des techniques permette dans l'avenir d'intercepter des missiles assaillants. Mais cela ne résout en rien le problème posé. Aussi longtemps que le barrage ne fonctionne pas à 100 %, il suffira d'augmenter le nombre des bombes et des leurres pour atteindre l'Amérique en dépit de tous les intercepteurs. Or, le président Reagan a fixé comme objectif une sanctuarisation absolue du territoire américain. Il ne peut donc être question de s'en tenir à des probabilités, si élevées soient-elles. 90 % d'interception ou rien, c'est pareil.

Une fois de plus, le nucléaire bute sur la question de la certitude. Les puissances la cherchent vainement dans l'attaque alors qu'elle n'a aucun intérêt, voilà que la superpuissance veut la trouver dans la défense. La réponse de la science est sans équivoque : jamais, jamais, jamais, un système, si perfectionné soit-il, ne donnera l'assurance d'une protection totale. Au plus et au mieux, il réduirait le nombre des frappes au but. La stratégie nucléaire se fonde sur l'incertitude dans la défense comme dans l'attaque.

Comme prévu, ce projet sera abandonné dans les années suivantes. Les grands stratèges qui l'avaient défendu feront alors valoir que cette IDS n'avait jamais été qu'un leurre. Il s'agissait d'entraîner l'URSS dans un programme équivalent, dont elle n'aurait pu supporter le coût, qui aurait ruiné son économie et, pour finir, mis à bas le régime communiste. La fin de l'empire soviétique survint très opportunément pour démontrer que le «piège» avait parfaitement fonctionné. En réalité, l'URSS s'était déjà engagée dans cette voie et les historiens qui ont épluché les finances de l'État soviétique n'ont pas trouvé trace d'un effort budgétaire supplémentaire en réponse à l'IDS.

Pourtant, les États-Unis ont bel et bien entraîné l'Union soviétique dans des dépenses inconsidérées. Mais l'insupportable défi ne fut pas nucléaire, il fut spatial. Si les dirigeants soviétiques n'ont pas fait de surenchère derrière Ronald Reagan et sa guerre des étoiles, en revanche, ils ont pris le sillage de John Kennedy et du programme Apollo. Dans le plus grand secret, ils ont déployé des efforts démesurés pour devancer les Américains et arriver les premiers sur la Lune. Le poids de cet échec a pesé lourdement sur l'économie soviétique, il a stérilisé les investissements dans le secteur productif et préparé la chute finale du système.

Alors que l'on pensait en avoir fini avec cette compétition des puissances nucléaires – reste cependant à régler le problème de la prolifération, et c'est amplement suffisant –, le président Bush a relancé l'idée d'un bouclier antimissile, en violation du traité ABS de 1972. Le projet est plus modeste, puisqu'il ne vise à intercepter qu'une « petite » attaque que pourrait lancer un nouvel État nucléaire. On peut toujours cauchemarder. Pour manifester leur mécontentement, les Russes ont entrepris la production en série de leurs nouveaux missiles équipés de dix têtes nucléaires, les Boulava-M, et mis leurs bombardiers en état d'alerte. Avec un peu de chance, se dit le lobby militaro-industriel, on pourrait donc relancer la course aux armements nucléaires qui était en passe de se ralentir dangereusement…

Les armes nucléaires tendent, il est vrai, à se marginaliser dans le grand jeu géostratégique. Elles ne font pas que se neutraliser les unes les autres : le risque existe que certaines tombent entre les mains d'un irresponsable dans la lignée d'un Mao, d'un Castro ou d'un Ben Laden, qui ne reculera pas devant son utilisation. Risque d'autant plus élevé que, à l'inverse, la capacité des États démocratiques à faire usage de leurs armes semble de plus en plus incertaine. Comme le constatait récemment un diplomate : « Nous approchons du point où il sera impossible, pour un gouvernement démocratiquement élu, d'utiliser des armes nucléaires[1]… » Et j'ajouterai « pour un chef d'État ». L'affaire de Cuba nous a enseigné que la crédibilité est affaire d'homme, et non pas

---

1. Propos de l'ambassadeur Henrik Salander dans *Arms Control Today*, juillet-août 2005, cité par Bruno Tertrais in *La Dissuasion nucléaire en 2030*.

d'arme. Que, à maîtriser celle-ci sans la volonté de celui-là, on risque les plus dangereux malentendus.

La fronde de David

Et la France, comment a-t-elle joué sa partition dans ce grand opéra de la terreur nucléaire ? A-t-elle gardé le sens de la mesure, alors que les rigueurs de la stratégie dérivaient dans les extravagances de l'imaginaire ? On voudrait le croire, mais hélas ! Disons que les Français ne s'en sont pas trop souciés. Ils n'en ont jamais débattu dans les forums médiatiques ou les campagnes électorales. Non, vraiment, le sujet n'intéresse pas. Seuls les pacifistes se devaient de manifester contre la bombe. Mis à part ces démonstrations folkloriques, notre pratique institutionnelle laisse à une petite élite refermée sur elle-même la plus grande liberté en matière de défense nationale.

L'engagement dans le nucléaire militaire s'est donc fait sans concertation ni confrontation. Les premiers décrets sont signés en 1954 par Pierre Mendès France, pour des raisons largement politiques : « Sans la bombe, on n'a pas voix au chapitre », dit-il. Le Parlement n'a été ni consulté, ni même informé. Le général de Gaulle, à son habitude, décide seul en 1958 que la France se dotera d'une force nucléaire, que l'on qualifia « de frappe » avant de la reconnaître « de dissuasion ». Les Français en général et les militaires en particulier n'étaient guère enthousiasmés par cet effort qui leur était imposé, mais on ne discutait pas les volontés du Général.

En l'espace d'une décennie, et malgré l'opposition américaine, la France a construit tous les éléments d'une défense nucléaire moderne : bombes, bombardiers, missiles, sous-marins. Un exploit technique réalisé dans une relative indifférence de la population et dans l'hostilité des élites scientifiques. La gauche s'y est opposée, question de principe, puis s'y est ralliée en 1981, principe de réalité. L'opinion a suivi une semblable évolution. Après avoir été hostile, puis réticente, elle apporte désormais un soutien sans faille à la bombe française. Depuis des années, les enquêtes récurrentes montrent que, pour les deux tiers des personnes interrogées, la France ne pourrait pas assurer sa défense sans elle. Une approbation qui ne va pas sans une certaine fierté. La force nucléaire fait partie de notre paysage national au même titre que le mont Blanc et la tour Eiffel. Les électeurs ne se sont jamais mêlés de l'affaire, la classe politique en a toujours eu la maîtrise. Pour quel usage ?

Le général de Gaulle voyait dans la bombe atomique un instrument plus politique que militaire : la marque distinctive de cette grandeur qu'il entendait rendre à son pays. Au sortir de la guerre, il avait imposé la France parmi les puissances victorieuses ; au temps de la guerre froide, il devait l'imposer parmi les puissances nucléaires. C'était la condition indispensable pour tenir une place éminente dans le concert des nations, tenir son rang en Europe face à une Allemagne de plus en plus prospère, mais sans défense, et justifier un siège permanent au Conseil de sécurité.

L'argument militaire semblait plus difficile à soutenir. A priori, une force nucléaire française paraîtra toujours dérisoire face à l'arsenal démesuré de l'URSS. Entre le « faible » et le « fort », le décalage est tel qu'aucun rapport de force n'est tenable. Mais les stratèges français ont justement compris la spécificité du nucléaire. Quelques bombes suffisent à infliger des dommages insupportables, même aux plus grands. Peu importe que l'arsenal de l'adversaire soit dix ou cent fois plus important, la menace crédible de quelques frappes assure la dissuasion vis-à-vis de n'importe quelle puissance. Certes, les milliers de bombes soviétiques peuvent vitrifier la France, mais une poignée de bombes françaises peuvent dévaster Moscou, Leningrad et quelques autres villes russes, et ceci compense cela. David n'affronte pas Goliath, il le menace de sa fronde. Les maîtres du Kremlin chercheront d'autant moins l'affrontement avec la France que celle-ci brandit une menace très supérieure à l'enjeu qu'elle représente. C'est la dissuasion du faible au fort...

Tout au long des années 1960, les opposants s'efforcent de tourner en dérision l'entreprise gaulliste. L'argumentation se résume en un mot : « bombinette ». Un dénigrement d'une rare stupidité, qui a étouffé dans l'œuf les critiques qui auraient dû porter sur la composition, le déploiement et la stratégie de nos forces atomiques.

Dans les faits, la France n'eut jamais à brandir sa force nucléaire, mais on sait qu'en cas de conflit elle eût dissuadé l'URSS comme n'importe quelle autre puissance. En ce début des années 1960, alors que nul ne connaissait la suite de l'histoire, la bombe atomique offrait au pays un symbole national fort et un gage d'indépendance non négligeable.

Le surarmement à la française

S'il suffisait de quelques bombes pour tenir en respect ses adversaires, il fallait en revanche déployer une force plus importante pour tenir son rang sur le plan politique. L'arsenal devait se mettre en vitrine, afficher la capacité technique et industrielle du pays, et non pas seulement sa crédibilité stratégique. Pour sous-tendre une « certaine idée de la France », il devait en fait reproduire en plus petit la panoplie des deux Grands. Afin de satisfaire à cette exigence, nos armées vont disposer d'un équipement complet de puissance nucléaire : bombardiers, sous-marins, missiles terrestres, aéroportés et embarqués, etc. Au milieu des années 1970, cette force stratégique affiche les moyens de ses ambitions, que ce soit sur le plan politique ou sur le plan militaire. Elle tient fermement le seuil de dissuasion.

Cette force, calquée sur celle des deux Grands, se retrouve confrontée à la même difficulté : la rivalité interarmes. L'armée de l'air a la maîtrise des bombardiers Mirages IV et des missiles enterrés sur le plateau d'Albion ; la marine, celle des missiles embarqués à bord des sous-marins ; l'armée de terre n'entend pas être en reste et obtient les armes nucléaires tactiques.

La France avait fondé sa politique sur la dissuasion, ce qui entraînait un découplage complet entre les armes conventionnelles et nucléaires. Nos bombes n'avaient pas à intervenir dans des batailles classiques, elles menaçaient directement les cités de l'ennemi, l'URSS en l'occurrence. Mais, pour panser les frustrations de l'infanterie, l'arme atomique dépasse ce chantage à l'holocauste et se déploie sur le champ de bataille. Devenue une super-artillerie, elle est censée intervenir contre l'Armée rouge et annoncer le passage de la guerre classique à la guerre nucléaire. C'est le tir de semonce effectué par les armes atomiques tactiques, « l'ultime avertissement », théorisé par les stratèges et qualifié de « comble de la stupidité » par le général Étienne Copel – général de l'aviation et non pas de l'infanterie.

Cette doctrine abracadabrantesque permet à l'armée de terre d'imposer son programme de missiles Pluton. Portés sur des affûts de chars AMX 30, ces fusées lancent des bombes nucléaires de « faible » puissance – la puissance d'Hiroshima, tout de même ! – à quelques dizaines de kilomètres. Concrètement, ces engins qui restent sur le sol français feraient tomber leurs charges… sur l'Allemagne ! Pour la protéger de l'Armée rouge, s'entend… C'est ainsi que l'ours, avec son pavé…

Le général de Gaulle n'était pas dupe de cette sottise : « Il faut bien donner un joujou à l'armée de terre », disait-il. Mais les aviateurs firent valoir que leurs appareils de chasse et d'interception devraient porter eux aussi des armes tactiques pour intervenir sur le champ de bataille. Et voilà les Mirage, Jaguar et autres Étendard équipés de bombes nucléaires. Au total, « on avait une arme "d'ultime avertissement", composée de 40 bombes qui faisaient 100 fois Hiroshima », constate le vice-amiral Thierry d'Arbonneau, qui ajoute non sans humour : « Si, avec cela, on n'avait pas averti la personne en face, cela aurait été curieux[1]. »

Tout succès du corporatisme entraînant un « toujours plus », l'armée de terre revint à la charge au début des années 1980. Ses stratèges ont alors tricoté une nouvelle théorie qui fait des missiles mobiles des armes « préstratégiques » et non plus seulement « tactiques ». Et cela change tout : la puissance, la portée ! Bref, il faut une nouvelle génération de fusées pour l'infanterie. Ce sera le missile Hadès, qui lance une bombe de 90 kilotonnes (six fois Hiroshima) à 500 kilomètres de distance. En dépit de sa détonante stupidité, le programme est poursuivi tout au long des années 1990. Il a coûté 4 à 5 milliards d'euros, probablement plus, les comptes sont

1. Pierre Pascallon et Henri Paris (dir), *La dissuasion nucléaire française en question(s)*, Paris, L'Harmattan, 2006.

incertains. Et nous ne dûmes qu'à la disparition de l'URSS de voir finalement démantelés ces armements aussi inutiles que dangereux.

Au milieu des années 1980, la France dispose d'environ 500 têtes nucléaires réparties entre ses armes stratégiques et ses armes tactiques : c'est plus qu'il n'en faut pour dissuader tous les ennemis potentiels – autant dire que nous sommes en surarmement. N'était-ce pas le général de Gaulle qui en avait posé le principe : « Puisqu'un homme et un pays ne peuvent mourir qu'une fois, la dissuasion existe dès lors qu'on a de quoi blesser à mort son éventuel agresseur, qu'on y est très résolu et que lui-même en est bien convaincu. » Dans le cas particulier de l'URSS, il ne s'agit pas, pour la France, de détruire son ennemi, mais simplement de lui infliger des dommages supérieurs à l'enjeu qu'elle-même représente. Voilà précisément ce qui a été réalisé avec notre force nucléaire. Il conviendrait donc d'en rester là. Mais nul ne s'en soucie, puisque la question de la bombe atomique ne se traite qu'en termes de « pour » ou « contre », jamais de « assez » ou « encore ». La gauche, qui, au début des années 1980, prend en main la force atomique après l'avoir toujours dénoncée dans l'opposition, n'a aucune doctrine cohérente. La défense, ce n'est pas sa tasse de thé. Elle est bien incapable d'imposer le bon usage de la dissuasion.

Le silence des sous-marins

Pour le lobby de la marine nucléaire, le seuil de suffisance est de mauvais augure. Il annonce le basculement de la recherche à l'entretien, de la construction au renouvellement, autant dire les basses eaux pour les carnets de commandes.

Cette échéance est annoncée dès la fin des années 1970. La série du *Redoutable*, inaugurée en 1972, va se terminer. Le dernier bâtiment, l'*Inflexible*, doit prendre la mer en 1985. Que fera-t-on après ? Faudra-t-il disperser les équipes, fermer les chantiers, arrêter les contrats ?

Face à de telles impasses, le stratège a plus d'un recours dans son sac à malices. La détection acoustique, par exemple. Cette technique aurait fait de tels progrès que les submersibles du modèle *Redoutable* seraient devenus détectables, donc vulnérables. D'autant que les Américains, et éventuellement les Soviétiques, quadrillent les océans d'hydrophones qui distinguent le moteur d'un navire dans le bruit de fond océanique. Par une heureuse coïncidence, ce même progrès technique permet de concevoir une nouvelle génération de submersibles entièrement silencieux. Toutes les machines devront être changées afin de réduire le niveau sonore et, en outre, le submersible sera enfermé dans une seconde coque qui étouffera les bruits des moteurs. Ces nouveaux sous-marins coûteront, on s'en doute, très cher, mais, pour ce prix, ils seront totalement « furtifs » et prendront en défaut les surveillances adverses. Ainsi la certitude, mise à mal par la détectabilité des submersibles, sera-t-elle rétablie. Les Soviétiques auront l'assurance – et pas seulement la crainte – d'être atteints par une frappe atomique s'ils tentent de nous attaquer en premier. La certitude, mère du surarmement, vient à nouveau de frapper.

Qu'en est-il en réalité, et pas en théorie ? En période de crise, la France disposerait de deux sous-marins en alerte dans l'océan, plus les missiles entreposés dans les silos du plateau d'Albion, plus les escadrilles de Mirage IV prêtes à prendre l'air, pour ne parler ici que des forces stratégiques. Comment imaginer que l'Union soviétique puisse jamais être assurée de détruire toutes ces bombes jusqu'à la dernière, et de les détruire exactement dans le même instant ? Il suffirait en effet d'un décalage de quelques minutes pour que la riposte soit lancée. Et comment imaginer qu'en ce cas elle n'ait pas à prévoir une réplique britannique ou américaine ? Et combien de fusées devrait comprendre une telle salve ? Rappelons-nous l'épisode de la crise de Cuba et la réunion à laquelle elle donne lieu dans le Bureau ovale. Dans le cas présent, aucun chef d'état-major soviétique, même s'il a repéré un ou deux sous-marins français, ne pourrait donner l'assurance de neutraliser toutes les bombes françaises – voire occidentales – existantes. Face à cette incertitude, tout chef d'État soviétique répondra comme le fit J.F. Kennedy : « Dans ce cas, on ne bouge pas. » Bref, que nos sous-marins soient ou non détectables, que l'ennemi soit l'URSS ou quelque autre, la force nucléaire française restera totalement dissuasive. Mais la doctrine officielle imposée par l'état-major n'en demeure pas moins inflexible : « C'est la certitude des risques courus qui doit faire renoncer l'agresseur... Cela suppose un effort constant de modernisation et d'adaptation[1]. » La certitude au service des nouvelles commandes : tel est le credo.

Pour donner aux Soviétiques une telle assurance sur la mort, la France se lance dans la construction de sous-marins entièrement nouveaux et, pour assurer leur invulnérabilité, elle n'en prévoit pas moins de six. Dans la foulée, on décide également de fabriquer de nouveaux missiles embarqués et de nouvelles têtes nucléaires. Notre force n'était que

1. « Modernisation de la force océanique stratégique », document du ministère de la Défense, sept. 2006.

dissuasive, elle deviendra super-dissuasive. Il en coûtera 15 milliards d'euros pour les quatre premiers sous-marins, et encore autant pour les missiles, les têtes nucléaires et le réaménagement de la base sous-marine de l'île Longue.

Lorsqu'il débute en 1986, ce programme est conditionné par la menace soviétique. Trois ans plus tard, celle-ci n'existe plus. Dans un avenir prévisible, les seuls systèmes de détection capables de repérer nos sous-marins seront américains. Faut-il vraiment poursuivre un tel programme afin que la Maison-Blanche ignore le positionnement de nos submersibles ? Ne suffirait-il pas de s'en tenir à des sous-marins nucléaires de première génération ? Révision trop déchirante, on se contentera d'un réajustement : pour les silencieux du fond des mers, on passe du sextuor au quatuor. Les trois premiers bâtiments sortent des arsenaux au cours des années 1990-2000. Le quatrième, le *Terrible*, commandé en l'an 2000 sous la cohabitation Jospin-Chirac, prendra la mer en 2010.

Depuis la disparition de l'adversaire principal, notre arsenal a tout de même été recalibré. Les missiles « tactiques » Hadès et Pluton ont été abandonnés, tout comme les missiles stratégiques enterrés sur le plateau d'Albion, le centre d'essais du Pacifique à Mururoa a été fermé, la marine ne maintient plus qu'un seul sous-marin en patrouille, l'armée de l'air a réduit son armement. La France n'a plus que 348 têtes nucléaires, et les crédits du nucléaire ont été réduits de moitié. Désormais, la dissuasion repose sur les sous-marins et les bombardiers terrestres ou embarqués. Sommes-nous au minimum de dissuasion ? « Nous sommes très largement au-dessus du seuil de suffisance, estime un expert comme Jean Thyrard. Je rappelle que la plus petite de nos têtes nucléaires est plus de vingt fois supérieure à la bombe larguée sur Hiroshima, que nous en avons plus de 300, dont certaines avoisinant les 10 mégatonnes[1]. » Ce surarmement sera-t-il suffisant ?

Certainement pas. Il faudra payer les programmes de modernisation en cours. Terminer le dernier sous-marin silencieux, changer tous les missiles actuels (les M45 des submersibles seront remplacés par 60 M51 de plus longue portée et nécessaires pour...dissuader la Chine(!), les ASMP des bombardiers par des ASMP A), les têtes nucléaires devront également céder la place à une nouvelle génération. Cette modernisation solde-t-elle la dernière facture ? Hélas non ! Il reste celle de la simulation : 26 milliards d'euros sur dix ans. Que l'on a payé, que l'on paye et que l'on paiera dans les années à venir. Simuler les bombes atomiques : la dernière trouvaille des stratèges en mal de commandes !

La fin des essais

Comme toute machine, une bombe atomique doit fonctionner de façon convenable, c'est-à-dire effroyable. Il n'est qu'une façon de s'en assurer : c'est de la faire exploser. À 210 reprises, la France a procédé à de tels essais, de quoi certifier que les bombes *made in France* sont bonnes pour le service. Leurs performances sont connues, les adversaires éventuels savent à quoi s'en tenir. Or, voilà qu'il faut simuler leur fonctionnement pour en assurer la qualité ! D'où vient cette nouvelle exigence ?

Au départ, donc, il y a le moratoire sur les essais. Il s'est généralisé en 1992. Les Américains et les Russes ayant

1. Dans *La Dissuasion nucléaire française en question(s)*, *op. cit.*

annoncé qu'ils ne procéderaient plus à des explosions nucléaires, François Mitterrand ne pouvait faire moins que suspendre les essais français. Lors de son arrivée au pouvoir en 1995, Jacques Chirac crut s'inscrire dans la geste gaullienne en décidant de reprendre les essais dans le Pacifique. Une posture grandiloquente qui nous valut la réprobation sévère et justifiée du monde entier. Ce dernier feu d'artifice tiré, la France annonça en 1996 l'arrêt définitif de ses essais nucléaires et le démantèlement de son centre d'expérimentation du Pacifique. Engagement certifié par l'adhésion au Traité d'interdiction complète des essais. Les bombes françaises ne seront plus mises à feu qu'en cas de guerre.

En fait, Muruora était en sursis depuis la disparition de l'URSS. Chacun savait que la fin des essais était à terme inévitable et qu'elle entraînerait une chute des crédits et de l'activité dans le nucléaire. Face à une telle menace, toute bureaucratie se cherche de nouvelles activités. Mais comment justifier des dépenses supplémentaires alors que l'ennemi principal a disparu et que la dissuasion est largement assurée ? Une fois de plus, les stratèges ont trouvé la réponse dans la certitude. Celle-ci exige que les armes soient indestructibles, d'où la nécessité des sous-marins silencieux, mais aussi qu'elles soient fiables, d'où la nécessité d'un centre d'expérimentation virtuel : c'est la simulation.

Les essais réels auxquels la France a procédé garantissaient la fiabilité de nos bombes atomiques, mais qu'en sera-t-il demain ? Dans dix ans ? Dans vingt ans ? Les bombes ne sont pas éternelles, le fait est avéré. Elles s'usent quand on ne s'en sert pas : les explosifs se dégradent, les mécanismes vieillissent. Si l'on tente brusquement de les mettre à feu après quelques décennies d'attente, elles risquent de moins bien marcher ou de ne plus marcher du tout. Nos ennemis, menacés par des bombes de 300 kilotonnes, pourraient ne recevoir qu'une puissance deux ou trois fois moindre. Peut-être même que certaines charges feraient long feu ou, pis, pourraient se révéler dangereuses pour ceux qui les manipulent.

Ces problèmes bien réels de vieillissement exigent une surveillance constante des armes et, surtout, leur renouvellement lorsque, statistiquement, elles risquent de s'être dégradées. En pratique, on estime à 20 ans la durée de vie d'une arme nucléaire. Ne devrait-on pas, passé ce délai, la refaire à l'identique ? À quoi bon inventer d'autres bombes qu'on ne pourra pas essayer, pour remplacer celles qui existent et qui l'ont été ? Dans cette hypothèse, il suffirait de maintenir une faible capacité de recyclage et de fabrication pour disposer d'un arsenal en état. La conséquence s'imagine aisément : tous les bureaux d'études, tous les laboratoires, tous les centres de recherche qui, depuis des décennies, travaillent sur les armes nucléaires, devraient fermer ou se reconvertir. Perspective inacceptable ! Le lobby – militaires, CEA, industriels – impose donc son postulat : la refabrication à l'identique est impossible. Il faut fabriquer des engins plus fiables, des engins « robustes ». Si vous exigez une raison, on vous répondra : « Au-delà des évolutions technologiques qui interviendront inévitablement dans le processus de fabrication, les paramètres de fonctionnement peuvent subir des écarts dont l'innocuité sur le fonctionnement de l'arme était, par le passé, validée par les essais nucléaires[1]. » En bref, on ne peut pas faire la même chose, puisqu'on fera autrement, et

1. « Pérennité de la dissuasion : le programme de simulation », Alain Delpuech, directeur des Applications militaires au CEA, ministère de la Défense, 2006.

il faut bien un nouveau contrôle si l'on sort des systèmes contrôlés. Forte de cette imparable justification, la France a entrepris la construction d'un gigantesque parc d'attractions qui tiendra lieu de centre d'essais virtuels pour simuler et valider les armes de l'avenir sans avoir à les faire exploser.

La magie de la simulation

Dans son principe même, la simulation numérique, qui consiste à reproduire un phénomène par le calcul, implique une maîtrise absolue de la réalité. Il faut la reconstituer avec la plus grande exactitude dans toutes ses composantes, toutes ses dimensions, tous ses instants, toutes ses lois, toutes ses relations, pour pouvoir ensuite jouer sur ordinateur. Or, la complexité de l'explosion thermonucléaire est telle que, dans les années 1960, elle avait tenu en échec les ingénieurs français qui tentaient de mettre au point la bombe H. Faute d'une maîtrise suffisante au niveau des calculs, ils recouraient à des solutions empiriques qu'ils testaient au cours de multiples essais et qui étaient régulièrement invalidées. Sans doute n'y seraient-ils pas parvenus dès 1968 sans l'aide discrète et officieuse des Britanniques. C'est dire que, pour rejouer la partie sur ordinateur, il faut un gigantesque travail de recherche aux frontières de la physique et des mathématiques.

Il faut aussi une puissance de calcul inégalée à ce jour tant par la taille des mémoires que par leur rapidité de fonctionnement. L'ordinateur retenu – en réalité, il s'agira d'un ensemble de milliers de machines –, le Tera, devrait accomplir cinq cent mille milliards d'opérations élémentaires à la seconde – les spécialistes parlent de cinq cents tétraflops, et, de toute façon, cela ne signifie rien pour un non-initié.

Disons que le CEA, dont les ordinateurs comptaient déjà parmi les plus puissants du monde, va améliorer leurs performances d'un facteur 2 000 d'ici à 2010, et qu'il disposera alors de l'ensemble de calcul le plus puissant d'Europe.

Ces moyens de calcul vont être couplés avec un dispositif expérimental colossal. En premier lieu, une machine radiographique AIRIX d'une grande puissance de pénétration et d'une finesse d'exploration inégalée, qui peut observer avec la plus extrême précision le comportement des différents éléments de la bombe, notamment des explosifs chimiques, dans les instants qui précèdent l'explosion proprement dite.

En second lieu, une machine qui simule l'explosion thermonucléaire elle-même : le laser Mégajoule. Il ne s'agit pas ici de simulation par le calcul, mais par l'expérience. Le but est bel et bien de réaliser une petite bombe H en laboratoire. Le dégagement d'énergie est provoqué par des atomes d'hydrogène qui fusionnent pour former de l'hélium. Cette réaction, qui fournit au Soleil son énergie, nécessite des conditions extrêmes de température et de pression qui se trouvent naturellement réunies au cœur de l'astre. Dans la bombe H, elles sont produites par l'explosion d'une bombe A utilisant la fission d'atomes d'uranium ou de plutonium. La méthode est difficilement transposable en laboratoire. Les physiciens ont donc imaginé de faire converger en un point les faisceaux de lasers extrêmement puissants. Ponctuellement et instantanément, cette formidable concentration de rayonnements pourrait permettre d'atteindre les millions de degrés nécessaires pour faire fusionner des noyaux d'hydrogène. On peut, sur ce principe, réaliser en laboratoire des microfusions thermonucléaires qui reproduisent à l'identique les mégafusions des explosions atomiques.

Le projet, en cours de réalisation près de Bordeaux, est des plus impressionnants. Dans une salle de plus de 300 mètres sont disposées 30 chaînes composées chacune de 8 lasers, soit un total de 240 faisceaux. Ils convergent tous sur une sphère métallique de 10 mètres de diamètre. Tout au centre se trouve une bille microscopique d'hydrogène. Au milliardième de seconde près, les impulsions provenant de tous les lasers vont converger sur elle, produisant une énergie instantanée de 1,8 mégajoule. L'hydrogène lourd se trouve alors porté à des températures de millions de degrés, la fusion va intervenir sous l'œil des très nombreux détecteurs qui en enregistreront tous les paramètres. La machine devrait revenir à quelque 2,5 milliards d'euros.

La fiabilité francaise

Tel est donc l'arsenal de la simulation qui doit assurer, et même améliorer, la fiabilité de nos armes nucléaires dans les années à venir. Nul doute que l'objectif sera atteint, qu'il permettra de mettre au point des bombes « robustes » – les TNO et TNA, dans le jargon officiel – qui seront plus sûres que les bombes actuelles. L'envoyeur pourra certifier au receveur que la puissance annoncée sera bien délivrée. Peut-on en déduire que « le maintien sur le long terme d'une capacité de dissuasion fiable et sûre repose désormais sur la simulation[1] », selon le dogme officiel ?

Si la dissuasion est liée à la certitude et à la fiabilité, si l'ennemi risque de n'avoir plus peur de nos armes sous

1. « Point de situation sur le programme de simulation », ministère de la Défense, 2006.

prétexte qu'elles ne seraient plus validées par des essais, réels ou virtuels, alors l'effort de simulation est indispensable. À quoi bon entretenir un arsenal qui n'inspire plus la terreur, et qui, à la limite, pourrait inciter certains à défier le lion aux griffes usées, aux crocs limés ?

Mais ce postulat n'a pas plus de consistance pour la fiabilité que pour l'invulnérabilité. Les armes nucléaires françaises n'ont plus à faire leurs preuves. Quant à leur état réel, il n'influera en rien sur le comportement de nos ennemis en cas de crise majeure. Nul ne bravera nos bombes sous prétexte qu'elles n'ont plus été contrôlées depuis quelques années et que certaines risquent de délivrer une puissance moindre qu'annoncée. L'idée que la dissuasion a besoin d'expérimentations pour authentifier la menace est absurde. Croit-on que les bombes israéliennes soient privées de crédibilité, faute d'avoir subi des essais ? Imagine-t-on Israël brandissant en vain la foudre nucléaire face à des voisins incrédules qui lui retourneraient : « Vos bombes ne nous font pas peur. Vous n'en avez jamais fait exploser » ? Il me semble au contraire que la force nucléaire israélienne tient en respect le Moyen-Orient, et que des démonstrations expérimentales n'amélioreraient en rien sa crédibilité.

Tous ces programmes – missiles tactiques, sous-marins silencieux, simulation, etc. – sont viciés à la base par cette référence à la certitude que l'on devrait donner à l'ennemi pour que joue l'effet de dissuasion. Il est assurément plus satisfaisant pour l'esprit, pour l'orgueil national, pour les intérêts des groupes de pression, de pouvoir certifier la menace que l'on brandit. Mais, en termes stratégiques, cela ne change pas grand-chose, et cela coûte en outre très cher.

L'exemple de la Brooking Institution calculant le vrai coût du nucléaire américain a inspiré le Centre de documentation et de recherche sur la paix et les conflits (le CDRPC) de Lyon, qui a chargé le chercheur Bruno Barillot d'établir celui du nucléaire français. Le résultat a été publié en 1999 sous un titre similaire : *Audit atomique. Le coût de l'arsenal nucléaire français (1945-2010)*[1].

Notre auditeur s'est efforcé de remettre dans la même enveloppe tout ce qui est dispersé et insaisissable dans la comptabilité publique. Par exemple, le coût du démantèlement. Pour les réacteurs de Marcoule qui ont produit le plutonium des bombes, il est trois fois plus élevé que le coût de construction. B. Barillot a répertorié toutes les armes construites, soit un millier rien que pour les bombes, toutes les installations, la logistique, etc. Au terme de cette enquête méticuleuse autant que rigoureuse, il arrive au chiffre de 1 500 milliards de francs, soit 230 milliards d'euros. Près du double des estimations officielles ! Pour la seule période 1999-2010, les dépenses annoncées, dont on sait qu'elles correspondent pour l'essentiel à du surarmement, se montent à 60 milliards d'euros. Sur un demi-siècle, le surcoût de notre défense nucléaire se chiffre donc en dizaines de milliards d'euros. Ce fut vrai hier, et ça l'est encore aujourd'hui.

Voilà qui pourrait alimenter l'incompréhension, voire le ressentiment de la France « d'en bas » vis-à-vis de la France « d'en haut », comme disait Jean-Pierre Raffarin. Il n'en a rien été puisque les Français n'ont jamais prêté la moindre attention à la stratégie nucléaire. Si on leur avait demandé

1. Bruno Barillot, *Audit atomique, le coût de l'arsenal nucléaire français (1945-2010)*, Lyon, CDRPC, 1999.

leur avis au départ, il n'y aurait jamais eu de bombe ; si on le leur avait demandé plus tard, il y en aurait peut-être eu un peu moins.

Reconnaissons que les budgets se sont considérablement réduits. La force nucléaire ne coûte plus que 3 milliards d'euros, et bien des programmes superflus ont atteint le point de non-retour. Il n'empêche que nous sommes toujours prisonniers de doctrines fallacieuses autant que dispendieuses.

N'étant pas moi-même stratège, je me garderai bien de définir les coupes à effectuer, les inflexions à donner, les restructurations à entreprendre. En tant que citoyen-contribuable, je voudrais simplement qu'on s'en tienne à la dissuasion. La bombe atomique n'a qu'une seule raison d'être : terroriser l'ennemi afin qu'il s'abstienne de toute agression. Un objectif qui doit être atteint au moindre coût et qui n'a pas à être dépassé. Nos armes n'ont pas à être sûres, certifiées, invulnérables, indestructibles, prestigieuses, etc. Mais simplement dissuasives, et ce n'est pas seulement affaire de budget et de technique. La crédibilité de notre arsenal est bien davantage mise en cause par quelqu'un comme Valéry Giscard d'Estaing, reconnaissant dans ses mémoires qu'il n'aurait jamais utilisé la force nucléaire, que par des annulations de programmes ! Mieux vaut renoncer à toute défense nucléaire qu'afficher des théories emberlificotées et des armements ultrasophistiqués pour masquer l'irrésolution du commandement. Notre système politique est-il encore en état d'intégrer une arme comme la bombe atomique ? Dans quelles conditions et à quelles fins ? C'est la vraie question, qu'on ne résoudra pas en dissertant sur les « intérêts vitaux » du pays que la force de dissuasion est censée protéger.

Tandis que nous dépensons des milliards d'euros à faire de la simulation, à remuscler nos missiles et à durcir nos bombes, les données mêmes de la stratégie atomique changent du tout au tout. Les grandes puissances ne savent plus quoi faire de ces vestiges grandioses de la guerre froide. Elles n'y tiennent plus que pour des raisons politiques et non pas militaires. Le nucléaire reste encore un outil de distinction entre les nations. Il y a toujours les puissances nucléaires et les autres. L'Inde fut très déçue de n'être pas admise comme membre permanent du Conseil de sécurité dès lors qu'elle avait fait exploser sa bombe. Il s'agissait plus pour elle de se faire reconnaître par le monde que de terroriser le Pakistan.

Chacun a bien compris que le prochain et premier conflit nucléaire, s'il doit avoir lieu, n'interviendra pas au terme d'une crise diplomatique classique. Les bombes ne seront pas lancées par un gouvernement reconnu, ayant pignon sur rue. Forts ou faibles, tous les États sont aujourd'hui dissuadés. Restent les « fous », qui risquent d'être les intrus du XXIe siècle.

Des États possédant une force nucléaire peuvent tomber aux mains de mouvements radicaux, totalement irresponsables, des gouvernements extrémistes pourront se procurer des armes primitives mais redoutables, des mouvements terroristes enfin seraient susceptibles d'exercer des chantages nucléaires. Ces situations n'ont rien à voir avec la dissuasion classique, qui repose sur la rationalité des comportements. Qui sait si le « réflexe kamikaze » ne passera pas quelque jour de l'échelle individuelle à l'échelle collective ? Si un chef d'État ne sera pas prêt à sacrifier son pays comme les terroristes à sacrifier leur vie ? L'arme nucléaire a si bien dissuadé le fort et le faible que l'on serait tenté d'annuler la partie, et peut-être même pourra-t-on trouver à l'avenir un accord pour dénucléariser le monde. Mais il restera toujours cette question lancinante : comment dissuade-t-on les « fous » ? Ceux qui ne raisonnent pas comme nous, qui trouveraient « acceptable » une riposte nucléaire à leur attaque et accepteraient d'en prendre le risque ? Nous n'avons toujours pas de stratégie post-dissuasive pour faire face à ces nouveaux périls. Le nucléaire, qui ne sera plus jamais ce qu'il a été, nous a coûté terriblement cher. Comment tirer les enseignements de ces séries d'erreurs et de ces mutations ?

CHAPITRE 2

Avec nucléaire et sans OGM

Après s'être donnée au nucléaire, la France se refuse aux OGM. Changement d'époque ! La société d'opinion a remplacé la société d'organisation. Les nucléocrates ont couvert le pays de centrales, puis se sont heurtés aux nucléophobes. Les OGM n'ont pas eu le temps de s'imposer et les faucheurs font la loi. Entre la technocratie et l'affrontement, quelle chance pour la concertation ?

Hiroshima a imposé au monde entier la terreur du nucléaire. Terreur succédant à l'inconscience des années 1930. Les pères de l'atome en minimisaient les dangers et maniaient les substances radioactives sans la moindre précaution. Beaucoup y laissèrent leur santé – les empreintes digitales de Marie Curie font toujours crépiter le compteur Geiger. À l'époque, on vantait les mérites d'une eau minérale « la plus radioactive de France » !

Au printemps 1945, les physiciens qui ont mis au point la bombe nucléaire n'ont toujours pas conscience du risque radioactif. Quand ils veulent dissuader le président des États-Unis de la lancer sur le Japon, ils font valoir de nombreuses conséquences désastreuses, hormis l'effroyable pollution radioactive qui résulterait d'un tel bombardement. Ils n'y ont pas pensé !

Au lendemain de la guerre, les ingénieurs apprennent à manier des substances dangereuses, à se protéger des radiations, à confiner le monde radioactif. Ces problèmes techniques, ils savent les résoudre. En l'espace de quelques années, ils jettent les bases d'une utilisation civile et non plus seulement militaire de l'énergie nucléaire, d'un devenir atomique pour l'humanité.

Née sous le signe de la peur, cette technique devient inséparable de la « sûreté ». Dans le monde occidental – pas dans le monde soviétique, hélas ! –, les accidents sont excessivement rares. Pour les centrales nucléaires comme pour les avions, la science a transformé un surcroît de danger en un surcroît de sécurité.

Cette foi dans l'atome est la religion des années 1960. Les futurologues voient les centrales nucléaires pousser comme champignons après la pluie. Ils misent déjà sur les centrales surgénératrices qui garantiraient à l'humanité son abondance énergétique en fabriquant du combustible nucléaire au fur et à mesure qu'elles produiraient de l'électricité. Herman Kahn, le plus fameux d'entre eux, décrit Los Angeles, à la fin du siècle, entouré de surgénérateurs fournissant tout à la fois l'électricité, l'eau douce dessalinisée et l'hydrogène pour les voitures électriques. Cet avenir n'est pas moins triomphant pour la production continue d'énergie que pour sa libération explosive.

La bombe à tout faire

Dans les années 1950-1960, les puissances nucléaires font exploser leurs bombes comme de gros pétards. Les habitants de Las Vegas n'éprouvent aucune crainte lorsqu'un vent de sable inopiné leur signale un tir effectué par l'armée dans le Nevada. L'arme nucléaire ne se distingue des explosifs classiques que par sa puissance, c'est la dynamite du futur.

De grands programmes sont lancés en Amérique et en URSS pour conférer à l'explosion nucléaire un avenir pacifique et radieux. Les Américains ont baptisé le leur «*Plowshare*» – traduisez : «soc de charrue». Subtile référence des services de communication à l'injonction biblique : «Prends ton épée et fais-en le soc de ta charrue!» Devenu l'arme absolue du terrassement, l'explosif nucléaire autorise les projets les plus fous. «Nous changerons la face de la Terre à notre convenance», décrète Edward Teller, le «père» de la bombe H. Première application : le percement d'un deuxième canal de Panama. Dans les années 1950, on sait déjà que l'ouvrage actuel deviendra insuffisant et, de fait, les travaux d'élargissement ont commencé en 2007. Ce chantier devait illustrer les possibilités de l'explosif nucléaire, car il pose d'abord un problème de terrassement. Pour franchir l'isthme, il faut choisir entre une gigantesque tranchée à niveau ou bien un système d'écluses pour monter et descendre les navires. Un ouvrage du premier type est plus commode à exploiter, mais beaucoup plus difficile à creuser. À la fin du XIXe siècle, Ferdinand de Lesseps, auréolé par son succès du canal de Suez, a prétendu relever ce défi. Il n'y est pas parvenu et son échec a débouché sur le «scandale de Panama». Instruits par cette déconvenue, les Américains se rabattent sur les écluses pour construire l'ouvrage actuel.

Forts de leur explosif-miracle, les pionniers de l'atome ne doutent pas qu'ils pourront creuser un nouveau canal à niveau. Pour tracer cette voie royale de l'Atlantique au Pacifique, une centaine d'explosions seront nécessaires. La puissance totale atteindrait 120 mégatonnes, l'équivalent de 10 000 bombes d'Hiroshima ! Les premiers essais ont lieu dans le Montana et semblent très encourageants. Et ce n'est jamais qu'un projet parmi beaucoup d'autres. En Alaska, les promoteurs de *Plowshare* veulent créer un gigantesque port artificiel, ailleurs ils entendent exploiter des gisements très profonds de gaz ou de pétrole.

Les Soviétiques voient encore plus grand : dans la Sibérie transformée en gigantesque champ de tirs, ils entendent détourner les grands fleuves qui vont se perdre dans l'océan Arctique afin de créer une véritable mer intérieure qui changerait le climat et transformerait ses immensités glaciales et désolées en une contrée verdoyante.

Il ne s'agit pas là de rêveries futuristes, mais de programmes bien réels, ponctués de multiples tirs expérimentaux. Au total, les Américains procéderont à 26 explosions « pacifiques », peu de choses en comparaison des 128 que réaliseront les Soviétiques. Ces derniers se lancent dans un programme d'expérimentations en grandeur réelle : excavations géantes pour creuser des canaux, création de cavités souterraines pour le stockage, extinction d'un feu de gaz qui brûle depuis des années – en fait, l'explosion en alluma six supplémentaires –, concassage de minerais de phosphate in situ, destruction d'armes chimiques et nucléaires obsolètes, explosions sismiques pour la prospection géologique, etc. Tout est prétexte à faire exploser des charges nucléaires. Le désastre est à la mesure de ces espérances. Ce feu d'artifice a provoqué des ravages écologiques et des pollutions radioactives qui feront encore sentir leurs effets dans les siècles à venir.

Portés par la foi des croyants, celle qui aveugle plus qu'elle n'éclaire, les responsables de ces programmes ne doutent pas que l'explosif nucléaire, une fois maîtrisé, rendra les plus grands services à l'humanité. Aux États-Unis, ils se heurtent dès la fin des années 1960 à la contestation antinucléaire, ainsi qu'aux premiers accords sur l'interdiction des essais atmosphériques. Après 1973, le programme *Plowshare* est abandonné. Dans la société soviétique, rien ne peut arrêter le tout-puissant complexe militaire ; les essais se poursuivent jusqu'à la fin de l'URSS.

Outre la production d'électricité et le terrassement, l'énergie nucléaire doit s'imposer dans la propulsion. Aux États-Unis, on prépare une nouvelle génération de bombardiers atomiques qui tiendront en l'air durant des semaines entières. Sept milliards de dollars sont consacrés aux recherches sur les réacteurs atomiques volants. La propulsion nucléaire est encore plus avancée dans l'espace. Un prototype de fusée, la Nerva, a été conçu autour d'un réacteur nucléaire très compact. Plusieurs essais statiques sont effectués dans le Nevada, entraînant la pollution radioactive que l'on imagine.

La marine aussi va se convertir au nucléaire. En 1966, l'Amérique lance le premier navire marchand à propulsion nucléaire, le *Savannah*. Il doit être suivi par « des centaines d'autres », mais n'aura en fait aucun successeur. Les Soviétiques utilisent des brise-glace à propulsion atomique pour naviguer dans les eaux glacées de l'Arctique.

À l'époque, la France n'en est pas à jouer de l'explosif nucléaire, elle a trop à faire avec sa bombe, ses centrales et ses sous-marins. Mais nos atomistes entendent bien s'y intéresser, le moment venu.

La vocation atomique de la France

Les autorités nucléaires jouissent d'une confiance et d'une autonomie sans égales. Elles n'ont pas à justifier leurs décisions et leurs engagements, car l'opinion s'est une fois pour toutes déchargée sur elles de ces questions. Elles proposent, les gouvernements signent. De cette longue saga, les Français ont retenu l'héritage : le parc électronucléaire et la force de dissuasion. Ils ont oublié les aventures et mésaventures dans lesquelles s'engagea le lobby nucléaire.

La production d'électricité semble un débouché insuffisant et le Commissariat à l'énergie atomique recherche de nouvelles applications. Il conçoit des « réacteurs calogènes », qui ne seraient plus destinés à produire de l'électricité, mais de la chaleur. Ainsi, en périphérie de chaque agglomération, un réacteur nucléaire ferait office de chaudière pour alimenter un réseau de chauffage urbain. On imagine aujourd'hui les réactions si l'on voulait construire à Saint-Denis, à Versailles ou à Neuilly un réacteur nucléaire ! Mais, quand le centre de Saclay s'installa à une vingtaine de kilomètres de Paris, dans les années 1950, la présence du réacteur nucléaire Osiris ne troubla pas la tranquillité de la verdoyante vallée de Chevreuse. Et les techniciens ne provoquaient nulle inquiétude lorsqu'ils irradiaient des aliments afin d'en améliorer la durée de conservation.

Nouvelles applications, mais aussi nouveaux marchés. Les nucléocrates se font un devoir patriotique de vendre nos techniques à tous les clients disponibles. C'est ainsi que, sans plus de concertation, ils entraînent la France dans des équipées qui semblent aujourd'hui totalement irresponsables. Après avoir donné la bombe à Israël[1], ils entreprennent d'équiper les pays du Moyen-Orient de capacités nucléaires prétendument civiles. En Irak, ils construisent pour le compte de Saddam Hussein le réacteur Osirak[2], fort opportunément détruit par les Israéliens. On imagine la suite si l'entreprise avait pu être menée à son terme! Puis ils proposent leurs services au shah d'Iran. Là encore, il ne paraît pas suspect qu'un pays à ce point gavé d'hydrocarbures fasse de l'énergie nucléaire la première de ses priorités. Il ne paraît pas davantage surprenant aujourd'hui que la Libye, qui regorge d'hydrocarbures, veuille à son tour recourir à l'atome... pour dessaler l'eau de mer!

À l'époque, les Américains, soucieux d'éviter la prolifération, proposaient aux Iraniens d'enrichir leur uranium. Afin de leur griller la politesse, les Français leur vendirent sans scrupules les techniques de l'enrichissement. Si la révolution islamique était intervenue quelques années plus tard, elle aurait mis la main sur une pleine capacité nucléaire avec des usines qui, grâce au génie français, auraient produit l'explosif des bombes atomiques! Pour les maîtres français de l'atome, la prolifération nucléaire semblait un gage de paix et de stabilité au Moyen-Orient.

---

1. Sous la IVe République, après l'affaire de Suez, une intense coopération se développa entre Israël et la France. Elle permit aux Israéliens de construire à Dimona, dans le Néguev, des réacteurs en tous points semblables à ceux de Marcoule qui ont fourni le plutonium des bombes atomiques.
2. Le nom d'Osirak était tout trouvé pour un réacteur qui était le frère jumeau d'Osiris à Saclay et qui se construisait en Irak. L'accord fut signé en 1975 entre le Premier ministre Jacques Chirac et Saddam Hussein. Le Mossad lança plusieurs actions pour contrecarrer la réalisation du projet. Puis, le 7 juin 1981, un raid de l'armée israélienne détruisit le réacteur. La France a finalement décidé de ne pas le reconstruire.

Les nucléocrates voulaient aussi que la France figure en tête de toutes les techniques nouvelles, notamment celle des surgénérateurs. Pensez donc : une centrale électrique qui produit plus d'énergie qu'elle n'en consomme, autant dire un moteur qui transforme le sable en charbon ! Ils se devaient de relever un tel défi. La première au monde, la France entreprit de construire une centrale électrique sur ce principe. Elle entraîna dans l'aventure l'Allemagne et l'Italie, mais elle seule poussa le projet à son terme. Ce fut SuperPhénix, tentative audacieuse dans une voie d'avenir. Du moins le croyait-on lorsque le projet fut lancé. Mais, après avoir été les premiers, les Français se retrouvèrent bientôt les seuls. Le monde avait renoncé aux surgénérateurs, tandis que notre prototype se transformait en cauchemar d'ingénieurs ! La cause était entendue dès la fin des années 1980, mais il fallut attendre 1997 pour se résoudre à la fermeture définitive. La centrale n'avait fonctionné que pendant 30 mois, une vie marquée de pannes et de difficultés techniques de toutes sortes. Elle avait coûté 7,7 milliards d'euros, compte non tenu de son démantèlement. Un coût exorbitant qui n'est pas seulement celui de l'erreur – tout à fait admissible –, mais celui de l'obstination dans l'erreur.

On n'a pas de pétrole, mais on a l'atome

Pour significatives qu'elles soient, ces aventures restent collatérales et secondaires par rapport à la grande affaire du nucléaire : la production d'électricité. Dans l'ordre gaullien des priorités, elle n'arrive qu'en second, derrière la bombe. Mais, pour les nucléocrates, il s'agit d'une priorité absolue, qu'ils poursuivent obstinément dans les années 1960. Ils développent en parallèle les réacteurs plutonigènes pour faire la bombe, et les réacteurs électrogènes pour faire des centrales. Ils doivent finalement se rabattre sur les technologies américaines, qu'ils réussissent à domestiquer et même à « franciser ». Au tournant des années 1970, leur art est à son sommet. Reste à attendre les commandes pour se lancer. Leurs rapports préconisent la construction en France d'une bonne centaine de réacteurs – de « tranches » en langage technocratique – d'ici l'an 2000.

Au moment du premier choc pétrolier, les équipes du CEA et d'EDF comptent parmi les toutes premières au monde. C'est un atout pour le pays face aux menaces de l'OPEP. L'atout maître ! La France fait le pari du nucléaire pour déjouer les pièges du pétrole. Le gouvernement de Pierre Messmer lance le 5 mars 1974 un programme très ambitieux de 13 tranches de 900 mégawatts. Le Parlement n'a pas été consulté, l'opinion approuve. Et ce n'est là qu'un début. Des centrales supplémentaires sont décidées tout au long des années 1970, qui entreront en service au cours de la décennie suivante : 58 réacteurs nucléaires au total, qui produisent plus des trois quarts de notre électricité. C'est l'exception atomique française.

La crise pétrolière ne suffit pas à expliquer l'adoption d'un programme aussi ambitieux. Elle avait les mêmes effets dans les autres pays industrialisés, qui, pourtant, freinèrent ou arrêtèrent la construction de centrales. Pourquoi la France s'est-elle dotée d'un parc aussi impressionnant, alors que ses voisins faisaient machine arrière ?

L'âge d'or de la technocratie

J'ai assisté à l'une de ces prises de décision. Par ces temps d'économie étatisée, les choix stratégiques s'inscrivaient dans des plans eux-mêmes élaborés par des commissions qui réunissaient des représentants de l'administration, des syndicats, ainsi que des personnalités que l'on disait « qualifiées ». Je me trouvais être l'une d'elles dans l'instance qui devait s'interroger sur l'énergie. Nous avions à définir l'ampleur du programme nucléaire pour les dix années à venir, et par conséquent le nombre de centrales à construire. Les besoins à satisfaire dépendant de la croissance, nous fondions nos travaux sur les prévisions officielles.

D'emblée, des représentants syndicaux annoncèrent qu'ils refusaient de discuter sur de telles bases. Cette vision prospective de l'économie française annonçait la persistance du chômage dans les années à venir. Or, ils ne pouvaient admettre une telle résignation et n'entendaient discuter que dans la perspective d'un retour au plein emploi. Qu'à cela ne tienne ! Les prévisionnistes introduisirent dans leur modèle une forte croissance, et le chômage disparut comme par enchantement. Nous reprîmes la discussion sur l'hypothèse surréaliste d'une croissance à tout-va dans les années 1980.

Ainsi vouée au destin de « petit dragon[1] » des années 1980, la France aurait certainement une énorme fringale d'énergie. Pour tous les membres de la commission, le recours au nucléaire allait de soi et seule l'ampleur du programme

1. À l'époque, l'Europe était fascinée par la première vague de croissance asiatique, celle emmenée par le Japon, avec, dans son sillage, la Corée du Sud, Taiwan, Singapour, etc. Autant de pays que, en raison de leur dynamisme économique, on qualifiait de « dragons ». La France, qui avait le taux de croissance le plus élevé de l'Europe, pouvait passer pour le « dragon » du continent.

pouvait se discuter. À l'inverse, les dangers des énergies fossiles pour l'environnement ne furent jamais évoqués. Nucléocrates et syndicrates se réjouirent de ces perspectives ambitieuses. Notre rapport recommanda en conséquence un programme électronucléaire surdimensionné afin de satisfaire la boulimie de kilowattheure(s) annoncée. Et voilà comment la France construisit à grands frais ses 58 réacteurs nucléaires; sans doute une douzaine de plus que nécessaire. Par chance, nos voisins avaient péché dans l'autre sens, par sous-investissement, en sorte que les surcapacités françaises permirent d'exporter en abondance nos surplus d'électricité nucléaire.

L'optimisme conquérant de ces pionniers a doté la France d'un parc nucléaire qui n'a connu en trente ans ni pannes, ni accidents, et qui assure les trois quarts de notre production électrique. Ce succès, qui dément les prévisions catastrophistes des antinucléaires, est à l'évidence un atout dans un monde d'énergie toujours plus chère.

Les condottieres qui menèrent les grandes batailles de la république gaulliste – centrales nucléaires et force de dissuasion, Caravelle et Concorde, fusées et satellites – ont construit la France moderne. À trente ans de distance, j'éprouve toujours pour eux la même admiration. Ils ne raisonnaient pas en termes d'entreprises et de marchés. Ils avaient pour seule référence une France qu'ils voulaient toujours à la pointe du progrès.

Ces grands serviteurs de l'État en étaient devenus les maîtres. Ni le pouvoir, ni l'opinion, ni les médias n'étaient en mesure de contrôler leur action, de contester leurs choix. Nos hommes politiques avaient oublié qu'en démocratie le généraliste doit toujours l'emporter sur le spécialiste.

Nous traversions le ciel dans le sillage du Concorde, nous défions l'espace avec Ariane. Super-Phénix nous assurait l'abondance énergétique, et le plan Calcul nous donnerait les meilleurs ordinateurs du monde. Tels nous étions : un peuple qui vénérait la compétence de ses élites au point d'en applaudir les erreurs autant que les succès ; tels nous sommes devenus : un peuple qui a perdu la foi dans son élite dirigeante au point de se défier de toute compétence institutionnelle. Un renversement qui, pour une bonne part, va se jouer sur la question du nucléaire.

La croisade antinucléaire

Le nucléaire civil naît du nucléaire militaire, et cette origine ne lui sera jamais pardonnée. Non sans raison. Car les deux techniques se fondent en un tronc commun, et la même route conduit à l'électronucléaire et à la bombe. Du Pakistan à l'Inde, c'est toujours le prétexte électronucléaire qui ouvre et couvre la voie de la prolifération. Le premier noyau des antinucléaires se recrute donc parmi les militants pacifistes et antimilitaristes – déterminés, mais peu nombreux.

La seconde vague est portée par la contre-culture qui, depuis la Californie, se répand dans le monde occidental à partir de 1965. Ce « mouvement hippie », comme l'on dira par commodité, va au-delà du communisme et du gauchisme dans sa condamnation de la société industrielle. Pour lui, le mode de production est pervers en soi, indépendamment de son appropriation. Lénine voulait « les soviets plus l'électricité », les hippies veulent leurs soviets, les communautés, mais sans l'électricité, entendez : sans le monde industriel.

La nouvelle contestation est de nature globale et idéologique, elle oppose ses valeurs – paix, amour, partage, plaisir, non-violence, accomplissement personnel – à celles de notre société – compétition, inégalités, domination, jouissance, enrichissement individuel et rapports de force.

L'utopie hippie mêle le retour à la nature, la vie en communauté, la liberté sexuelle, le refus de la violence et même de la compétition, le recours à des techniques douces, la préférence pour l'autonomie locale, pour la petite échelle, les solutions proches, simples et modestes, etc. Cette nouvelle sensibilité se méfie du progrès industriel, technique et même scientifique.

Dans cette optique, le nucléaire fait figure de provocation. Il incarne l'ambition prométhéenne de dominer la nature, de lui imposer la volonté humaine. Cet *hubris* porte en germe la destruction du genre humain. Aux dangers aveuglants des usages militaires correspondent les dangers sournois des usages civils. Les spécialistes s'en portent garants, mais on ne saura qu'après, dans cent ans, dans mille ans, ce que valent ces promesses. Dans l'immédiat, il ne reste qu'à leur faire confiance. Voilà précisément ce qui est intolérable : un monde d'une complexité telle que le peuple doive s'en remettre à une élite soi-disant compétente.

En outre, pour maintenir cette sécurité, il faudra sans cesse surveiller, contrôler, inspecter, interdire, cacher, réprimer. Le rêve d'une société douce et conviviale, ouverte et transparente, s'évanouit à tout jamais tandis que s'impose le modèle industriel, gigantesque et centralisé, froid et inhumain.

Pour ces nouveaux militants, la contestation ne peut s'accommoder de compromis et de compromissions. Le rejet doit être total, absolu et irréversible. On ne discute pas le nucléaire, on le combat. À l'échelle mondiale, l'antinucléaire devient une religion qui échappe à toute discussion rationnelle. Les arguments ne viennent jamais qu'étayer une condamnation déjà prononcée. Le nucléaire, c'est le mal.

Cet argumentaire idéologique s'ancre profondément dans les esprits et dégrade l'image de l'énergie nucléaire. Le rejet n'est plus le fait de quelques manifestants, il devient un phénomène d'opinion ; il n'est pas affaire de circonstances, mais de principe.

D'autant que déferle à son tour la vague écologiste. Les pionniers de l'atome avaient cru qu'ils imposeraient l'image d'une industrie propre et sûre. De fait, en Occident, les fuites radioactives ont été très limitées, et les accidents infiniment rares. Rien à voir avec le charbon ou le gaz. Mais l'atome détesté ne va pas s'en tirer à si bon compte. Son bilan est projeté dans l'avenir. À lui de prouver que, dans cent ans, dans mille ans, il n'aura provoqué aucun accident, aucune pollution. N'inspirant plus confiance, ses avocats ne peuvent rassurer avec des prévisions et des probabilités.

Dans le monde entier, les préjugés basculent au tournant des années 1960-1970. Ils avaient été favorables aux pionniers de l'atome, ils viennent à la rescousse de ses détracteurs. La défaveur s'amplifie en dépit du premier choc pétrolier. Ce n'est pas la mode qui a changé, c'est le monde. La France est passée d'une société d'organisation dominée par les élites, à une société d'opinion ouverte à tous les courants de la contestation, et les pourfendeurs du nucléaire prennent leur place dans le jeu politique et dans les médias. Rien ne s'est encore passé : aucun drame, aucune catastrophe. Le changement se fait dans les esprits avant tout événement déclencheur. L'air du temps a déjà tourné lorsque surviennent les épreuves.

En 1979, l'accident de Three Mile Island provoque la panique sans faire aucune victime. Pour les experts, c'est la preuve que la sécurité nucléaire est sans faille ; pour le public, c'est la démonstration qu'elle n'est pas infaillible. Une appréhension que confirme en 1986 la catastrophe de Tchernobyl. C'en est trop. Les gens ne veulent plus s'en remettre aux autorités compétentes. Les experts dénoncent l'incurie soviétique ; l'opinion, elle, ne retient que la défaillance de la technique. La construction de centrales s'arrête net partout dans le monde. En cette fin de XXe siècle, le nucléaire est en panne. Faute de confiance.

Le nuage de Tchernobyl

Pourquoi la France a-t-elle été la seule à maintenir son engagement nucléaire ? Parce que la technocratie, plus forte que dans les pays voisins, a pu y poursuivre le chemin emprunté à marche forcée. Les implantations de centrales deviennent néanmoins de plus en plus difficiles, les Français grondent, les antinucléaires tiennent le haut du pavé. Marcel Boiteux, président d'EDF jusqu'en 1987, se souvient de ces années d'affrontement : « Tous les moyens furent bons. Des troupes de choc envahissaient les réunions d'information organisées par EDF autour des futurs sites. Au voisinage des centrales en construction, les épouses des ingénieurs d'EDF trouvaient des petits cercueils dans leur boîte aux lettres, le matin. Le directeur parisien responsable avait dû transformer sa maison de banlieue en château fort dont l'allée bordée de haies était constamment parcourue par des chiens de garde. On vivait sous la menace, dans des voitures blindées, et l'opposition alla jusqu'au plasticage de mon appartement, dont les occupants, non impliqués dans le nucléaire, à part moi, ont réchappé par miracle[1].» Sans doute les auteurs de telles exactions avaient-ils le sentiment d'opposer une juste résistance à l'oppression nucléaire. Le dialogue n'était pas de saison. Le programme fut pourtant mené à bonne fin. Le dernier raccordement au réseau aura été effectué en 1999. Il était grand temps que cela se termine.

Les maîtres de l'atome sont désarçonnés par cette contestation. Comme ces maris qu'une épouse aimante et soumise plaque après trente ans de mariage sans nuages, ils ne peuvent croire qu'une opinion acquise de toute éternité demande à présent le divorce. Pourquoi les grime-t-on en apprentis sorciers, pourquoi la fée Électricité est-elle devenue une abominable sorcière? Nul doute : les Français cèdent à des peurs moyenâgeuses, ils se laissent abuser par les ignorants. Une simple crise passagère : le temps pour le peuple de constater que les centrales nucléaires sont les plus sûres et les moins polluantes, qu'elles fournissent le courant le moins cher, et le bon sens reprendra ses droits.

Il m'a rarement été donné d'observer un tel dialogue de sourds. Les champions de l'atome fondaient leur légitimité sur leur compétence. «En ce domaine, il faut connaître ce dont on parle!» me disaient-ils. Argument imparable. À cette réserve près que la compétence n'est pas neutre. Les «gens compétents» se sont formés dans les centres de recherches du CEA, dans les services d'EDF, ils ont «fait carrière» au sein de ces grands organismes, commençant dans les centrales et finissant à l'état-major. Ils sont, pour le meilleur

1. Marcel Boiteux, «Les ambiguïtés de la concurrence», *Futuribles*, juin 2007.

ou pour le pire, liés au lobby nucléaire comme les officiers le sont à l'armée. L'expert semble toujours partisan.

Quant aux militants de l'antinucléaire, ils n'en étaient pas à se faire un jugement. La cause était entendue, et la condamnation, prononcée sans délibéré. Il n'était plus temps d'ergoter avec des soi-disant spécialistes. Face au péril nucléaire, il fallait se battre. Un camp contre l'autre. Difficile d'engager le débat avec de tels interlocuteurs. J'en ai fait l'expérience.

La télévision m'avait confié trois émissions consacrées à l'énergie nucléaire. J'avais dû me plier au manichéisme de rigueur et organiser des face-à-face : les « pour » d'un côté, les « contre » de l'autre. Ce n'est pas la télévision que je préfère, mais, à l'évidence, celle qu'exigeait l'air du temps. J'entendais à tout le moins que ce procès puisse éclairer le public. Au terme de laborieuses négociations, il fut convenu que chaque émission serait consacrée à une question précise : la politique énergétique, l'option nucléaire, l'option sans nucléaire. Chaque camp s'était vu confier équipes et réalisateurs pour tourner sur le sujet un film à sa convenance, qui ouvrirait le débat.

Je découvris en salle de projection que les groupes antinucléaires n'entendaient pas débattre, mais combattre. Selon nos conventions, ils devaient mettre en images les solutions alternatives au nucléaire; en fait, ils s'étaient contentés de dénoncer l'adversaire sans rien proposer. Trop facile, vraiment! L'émission allait tourner à la manif', on échangerait des slogans, non des arguments. À la première observation de ma part, les croisés de l'antinucléaire hurlèrent à la censure... Je refusai qu'on me force la main et l'émission n'eut jamais lieu.

Vivre avec le nucléaire

Le véritable débat entre personnes compétentes n'a jamais pu s'instaurer. La décision de mars 1974 a été prise à l'emporte-pièce, sans souci de concertation ou d'explication. Ce n'est qu'un an plus tard, en avril 1975, qu'est diffusée une déclaration publique de 400 scientifiques dénonçant la nature « irréfléchie » du programme Messmer et ses conséquences, « qui risquent d'être graves ». Une structure de vigilance est créée, le GSIEN, qui devient, pour la presse, une source précieuse de contre-information. Car le lobby nucléaire abuse en toute bonne conscience de son monopole d'expertise, avec lequel les antinucléaires radicaux ne peuvent rivaliser. Entre ceux qui savent et ceux qui ne veulent pas savoir, les journalistes ont le plus grand mal à faire leur métier. Les nucléocrates délivrent leurs réponses et s'irritent des questions, les antinucléaires lancent leurs questions sans écouter les réponses.

Cette maîtrise de l'information est mise à mal par la tragédie de Tchernobyl. Les Français risquent d'imputer la catastrophe aux insuffisances de la technique plutôt qu'à l'incurie soviétique. Ils pourraient même remettre en cause le programme français s'ils apprenaient qu'ils ont été irradiés par la catastrophe d'Ukraine. Pour les nucléocrates, le nuage de Tchernobyl représente une menace psychologique plus que radiologique, ses effets risquent d'être beaucoup plus graves sur les esprits que sur les organismes. Il importe donc de rassurer l'opinion. Rien de plus facile lorsqu'on détient la maîtrise de l'information. Le très officiel Service central de protection contre les rayons ionisants (le SCPRI) affirme, sans être contredit sur-le-champ, que le nuage radioactif n'a pas franchi nos frontières. Un mensonge d'État pour éviter une panique de l'opinion. Dans l'immédiat, les Français croient que le pays a été épargné. Les experts le disent, c'est donc vrai.

Mais la vérité va peu à peu éclater au grand jour. Avec des effets dévastateurs. Les Français découvrent que le lobby nucléaire, non content de minimiser les dangers potentiels, comme l'affirment les antinucléaires, peut cacher à la population la simple réalité. Quelques années plus tard, ils apprendront que les autorités avaient déjà menti à propos de la première explosion nucléaire française à Reggan, au Sahara, le 13 février 1960 : elles n'avaient jamais parlé du dégagement imprévu de radioactivité qui avait provoqué l'irradiation de certains participants.

Ainsi la politique nucléaire, basculant des certitudes technocratiques à l'opposition radicale, n'a-t-elle jamais pu faire l'objet d'un véritable débat en France.

La confiance à l'ombre des centrales

La science est capable de faire naître la plus haute sécurité du plus grand danger. Tel est le postulat du nucléaire. Aucune démonstration a priori ne peut le démontrer. Seule la constatation a posteriori permettra de dire qu'effectivement cette technique est parfaitement maîtrisée, depuis l'extraction du minerai jusqu'au confinement des déchets. Le nucléaire est fondé sur cette confiance dans l'expertise qui cimente une société d'organisation et se fissure dans une société d'opinion.

Pour l'avoir trop facilement obtenue dans un premier temps, l'industrie nucléaire est désormais paralysée par la méfiance. Elle a beau se targuer des plus grands succès, multiplier les assurances et les garanties, élever sans cesse son niveau de sécurité, elle peine à reconquérir les esprits.

En ce XXIe siècle, les centrales nucléaires font partie du paysage français au même titre que les clochers et les châteaux d'eau. Elles fournissent les trois quarts de notre électricité et leur bon fonctionnement dément les prédictions de toutes les Cassandre. L'électronucléaire s'impose comme un fait irréversible. Cette démonstration, effective et non pas prévisionnelle, devrait valoir acceptation. C'est loin d'être le cas. Les Français ne se sont toujours pas réconciliés avec le nucléaire, ils n'ont jamais conclu qu'un armistice.

Ils pensent à 81 % qu'il s'agit d'une technique à risques, mais les deux tiers d'entre eux ont confiance dans la sûreté des installations nucléaires. Les voisins des centrales se sont accoutumés à voir les panaches de vapeur sortir des énormes tours de réfrigération. Ils dorment paisiblement sans craindre un Tchernobyl à leur porte. Bref, la population a fini par adopter les installations existantes. Mais elle conserve toute sa méfiance à l'égard des nouvelles. À 88 %, elle refuserait que l'on installe un cimetière pour déchets radioactifs près de son domicile.

Cette acceptation traduit plus de résignation que de véritable adhésion. Elle prend acte de ce qui existe tout en refusant de l'étendre et en rêvant de s'en passer. En 2000, la construction de centrales nouvelles ne recueillait que 18 % d'approbation, tandis qu'une dénucléarisation progressive, à l'instar de l'Allemagne, recevait un soutien majoritaire à 51 %.

Plus surprenant : le jugement des Français est très peu lié à la conjoncture. Il avait été fortement influencé par le premier choc pétrolier, devenu le meilleur avocat du plan Messmer ; il n'est guère sensible au troisième, et pas même au danger des gaz à effet de serre. Entre 2000 et 2005, la majorité qui souhaite sortir du nucléaire s'est confortée, passant de 51 à 54 %. Et à peine un tiers des Français voient dans le recours au nucléaire une réponse possible à la crise climatique et pétrolière ! En 1974, le renchérissement du baril avait dédouané l'atome ; en 2007, le réchauffement climatique, combien plus angoissant, n'y suffit pas. Comment expliquer que l'évidence des faits ait si peu de prise sur l'opinion ?

À tort ou à raison, les Français n'ont jamais porté une attention particulière à l'industrie nucléaire. Ils ont suivi l'air du temps, qui lui était favorable dans les années 1960-1970 et qui, depuis lors, s'est retourné. Seule une petite minorité s'est résolument engagée sur ce terrain. Elle voit dans le nucléaire un mal à éradiquer et jamais une réalité à corriger. La majorité accepte le statu quo nucléaire, mais ne souhaite pas le voir s'étendre. Tout le « Grenelle de l'environnement » a été construit sur cette analyse de l'opinion.

La réponse est dans le vent

L'opposition au nucléaire est devenue une idéologie, presque une religion, en France et, plus encore, à l'étranger. Elle pouvait faire illusion dans les années 1970-1980 en se fondant sur des arguments rationnels, mais cette prétention n'a pas résisté à l'état d'urgence climatique. Le péril avéré d'un réchauffement lié à l'effet de serre, d'une part, le bon fonctionnement du parc électronucléaire depuis des décennies, d'autre part, ont pourtant changé les données de notre avenir énergétique.

Dans les années 1970, les risques écologiques du nucléaire s'opposaient aux risques économiques du pétrole. Il n'était pas déraisonnable de préférer une hausse des prix à une fuite radioactive. Au tournant du siècle, le risque d'une catastrophe climatique provoquée par l'accumulation du gaz carbonique est unanimement admis et les antinucléaires ne sont pas les moins ardents à dénoncer ce péril. Nous voilà pris en tenaille entre les déchets atmosphériques de l'énergie fossile, que l'on ne sait ni réduire ni contenir, et les déchets radioactifs de l'énergie nucléaire, que l'on doit finir par confiner. Choix dramatique, car les premiers représentent une menace immédiate et certaine, et les seconds, une menace hypothétique à long terme. Par malheur, nous ne saurions faire l'impasse sur les deux, car l'électricité représente pour l'humanité la voie obligée du progrès. Une voie que deux milliards de Chinois et d'Indiens empruntent désormais à grande allure. S'en remettre aux seuls combustibles fossiles pour assurer ce surcroît de production, c'est doubler notre couverture chauffante au CO_2. Ne reste qu'à miser sur l'électronucléaire pour réduire la part de l'électro-carbone.

Cette nouvelle donne n'a en rien modifié les positions des antinucléaires. Menace du CO_2 ou pas, la diabolisation reste la même. Ils ont donc postulé que les énergies renouvelables pourraient dans une large mesure prendre la relève du fossile et du nucléaire. Champion de cette « autre solution » : l'éolien.

Cette énergie peut-elle assurer une part significative de notre consommation électrique et réduire d'autant les gaz à effet de serre ? Le Conseil européen, dont pas mal de sièges sont tenus par des écologistes, a choisi de le croire. Dans sa résolution de mars 2002, il s'est fixé pour objectif 20 % d'énergies renouvelables en 2020. S'agissant de centrales hydroélectriques, ce serait parfait. Malheureusement, les meilleurs sites sont déjà équipés, le solaire est toujours hors de prix, la biomasse, marginale ; ce sont donc les éoliennes qui devront fournir ce surcroît d'électricité « douce ». Certains pays, notamment le Danemark, les Pays-Bas, l'Allemagne, se sont lancés à corps perdu dans la construction d'aérogénérateurs. Cédant à l'air du temps, au propre comme au figuré, la France a entrepris de les suivre. Sur fond de subventions, il va de soi. Dans la France du XXIe siècle, la construction-exploitation d'une éolienne assure une rente de situation plus juteuse que le monopole des moulins à vent dans la France d'Ancien Régime !

Peut-on espérer que le vent va dissiper la menace du gaz carbonique ? Nos politiciens feignent de le croire, mais ils savent pertinemment qu'il n'en est rien. Il y a belle lurette que la démonstration en a été faite par les énergéticiens les plus sérieux, comme Jean-Marc Jancovici[1]. L'électricité ainsi produite sera beaucoup plus chère que celle du charbon ou du nucléaire, mais ce n'est rien encore. Le vent souffle quand il veut, pas quand on en a besoin. Les éoliennes ne produisent guère que le tiers ou le quart du temps, et, bien souvent, à contretemps, une électricité qui ne se stocke pas. Elles ne peuvent donc venir qu'en appoint d'un réseau. Pour suppléer leurs défaillances, il ne faut pas compter sur des centrales nucléaires qui produisent en continu, mais sur des centrales au charbon ou au gaz, que l'on module à la demande. Il faut donc doubler tout champ d'éoliennes d'une bonne centrale classique bien polluante ! Et voilà pourquoi les champions de

1. Jean-Marc Jancovici, « Quelle surface faut-il couvrir d'éoliennes pour fournir à la France le courant dont elle a besoin ? », juin 2000, texte révisé en décembre 2001, consultable sur www.manicore.com

cette « énergie propre », comme l'Allemagne ou le Danemark, sont aussi les plus gros pollueurs par émanations de gaz carbonique. Conclusion de Jean-Marc Jancovici : « Si notre première priorité est de minimiser notre impact sur l'environnement, penser qu'il suffit de mettre des éoliennes partout pour y parvenir est hélas un rêve [...]. Cette solution n'apparaît dans les bons ordres de grandeur ni pour lutter efficacement contre les émissions de gaz à effet de serre, ni pour concourir de manière significative à notre consommation d'énergie actuelle. » Un avis qui remonte à 2001, mais dont nos antinucléaires n'ont tenu aucun compte.

Les faits sont ignorés, l'expérience aussi. Christian Gérondeau[1], rappelant l'extraordinaire développement de cette technique au Danemark, montre l'impasse où se trouve ce pays, incapable de gérer son double pari sur le vent et sur le charbon : « Le Danemark vient de décider de tout arrêter, car il est désormais confronté à des problèmes insolubles. » En Allemagne, les partis de gouvernement, prisonniers des Verts, ont dû renoncer à l'atome et tout miser sur le vent. Leurs éoliennes deviennent les grands arbres qui cachent la forêt de centrales au charbon dont ils couvrent le pays.

La position des antinucléaires radicaux est à ce point irréaliste que, même dans l'ambiance favorable du « Grenelle de l'environnement », ils n'ont pu imposer leur point de vue. Seule concession de Nicolas Sarkozy : l'engagement de ne pas ouvrir de nouveaux sites pour construire des centrales. Une promesse conforme aux souhaits des Français et qui, pour le coup, ne mange pas de pain. Les gouvernements sont assurés de trouver sur les sites des centrales actuelles la

1. Christian Gérondeau, *Écologie : la grande arnaque*, Paris, Albin Michel, 2007.

place nécessaire pour en construire de nouvelles et, chez les populations avoisinantes, une acceptation acquise d'avance contre redevance.

En revanche, le gouvernement se devait de céder au conformisme du moment sur l'éolien. La France s'engage donc à « rattraper son retard » dans cette voie sans avenir. Autant de milliards gaspillés et qui auraient dû être consacrés à intensifier les recherches pour capter et fixer le CO_2 dégagé par les centrales à charbon. Heureux encore que nous n'ayons pas, à l'image de l'Allemagne, décidé de « sortir du nucléaire » ! Comment expliquer cette indéfectible nucléophobie des écologistes politiques ?

Pour les révolutionnaristes qui rejettent en bloc les sociétés industrielles, l'économie de marché, la mondialisation, le nucléaire offre un champ de bataille idéal. Il désigne clairement le mal : non pas le mal nécessaire dont on doit s'accommoder, mais le mal absolu qu'il faut éliminer, l'ennemi qui mobilise le combattant.

Le thème de l'antinucléaire, qui joue sur la peur, est en outre plus populaire que l'aliénation de l'individu dans la société industrielle, l'exploitation du travailleur au sein du système capitaliste. Ces mêmes Français qui sont depuis belle lurette passés de la révolution à la revendication dressent l'oreille lorsqu'on évoque un danger invisible, une menace imparable, un risque intolérable.

Tenant le discours de la peur, les imprécateurs du nucléaire exercent sur l'opinion une influence très supérieure à leur importance dans la population. D'autant que le lobby nucléaire, d'essence technocratique, ne dispose, lui, d'aucun relais efficace dans la société. Ajoutons que l'époque est particulièrement favorable aux minorités agissantes. Partis et syndicats sont des coquilles vides de militants, ouvertes à toutes les OPA, vulnérables à toutes les surenchères. Porté par son activisme, l'antinucléaire se diffuse dans les réseaux qui font l'opinion. Un mouvement écologique se doit d'être labellisé antinucléaire, et les partis, qui cherchent toujours à attirer cet électorat, mettent sous le boisseau leur engagement en faveur de l'énergie atomique. Bref, après avoir eu le nucléaire triomphant, les Français ont désormais le nucléaire résigné. Ils découvrent que le divorce est impossible, ils sont embarqués dans un mariage de raison. Mais le cœur n'y est plus. Et la crise écologique n'y peut rien changer.

Faut-il construire l'EPR ?

C'est ainsi qu'une pensée marginale peut s'intégrer à un corpus majoritaire, qu'une confiance aveugle peut se transformer en méfiance systématique. Entre un lobby du nucléaire et un lobby antinucléaire non moins ancrés l'un que l'autre dans leurs certitudes, le véritable débat énergétique du XXIe siècle ne parvient pas à s'instaurer dans notre pays. Les nucléophiles veulent imposer leurs décisions sous couvert de consultations populaires et d'enquêtes publiques, tandis que les nucléophobes n'admettent de débat que pour organiser la « sortie du nucléaire ». Bref, on risque à tout moment de rejouer les affrontements manichéens des années 1980 pour ou contre le nucléaire. Or, c'est un tout autre débat que nous devons avoir aujourd'hui. Celui qui s'est focalisé sur un sigle : EPR.

Il s'agit d'une « troisième génération » de centrales nucléaires, disons plus simplement d'une version améliorée des centrales existantes. Elle a été conçue dès la fin des années

1990 par les bureaux d'études, mais n'avait aucun débouché en raison de la panne mondiale du nucléaire. Au XXIe siècle, la croissance des pays émergents, Chine en tête, et l'état d'urgence climatique ont relancé le marché. Des centaines de centrales vont être à construire dans les décennies à venir. Pour l'industrie française, qui possède un savoir-faire sans égal, c'est une chance à saisir. Celle d'imposer l'EPR à l'exportation. Mais cette demande nouvelle est beaucoup plus internationale que nationale. La France s'est dotée d'une capacité électrogène excédentaire, et le renouvellement de son parc n'est plus une nécessité. En effet, les 58 unités en fonctionnement se révèlent beaucoup plus « durables » que prévu. Leur longévité pourrait atteindre, voire dépasser quarante ans. La France n'a donc aucun besoin urgent de centrales supplémentaires, mais elle peut difficilement vendre à l'étranger une technique qu'elle semble dédaigner chez elle. Il lui faut une « vitrine » nationale pour réussir à l'international.

Si elle investit massivement dans l'EPR, elle n'aura sans doute pas les moyens de développer une technique radicalement neuve, de quatrième génération, qui tout à la fois réduirait la consommation d'uranium et produirait beaucoup moins de déchets. Malheureusement, cette merveille n'existe encore que dans les cartons. Aucun prototype n'a été construit ni même conçu. Il faudra de nombreuses années avant de disposer d'une technique opérationnelle.

Que faut-il faire ? Sacrifier la troisième génération au profit de la quatrième ? Tout miser sur la troisième plutôt que de faire le pari incertain de la quatrième ? Tenter de jouer les deux ? Considérer l'EPR de Flamanville ou d'autres comme des unités tout entières tournées vers l'étranger et dont l'électricité sera exportée vers des pays voisins qui risquent de se retrouver en sous-capacité ?

Le débat n'oppose pas les pronucléaires aux antinucléaires, mais des experts qui veulent tout à la fois poursuivre la production d'électricité nucléaire, tirer parti de l'avance française en ce domaine, sans pour autant faire une confiance aveugle au lobby nucléaire. Une telle réflexion doit s'insérer dans la révision de notre politique énergétique : production comme consommation.

Mais le lobby du nucléaire a besoin de commandes tout de suite. C'est la survie même de notre capacité industrielle qui est en cause. Il a poussé les feux, sous la présidence Chirac, pour obtenir la construction du premier EPR à Flamanville, redoutant qu'en cas de victoire de la gauche les socialistes, sous la pression de leurs alliés verts, ne gèlent le programme. Quant aux opposants, ils ont trouvé l'argument qui tue dans les attentats du 11-Septembre. Il n'est pas assuré, font-ils remarquer, que la nouvelle centrale résisterait à l'impact d'un avion de ligne détourné et précipité sur elle. Au nom du principe de précaution, un essai en vraie grandeur devrait sans doute être effectué avant toute autorisation. Contre le diable, il faut faire feu de tout bois !

Je suis, pour ma part, incapable de dire si la France doit, toutes affaires cessantes, se lancer dans l'aventure EPR ou si elle doit faire d'autres choix. Je sais seulement qu'il y a là matière à un grand débat, car l'engagement irréversible dans le nucléaire ne ferme pas la discussion, il l'ouvre. Il suffit de reconstituer cette histoire de l'énergie nucléaire pour comprendre que les organisateurs du « Grenelle de l'environnement » n'aient pas souhaité l'inscrire à leur ordre du jour. À l'évidence, la France n'a toujours pas trouvé la formule d'une démocratie nucléaire apaisée. Rappelons toutefois qu'il ne s'agit en rien d'une « exception française » : la paralysie est bien pire chez nos voisins.

Cette diabolisation qui interdit toute réflexion collective n'est pas propre au nucléaire. Nous la retrouvons, toujours la même, avec les OGM, l'autre Grand Satan de nos activistes radicaux.

La révolution OGM

Entraînée par son navire amiral, l'Institut national de la recherche agronomique, l'INRA, la recherche agronomique française comptait parmi les meilleures du monde dans les années 1960-1970. Elle proposait à notre agriculture toutes les innovations indispensables à sa modernisation. Ses chercheurs étaient reconnus et respectés comme des agents du progrès. La recherche agronomique était une science sans histoire, qui s'efforçait de répondre aux exigences de son temps.

Les nouvelles races animales ou variétés végétales mises au point par l'INRA étaient saluées comme autant de victoires. N'est-ce pas ainsi, en transformant le monde vivant, que l'agriculture progresse depuis dix mille ans ? La méthode était toujours la même, celle des sélections-croisements. Elle avait donné naissance à toutes les espèces domestiques, animales ou végétales, aussi différentes des espèces sauvages que le chien de son ancêtre le loup. La recherche agronomique l'appliquait de façon systématique et, surtout, elle pouvait, grâce à la génétique, en comprendre les mécanismes. Les espèces nouvelles naissaient au fil de générations grâce à la reproduction.

Dans les années 1980, la science franchit un pas décisif : elle brise le coffre-fort du génome et intervient directement sur l'ADN. Plus besoin de jouer à la loterie de l'hérédité pour tenter de rebattre les cartes génétiques, les biologistes vont manipuler les gènes sur les chromosomes, en supprimant certains, en ajoutant d'autres, et obtenant au total un nouveau patrimoine qui n'a pas d'ascendant mais aura des descendants. Dans sa volonté de remodeler le vivant, l'homme n'est plus limité par les lois de la reproduction, il peut essayer toutes les combinaisons : suppressions, transferts, greffes. La nature acceptera ou refusera le produit de cette contrebande génétique.

Le pas en avant est prodigieux. Les biologistes violent l'intimité du chromosome comme les physiciens ont violé l'intimité de l'atome. Avec le même sentiment d'effroi. Les pionniers qui, dans les années 1970, mettent au point les outils de ces manipulations génétiques ne peuvent manquer de faire le rapprochement avec la libération de l'énergie nucléaire. Ne sont-ils pas en train de jouer les apprentis sorciers, de donner naissance à des espèces monstrueuses ? Ne vont-ils pas provoquer des catastrophes génétiques ? L'équivalent de la bombe atomique pour la guerre bactériologique ?

Ils se réunissent à Asilomar, près de San Francisco, en 1974, et décident un moratoire sur leurs recherches pour se donner le temps de la réflexion. Mais, une fois de plus, la science est aussi lourde de promesses que de menaces. Les manipulations génétiques pourraient déboucher sur de nouveaux médicaments, de nouveaux traitements, de nouvelles espèces utiles à l'homme. L'année suivante, toujours à Asilomar, ils décident de reprendre leurs travaux en se fixant des règles très strictes. Une application tout empirique du principe de précaution.

À partir des années 1980, des laboratoires de plus en plus nombreux entreprennent de manipuler le génome d'êtres vivants. L'humanité est entrée dans son ère transgénique. Dans la décennie 1990, les plantes transgéniques apparaissent sur le marché et sont utilisées par l'agriculture. Tantôt elles contiennent une molécule pesticide pour résister aux parasites, tantôt elles ont la capacité de supporter les herbicides qui éliminent la végétation concurrente. Poussée par les grands semenciers internationaux, la progression est très rapide. Aujourd'hui, les cultures transgéniques représentent plus de 100 millions d'hectares dans le monde. Elles se concentrent sur quatre plantes : coton, maïs, soja et colza, et dans quatre pays : États-Unis, Argentine, Brésil et Canada. Les OGM nourrissent des millions d'animaux et, à travers eux, des millions d'hommes. En dépit des prévisions alarmistes, ils n'ont encore fait aucune victime. La Chine et l'Inde hésitent toujours à les utiliser directement pour l'alimentation humaine. En l'absence d'accidents, elles s'y résoudront sans doute à l'avenir.

Ces OGM de première génération ne concernent encore que la production et non pas le produit. Mais la recherche se porte maintenant sur de nouvelles plantes aux propriétés plus intéressantes : meilleure adaptation à certaines conditions géographiques, meilleure qualité nutritionnelle, etc. Sans parler de toutes les applications médicales pour prévenir ou soigner un certain nombre d'affections. Il ne s'agit là encore que d'espoirs, mais les perspectives sont vertigineuses. Nous sommes bien au début d'une révolution scientifique.

Faut-il assister à ces découvertes avec le sourire béat des adorateurs du progrès ? Certainement pas. Faut-il les combattre avec la flamme purificatrice des militants ? Encore moins. L'humanité invente, elle ne « désinvente » pas. Pour le meilleur ou pour le pire, les OGM existent. Il s'agit maintenant de mettre sur pied une sécurité génétique comparable à la sécurité aéronautique ou à la sécurité nucléaire, et ce ne sera pas facile. La nouvelle technique se développe au niveau planétaire, poussée par une logique de marché. C'est dire qu'il n'existe pas une autorité politique de régulation. Ce qu'un pays interdit, un autre l'autorise ; ce qu'une entreprise ne fait pas, une autre le tentera. Tel est le défi des OGM auquel l'humanité se trouve confrontée.

L'idéologie anti-OGM

En France, l'aventure des OGM a commencé *mezza voce*, sans soulever une grande émotion, voire un quelconque intérêt. L'ingénieur agronome Philippe Gay, pionnier de ces recherches, obtient en 1992 le maïs de Novartis Bt, capable de résister à son parasite habituel, la pyrale. Sa découverte ne suscite ni enthousiasme ni réprobation. « Nous avions testé notre maïs transgénique en champs, près de Colmar, en Alsace, et convié la presse à la moisson. Seul *Le Paysan du Haut-Rhin* s'est déplacé », se souvient-il. Une indifférence qui ne vaut pas consentement. Disons que les Français s'en remettent aux autorités compétentes, très favorables à ces recherches. Au reste, les responsables de Monsanto se fondent sur le précédent du nucléaire pour se convaincre que la France acceptera les OGM sans difficultés. Ils n'avaient pas remarqué que les Français des années 1990-2000 n'étaient plus ceux des années 1960-1970.

Greenpeace est déjà sur le sentier de la guerre et tente, dès 1994, de s'en prendre aux cultures de Philippe Gay. Le public ne suit pas. Il est interpellé en 1996 par un titre à la une de *Libération* : « Non au soja fou ! », pour dénoncer l'arrivée à Cherbourg d'un navire chargé de soja transgénique. L'adjectif n'est pas choisi au hasard. On est en pleine affaire de la « vache folle ». L'amalgame est sans pitié : une fois de plus, les savants fous vont nous empoisonner ! Peur et méfiance s'installent dans les esprits.

Le gouvernement ne sait comment réagir. Il interdit la culture du maïs Bt que notre commission du génie biomoléculaire avait fait accepter par Bruxelles quelques années auparavant. Le président de cet organisme, le généticien Axel Kahn, démissionne avec fracas. La Confédération paysanne et José Bové se lancent dans la bataille. Les mesures gouvernementales – autorisation, moratoire, interdiction – se succèdent dans une totale incohérence. La méfiance gagne l'opinion. En l'an 2000, les deux tiers des Français pensent qu'on ne leur dit pas la vérité sur le sujet. Les grandes marques commerciales basculent dans le camp anti-OGM. Un ample débat devrait s'organiser pour éclairer l'opinion. Mais les gouvernements préfèrent faire le gros dos et les OGM battent des records d'impopularité. Pour les biotechnologies comme pour le nucléaire, la population ne peut par elle-même évaluer l'intérêt et les risques de ces techniques, elle doit s'en remettre aux experts. Tout est affaire de confiance. L'atome en a bénéficié dans les décennies 1950-1970, les OGM arrivent trop tard dans un monde où la méfiance est de règle[1]. Les opposants sont en phase avec une opinion qui doute du meilleur et s'attend au pire. Greenpeace et d'autres organisations étiquetées écologistes sautent sur le moindre résultat, la moindre rumeur pour les monter en épingle et alerter l'opinion mondiale. Pourquoi pas ? Tantôt ce sont des pommes de terre transgéniques qui indisposent des rats, tantôt le maïs transgénique qui fait disparaître le papillon monarque, tantôt le gène « terminator » qui va stériliser toutes les espèces végétales. Mais ces légitimes interrogations se transforment en condamnations définitives en dépit de toutes les expériences favorables à l'accusé. En France, les rapports se multiplient – de l'Académie des sciences, du Sénat, de l'Autorité de la sécurité alimentaire – qui, tous, absolvent les nouvelles variétés. Sans résultat.

C'est alors que les faucheurs volontaires lancent leur croisade. J'utilise ce mot de « croisade » dans son sens originel. Tels les croisés partant chasser les infidèles, nos champions de la faucille s'imaginent détenir la vérité et se font un devoir d'extirper l'erreur. Mêlant des valeurs respectables et des peurs fantasmatiques, les troupes anti-OGM ne doutent pas qu'elles vont sauver l'humanité des plus grands périls en rasant quelques arpents de cultures expérimentales.

À Nonette, dans le Puy-de-Dôme, un champ de maïs transgénique fut ainsi sacrifié à cette rage purificatrice. S'agissait-il de ces nouvelles variétés superproductivistes que prépare Monsanto pour accroître ses profits ? Même pas. Les variétés cultivées sur cette parcelle avaient été obtenues par une société française, Meristem Therapeutics. Les chercheurs

1. Sophie Lepault, *Il faut désobéir à Bové*, Paris, La Martinière, « Doc en stock », 2005.

avaient greffé sur le génome du maïs des gènes qui codent pour la lipase gastrique du chien. L'étrange idée ! Il s'agissait de fabriquer un « alicament » qui faciliterait la digestion pour des patients atteints de mucoviscidose ! Les croisés ne voient pas que, en détruisant le travail des chercheurs, c'est l'intelligence qu'ils combattent ; que, avec de tels arguments et de tels moyens, c'est une juste cause qu'ils desservent.

Car on ne sera en effet jamais trop prudent face à une révolution aussi lourde de promesses que de menaces. Dans mon premier essai, publié en 1970, *En danger de progrès*, j'avais dénoncé l'insouciance des sociétés industrielles qui acceptent toutes les découvertes pour leurs avantages immédiats sans la moindre évaluation de leurs éventuels inconvénients. Ces effets secondaires et bien souvent néfastes ne sont jamais pris en compte qu'a posteriori, lorsqu'il est trop tard pour les éviter. Bref, je m'efforçais de définir une charte du progrès.

Après trente années d'avancées techniques incontrôlées, face aux dégâts que chacun peut constater, je persiste et signe. C'est une bonne, une excellente chose que les OGM soient en procès, qu'on n'attende pas d'en découvrir les méfaits pour s'en inquiéter et qu'on ne laisse pas à des sociétés commerciales le soin d'en décider. Les critiques, les inquiets, les sceptiques qui veulent encadrer ces recherches et guetter toutes les conséquences nuisibles ont cent fois raison.

Malheureusement, la contestation anti-OGM tout comme la contestation antinucléaire, a basculé dans l'idéologie. Une dérive qui ne s'affiche jamais comme telle. Les leaders affirment en public n'être pas contre le progrès en général, et pas même contre les OGM en particulier. Ils s'efforcent de mettre en avant des arguments scientifiques ou écologiques respectables. Mais il ne faut pas chercher bien longtemps pour découvrir que ces critiques ne sont rien d'autre que des prétextes. Les cultures transgéniques ne sont pas critiquées pour ce qu'elles sont, mais condamnées pour ce qu'elles représentent. Tout comme le nucléaire, elles symbolisent une société industrielle vouée aux gémonies.

Lors d'un colloque scientifique réuni en 2004, Bruno Rebelle, ancien porte-parole de Greenpeace-France et proche de Ségolène Royal, reconnaissait les ambiguïtés de sa position : « Ce n'est pas facile parce que, sur un plan scientifique, cela va dans le bon sens, et il n'y a pas d'effets néfastes. » Il justifiait sa condamnation sur un tout autre plan : « Par définition, je refuse les biotechnologies, que je considère comme un type de société. Je n'ai pas peur des OGM, mais ceux-ci représentent un choix de société auquel je suis hostile[1]. »

Derrière les risques de toxicité, de contamination et autres, c'est donc un choix de société qui est ici visé. Quels sont les chefs d'accusation qui conduisent à cette diabolisation ?

Premier chef : la manipulation du vivant, le biologiste devenu apprenti sorcier. L'homme n'aurait pas la sagesse nécessaire pour être autorisé à pénétrer au cœur du génome, il devrait s'en tenir à l'ordre naturel et ne pas prétendre le modifier. Ajoutons, sur le plan moral, le refus de voir le vivant breveté et devenu source de profits.

Deuxième chef : la société industrielle. Elle nous fait vivre dans un monde artificiel, inhumain, et voudrait maintenant nous faire passer des robots mécaniques aux robots biologiques.

Troisième chef : la haine du capitalisme, qui a pris la haute main sur les OGM et pousse cette technique sur le seul critère de la rentabilité à court terme.

1. Sophie Lepault, *op. cit.*

Quatrième chef : la destruction du monde agricole. Celui-ci doit reposer sur le paysan maître de sa terre, qu'il cultive en toute indépendance. Avec les OGM, les cultivateurs subissent la loi des multinationales de la semence, qui, saison après saison, leur vendent les graines indispensables à leurs cultures. Non à l'ordre Monsanto !

On peut toujours objecter que l'homme réinvente les espèces vivantes depuis toujours, que les multinationales de l'agroalimentaire n'ont pas attendu les OGM pour dominer l'agriculture mondiale, que les paysans sont tenus par les semenciers depuis des décennies, que les inventeurs de nouvelles variétés doivent financer leurs recherches sur la vente de leurs découvertes, etc. On peut discuter à l'infini sur ces vastes sujets. Mais cela n'a plus rien à voir avec les difficultés concrètes et réelles que soulève la recherche sur les OGM.

À quoi bon argumenter sur tel ou tel point particulier face à un rejet global ? Cette critique indispensable se trouve stérilisée par ses a priori idéologiques. Il ne s'agit pas de s'interroger, de surveiller, de dénoncer au besoin, il faut interdire purement et simplement. Rien n'est plus vain qu'un procès dont le verdict a été rendu à l'avance. La nécessaire vigilance sur des effets nocifs des OGM se pervertit lorsqu'elle joue sur la peur au service d'un objectif politique.

Une France sans OGM

En France, le combat contre le nucléaire fut perdu parce qu'il se heurtait à la technocratie. Le lobby était solidement retranché dans ses forteresses, soumis à une protection de type militaire, et pouvait compter sur le soutien indéfectible des pouvoirs publics. Les manifestants avaient beau se rassembler devant l'usine de La Hague, le retraitement du combustible irradié se poursuivait comme si de rien n'était.

Rien de tel avec les OGM. Les recherches se font dans des laboratoires ordinaires, et les chercheurs ne jouissent d'aucune protection spéciale. Cette vulnérabilité décuple la hargne des militants. L'ennemi est à leur portée, ils vont le traquer. Les scientifiques qui conduisent des recherches en biotechnologies, qui publient des rapports non alarmistes ou, à plus forte raison, qui prennent position pour les OGM, font l'objet d'attaques personnelles. Partout les budgets de recherche sont coupés. Les politiques, apeurés par le terrorisme moral qui déferle, n'osent pas prendre la défense de la recherche sur les OGM ni celle des chercheurs.

Lors du « Grenelle de l'environnement », l'écologisme politique a exigé tout à la fois une sortie du nucléaire et un arrêt des OGM. Un double refus opposé à ces revendications aurait déclenché un boycott qui aurait remis en cause toute l'entreprise. Le gouvernement a donc fait un marché : on ne touche pas au nucléaire, mais on s'entendra sur les OGM. Au cœur de la discussion, le MON 810, un maïs de Monsanto qui intègre une fonction pesticide. C'est la seule plante transgénique dont la production soit autorisée, par l'Europe, une position qui pourrait s'inverser dans l'avenir, car, de l'Autriche à l'Allemagne en passant par l'Italie, le camp des anti-OGM ne cesse de se renforcer. Or, ces cultures ont commencé à s'implanter dans le Sud-Ouest.

Un défi pour les écologistes, qui entendent bien obtenir son interdiction. Il s'agit d'éliminer ce précédent afin qu'il n'y ait pas de suivant, que l'avenir d'une France sans OGM soit définitivement scellé. La revendication est facile à satisfaire, car ces cultures n'ont encore qu'un intérêt marginal pour le monde agricole. Il est donc convenu de suspendre le sort du MON 810 à l'avis d'une haute autorité provisoire sur les OGM. Selon son jugement, la France maintiendra l'autorisation ou fera jouer la clause de Sauvegarde vis-à-vis de l'Europe afin de l'interdire. Lors du Grenelle de l'environnement, tout le monde a bien compris qu'il s'agit d'une procédure-prétexte qui doit conduire à l'interdiction pure et simple. La décision est prise en fonction d'un rapport de forces politique dans lequel les arguments scientifiques n'ont rien à voir.

À la tête de la Haute-Autorité se trouve un homme politique, le sénateur UMP Jean-François Le Grand qui, comme prévu, annonce au mois de janvier 2008 que cet organisme a des « doutes sérieux » sur le MON 810. C'était la formule convenue pour permettre au président de la République de recourir à la Clause de Sauvegarde. Les OGM sont interdits de séjour en France... pour la culture, car pour l'importation et la consommation animale, ils sont toujours autorisés. Comprenne qui pourra !

Ceux qui comprennent trop bien la manœuvre, ce sont les scientifiques de la Haute-Autorité qui expriment leur désaccord avec les termes de leur Président. Péripétie révélatrice : la science n'est ici que la caution du politique.

Il est bon qu'une instance indépendante surveille les OGM et il n'est pas déraisonnable qu'elle veuille prendre le temps de la réflexion avant de lancer en grand ces nouvelles cultures. Mais la question ne se pose pas en ces termes. Peu importe les inconvénients des OGM, les idéologues écolo n'en veulent pas et cette décision est pour eux une victoire. En effet nul n'ignore que, le moment venu, ils n'accepteront qu'une décision : la condamnation. Faire des recherches n'est que du temps perdu. On verrait plus tôt Monsanto renoncer au MON 810 que Greenpeace ou José Bové l'accepter. Et l'on imagine mal un prochain gouvernement relançant la guerre des OGM.

Car l'opinion n'en veut pas et c'est, sans doute, le point décisif. Les opposants savent qu'ils peuvent compter sur le soutien de la population. Sondage après sondage, les Français manifestent leur refus des OGM. La confiance était l'engrais indispensable pour développer de telles cultures. Elle n'est au rendez-vous ni en France, ni dans le reste de l'Europe. Le MON 810 devra donc faire ses preuves ailleurs. S'il ne tient pas ses promesses, ce qu'on ne peut exclure, alors le refus sera gagnant. S'il fait la preuve de sa supériorité et de son innocuité, il finira par s'imposer chez nous. Monsanto sera toujours disposé à nous vendre ses semences. Mais notre agriculture aura pris du retard. Bref, toutes les chamailleries autour du MON 810 ne sont pas essentielles. Le véritable enjeu porte sur l'avenir de cette technique, sur les futures plantes transgéniques. C'est en ce domaine que nous risquons de prendre un retard irrattrapable.

La cause est désormais entendue : le train des biotechnologies fonce à toute allure et la France reste à quai. Pour compenser ce coup de frein aux OGM, le gouvernement annonce 45 millions de crédits pour la recherche sur les biotechnologies. Mais le moratoire est un signal beaucoup plus fort que les promesses budgétaires. Nos équipes, qui comptaient parmi les meilleures du monde, sont désarmées, démobilisées, et n'ont le choix qu'entre s'expatrier ou se reconvertir. Nos entreprises vont abandonner les semences et, si possible, délocaliser leur recherche. Quant aux grandes sociétés multinationales, Monsanto en tête, elles ne peuvent que se réjouir de voir disparaître la concurrence française. Elles poursuivront leurs recherches partout dans le monde et, après avoir pris nos marchés à l'exportation, finiront par nous vendre leurs produits certifiés OGM.

Le tonitruant Claude Allègre tire les conséquences de ce repliement hexagonal : « Handicaper la France dans une bataille commerciale internationale [...], c'est, à terme, détruire notre agriculture et notre industrie agroalimentaire, qui, rappelons-le, est notre deuxième poste d'exportation. C'est aussi se priver d'un moyen de lutte contre la faim dans le monde qui sera demain indispensable pour la survie de milliards d'hommes. C'est aussi donner aux États-Unis et à la Chine un monopole de fait sur les semences[1]. »

Le plus triste de cette histoire, c'est qu'effectivement l'aventure des OGM s'annonce pleine de risques et de dérives, qu'il est essentiel de pouvoir peser sur son développement. Mais comment faire dès lors que nous avons choisi de nous retirer du jeu ? Avec une industrie semencière dynamique et innovante, nous pourrions demain contrer l'hégémonie des grandes multinationales, mettre gratuitement à la disposition des pays pauvres certaines variétés qu'ils ne pourraient se payer. Oui, nous aurions pu être des acteurs essentiels de cette révolution, en tirer le meilleur parti pour nous, mais aussi pour le monde ; au lieu de quoi nous subirons un progrès que nous avons refusé et qui nous diminuera au lieu de nous grandir.

La France a inscrit le principe de précaution dans sa Constitution. Elle est tentée d'ouvrir plus largement les recours

1. Claude Allègre, *Ma vérité sur la planète*, Paris, Plon/Fayard, 2007.

en inconstitutionnalité. En couplant les deux, les minorités idéologisées pourront bloquer tout progrès. Imagine-t-on les guérillas juridiques qu'elles livreront, soulevant les uns après les autres des arguments-prétextes pour reculer indéfiniment les techniques qu'elles ont diabolisées ? Imagine-t-on les réactions des pionniers menacés par ces manœuvres d'obstruction ? Ils appliqueront le principe de précaution, mais pour leur propre compte, en cherchant des terres plus hospitalières.

Depuis le temps qu'on l'annonçait, maintenant nous y sommes : le monde moderne est rattrapé par ses contradictions. À toujours regarder ce qu'il produit et jamais ce qu'il détruit, il se trouve confronté au dérèglement climatique, à l'épuisement des ressources, aux déséquilibres démographiques, à la dégradation de la nature. Il n'est plus besoin de prévoir ce qui va se passer, il suffit de voir ce qui se passe. Face à ce grand chambardement, la tentation est grande de se retourner contre le *deus ex machina* : le progrès technique. N'est-ce pas lui qui nous a envoyés dans le décor, lui qui nous emporte et qu'il faudrait freiner ?

L'écologisme politique joue de cette réaction première. Il impute les dégâts et les dangers à la technique elle-même, et non pas à son utilisation. C'est elle qui est coupable, qui doit être rejetée. Donc, non au nucléaire, non aux OGM, non aux nanotechnologies, etc. ! La réaction conduit à privilégier l'existant, à craindre le futur, à chercher l'avenir dans le passé. Elle devient réactionnaire. Une voie sans issue, car le monde moderne ne peut pas plus renoncer au progrès technique que la locomotive sortir de ses rails pour aller faire un pique-nique sur l'herbe des bas-côtés. Nous ne pouvons pas rompre avec la technique, et c'est fort heureux, car il n'est pas de solution sans elle, sans ses progrès. C'est la science qui nous permettra de sauver la planète, de produire de l'énergie non polluante, de nourrir neuf milliards d'êtres humains, d'en finir avec l'amoncellement des déchets, l'épuisement de l'eau, etc. Elle le permettra, mais elle ne le fera pas. À elles seules, les solutions qu'elle nous propose, si brillantes soient-elles, ne peuvent résoudre aucun de nos problèmes. Seuls l'usage que nous en faisons, la politique que nous suivons, permettent de transformer une innovation en progrès. L'homme a besoin de ses deux jambes pour aller vers l'avenir. D'un côté, la fonction innovatrice ; de l'autre, la fonction critique. C'est en réhabilitant l'une et l'autre que notre société pourrait cesser d'être réactionnaire et devenir réactive.

CHAPITRE 3

Il n'y a plus de pétrole !

Pourquoi le prix du baril n'a-t-il cessé de bondir et de dégringoler, depuis une trentaine d'années ? Pourquoi les experts n'ont-ils jamais prévu ces chocs et ces contre-chocs ? Pourquoi se sont-ils trompés au point d'ébranler l'économie mondiale ? Comment leur faire confiance à l'heure des dérèglements climatiques ?

« Le pétrole à 5 dollars le baril ! » La manchette de *The Economist* se voulait provocante. À huit ans de distance, elle devient surréaliste. Était-ce une coquille : 5 pour 55 ? Une blague ? Mais le journal est daté du 6 mars 1999 et non du 1er avril. Pas d'erreur et pas d'humour, le prix du baril à un seul chiffre était une prévision ou, plus exactement, une extrapolation. Depuis une décennie, les cours étaient à la baisse. En continuant sur cette lancée, ils devaient, dans un proche avenir, passer sous la barre des 10 dollars. Et pourquoi pas 5 dollars ? s'interrogeait le très sérieux magazine britannique.

Un désastre pour l'OPEP, mais une aubaine pour l'Occident, dont la croissance est au plus haut quand le pétrole est au plus bas. En ces années mirobolantes de bulle Internet et de start-up triomphantes, la pléthore pétrolière berçait nos rêves d'opulence. Le réveil n'en fut que plus brutal.

Ce prix fatidique, qui devait être divisé par deux, a été multiplié par 6. Depuis 2006, il dépasse régulièrement les 70 dollars et atteint maintenant les 100 dollars. Et chacun de se poser la question : comment vit-on dans un monde de pétrole cher? Pourtant, nous avons déjà connu une telle occurrence. C'était il y a un quart de siècle. Des temps pas si lointains, que nous avons pourtant oubliés. Pourquoi donc le baril s'était-il alors envolé, pourquoi le monde avait-il été pris au dépourvu par cette hausse?

La folie du second choc

Au début des années 1980, la crainte de la pénurie a semé la panique sur le marché, des cargaisons se sont arrachées à plus de 40 dollars... de l'époque – soit une centaine de dollars actuels.

Ce deuxième choc pétrolier n'a duré que quatre années. Puis la flambée s'est éteinte d'elle-même et les prix sont repartis à la baisse : ce fut le contre-choc pétrolier, qui, lui-même, a été suivi par un troisième choc pétrolier. Cet épisode bref et réversible du second choc a été passé par profits et pertes et, pour tout dire, oublié. C'est bien dommage, car cette aberration pétrolière se lit comme une superbe fable de notre temps.

La poussée de fièvre fut de courte durée, c'est vrai, mais les conséquences furent lourdes et même catastrophiques pour le monde entier. Le premier choc avait fait passer le prix du baril de 2,60 dollars à 11,3, soit une augmentation de 8,70 dollars. Le second le fait sauter de 12,60 dollars à

38,6, soit 26 de plus ! L'humanité, tout juste convalescente du premier choc pétrolier, fait une grave rechute. Dans la zone OCDE, la croissance qui marchait à 3,6 % l'an depuis 1976 est brutalement stoppée : 0,7 % pour 1979-1982. Le nombre des chômeurs, lui, passe de 19 millions à 30 millions. Dans le même temps, l'inflation augmente de 50 %. Quant aux pays pétroliers, ils connaissent une courte période d'euphorie qu'ils paieront d'une longue dépression quand le marché se retournera, quelques années plus tard, avec le contre-choc. Au jeu des montagnes russes, tout le monde est perdant.

Les deux chocs pétroliers sont assez comparables par leur déroulement et très différents dans leurs conséquences. À la veille du premier, les puissances occidentales ne se soucient guère de leurs approvisionnements : les compagnies pétrolières, les « Sept Sœurs », s'en chargent. Le cartel tient solidement le marché et impose des prix extrêmement bas. Nul n'imagine que les pays producteurs puissent dicter leur loi aux pays consommateurs.

Cet équilibre est brusquement remis en cause le 6 octobre 1973, lorsque les armées égyptienne et syrienne passent à l'attaque. La guerre du Kippour surprend le monde entier et, en premier lieu, Israël. Les pays arabes décrètent l'embargo ; l'OPEP, qui n'attendait que cette occasion, décide de relever les prix. Dès le 16 octobre, le baril passe de 2,6 à 5,20 dollars. Et ce n'est qu'un début ! Le monde occidental est totalement pris au dépourvu. Je fus témoin de ce désarroi lors d'une conversation avec un haut responsable du Quai d'Orsay. Les ministres du pétrole saoudien et algérien avaient accepté de s'expliquer en direct à la télévision et je faisais partie des journalistes chargés de les interviewer.

Quelle ne fut pas ma stupéfaction d'entendre ce diplomate soupirer : « Si vous pouviez leur faire dire jusqu'où ils comptent faire monter le prix du pétrole ! » Ne sachant plus à quel saint se vouer, les puissances occidentales s'imaginaient que les nouveaux maîtres du pétrole pourraient abattre leurs cartes par inadvertance à la télévision ! En décembre, lorsque tomba le verdict – 11,30 dollars –, l'Occident groggy s'estima heureux de s'en être sorti à si mauvais compte.

En définitive, cette crise instaure un nouvel ordre pétrolier, préférable sur bien des points au précédent. Les puissances industrielles découvrent que leurs citernes ne sont pas inépuisables et ne sont pas davantage à leur disposition, que leur dépendance pétrolière crée une intolérable vulnérabilité et que la sécurité des approvisionnements est une exigence stratégique. Dans les mois qui suivent, les experts pétroliers prennent rang de gourous, et se multiplient les organismes publics ou privés, nationaux ou internationaux, agences, conseils, comités, sociétés, chargés d'observer le marché et de mettre le pétrole sous surveillance. L'Occident entretient une veille stratégique sur le marché du pétrole ; il ne se laissera pas surprendre une seconde fois.

Pourtant, le même scénario se rejoue, en plus dramatique, en plus caricatural, à la fin de la décennie. Les pays consommateurs, loin d'être vaccinés contre les crises pétrolières, se révèlent encore plus fragiles qu'en 1973.

À l'origine de cet épisode, encore un événement qui surprend le monde entier : la révolution islamiste qui submerge l'Iran au début de 1979. Qui donc aurait imaginé que ce vieux fou de Khomeiny renverserait le shah, nouvel empereur de la Perse éternelle ? Dans le grand tumulte qui s'empare du pays, la production pétrolière est pratiquement arrêtée. Six millions de barils par jour sont retirés du marché. Une défection qui fait les affaires des autres producteurs, car le marché est en surcapacités. L'année précédente, l'OPEP a dû réduire la production pour freiner la chute des prix, amorcée depuis 1977. Les grandes compagnies, qui jouent à la baisse, ont peu de stocks. Lorsque la mèche s'allume, elles cherchent du brut et font monter les cours. L'OPEP se sent renforcée et se lance dans une série de hausses. Au mois de décembre, elle a pratiquement fait la culbute.

Et voici que, en septembre 1980, Saddam Hussein lance son armée contre l'Iran. Nouvelle guerre, nouvelles inquiétudes. Comme toujours, le fracas des armes met le feu aux cours du pétrole. On dépasse les 35 dollars, et les achats spéculatifs montent à 40. Car l'Occident a peur. États et compagnies, tout le monde craint l'étranglement pétrolier. Cédant à la panique, le Japon, dont l'économie est la plus dépendante, lance ses traders pour renchérir sur les cargaisons en mer et les détourner vers l'Archipel. Les Occidentaux ne savent plus s'ils sont confrontés à une pénurie ou à une rétention, si la rareté naît d'un manque ou d'une spéculation. Ils veulent du pétrole, toujours plus de pétrole. À n'importe quel prix !

Pourtant, en dépit du conflit irano-irakien, qui met les installations pétrolières sous le feu des canons, la production mondiale reste excédentaire. Dès 1982, l'OPEP doit fixer des quotas à ses membres pour maintenir les cours. Solution artificielle et toute provisoire. En 1984, les prix entament leur vertigineuse dégringolade. Un an plus tard, ils ont déjà diminué de moitié. Le choc est effacé, même si le monde mettra des années à s'en remettre.

Les experts, qui se sont longuement étendus sur le premier choc pétrolier, sont restés étrangement discrets sur le second. C'est le choc de trop, le choc oublié et, plus que tout, le choc qui gêne. Pourquoi une crise à contretemps a-t-elle pu prendre une telle ampleur ?

C'est d'autant plus incompréhensible que les nations industrielles avaient été instruites par le premier choc. Elles n'avaient aucune raison de céder, sans même négocier, aux ultimatums de l'OPEP. En refusant d'acheter les cargaisons au-delà d'un certain prix, en prenant le risque de vivre sur leurs stocks stratégiques, elles auraient pu à tout le moins jauger les défenses adverses. Sans doute auraient-elles découvert que le front des producteurs était des plus fragiles. Les modérés, les plus gros, ne suivaient qu'avec la plus grande réticence les ultras qui faisaient flamber les enchères. Certains pays pétroliers étaient à court de liquidités et n'auraient pas tenu bien longtemps le refus de vente face au refus d'acheter. On savait en outre que les pays du Proche-Orient, qui, en 1973, étaient soudés par la guerre contre Israël, se trouvaient divisés par les affrontements entre sunnites et chiites, entre Irakiens et Iraniens. Il ne fallait pas être grand diplomate pour jouer de ces divisions.

Je ne tente pas de réécrire l'histoire, de prouver que Napoléon pouvait gagner à Waterloo, mais, simplement, de comprendre cette capitulation en rase campagne. Étrange sidération des pays occidentaux, Amérique en tête, qui n'esquissent pas la moindre stratégie de parade, qui se laissent faire face à une pression aussi grossière ? Tous les historiens, tous les experts auraient dû chercher une réponse à ces questions. Pourtant, la bibliographie est étrangement vide.

N'aurait-on pas pudiquement jeté le manteau de Noé sur une explication gênante pour les gens en place ?

Ce manque de combativité prouve en général que la bataille fut perdue dans les têtes avant de l'être sur le terrain. Voilà le fin mot de l'affaire. Les Occidentaux virent dans les exigences de l'OPEP l'éclatement inopiné d'une catastrophe inéluctable. Car la crise pétrolière et son issue étaient annoncées. Tout le monde était convaincu que nous allions au-devant d'une grave pénurie qui pousserait les prix à la hausse. Les peuples le croyaient, puisque les experts l'avaient annoncé.

Les États, nous l'avons vu, gèrent le nucléaire, mais c'est le marché qui gère le pétrole. Une différence de statut qui traduit une différence dans les peurs. D'un côté, des craintes écologiques et stratégiques ; de l'autre, des craintes économiques. Le nucléaire est tributaire de son avenir à long terme, conquérant ou assiégé selon les espoirs et les frayeurs qu'il suscite. Le pétrole vit dans le court terme, suspendu à la dernière cotation du baril.

En raison du contrôle étatique, le nucléaire tend à confondre l'expert et le décideur. D'où ces « nucléocrates » qui tiennent tout à la fois le savoir et le pouvoir, qui décident au nom de leur compétence. Rien de tel dans le monde du pétrole. Les spécialistes qui étudient l'état des réserves, les capacités de production, l'évolution de la demande, la concurrence entre les différentes énergies, ne sont pas les opérateurs. Les choix sont faits et les politiques conduites par les dirigeants des grandes compagnies ou les intermédiaires sur les marchés. Les experts ne sont que consultants ou conseillers, pas décideurs.

Du nucléaire au pétrole, les histoires sont fort dissemblables de par les acteurs, les enjeux et les péripéties. Mais très complémentaires dans leurs enseignements.

La crise annoncée

Tout journaliste commet des erreurs au cours de sa carrière. Voici la plus énorme qu'il m'ait été donné de faire, celle sur laquelle je n'ai cessé de m'interroger.

En ces années 1970, je collaborais régulièrement à la revue *Sciences et Avenir*. À mon instigation, la couverture de novembre 1978 représentait une loupiote sur fond noir, évoquant une pénurie d'énergie. Un titre occupait toute la page pour illustrer cette allégorie : « 1985, 1990 : les prochaines crises de l'énergie ». Dans l'article – la *cover story*, comme on ne devrait pas dire –, j'annonçais qu'à partir de 1985 l'humanité allait se heurter à des pénuries d'énergie et, notamment, de pétrole. Or, c'est à partir de 1985 que les surcapacités sont devenues ingérables pour l'OPEP et que les cours se sont effondrés. La rareté annoncée se révéla pléthore. Le pétrole abondant et bon marché restera encore la règle pendant une vingtaine d'années. En fait de prévisions, il est impossible de se tromper davantage. Pourquoi ai-je pu commettre une telle bévue ?

Relisant ce papier à trente années de distance, je suis d'abord frappé par le ton. Il ne laisse place à aucun doute. Le futur est sur les rails. La crise est datée, elle interviendra entre 1985 et 1990. D'où pouvais-je tirer une telle assurance ?

Je ne suis pas un grand connaisseur du monde pétrolier et, comme tout journaliste, je me réfère aux travaux des experts. La prospective en matière d'énergie était devenue la grande affaire des années 1970. Il s'était créé une Agence internationale de l'énergie, toutes les compagnies pétrolières avaient étoffé leurs bureaux d'études, tous les gouvernements voulaient un ou plusieurs organismes pour les conseiller, sans compter toutes les sociétés privées qui, chacune, avaient un modèle de prévision supérieur à celui de leurs concurrentes, et tout ce monde publiait des analyses, des études et des rapports. Il en était sorti une trentaine en l'espace de cinq ans.

Je ne les avais pas tous lus, loin de là, mais un expert s'en était chargé : Robert Lattès, membre éminent du Club de Rome, qui faisait la pluie et le beau temps – plutôt la pluie, en l'occurrence – en matière de prévisions. Il avait élaboré un rapport de synthèse à partir de toutes les études disponibles. Comment ne pas y prêter attention ? Les conclusions d'une douzaine d'études émanant des organismes jugés les plus sérieux allaient toutes dans le même sens. Elle ne proposait que des variantes d'un même scénario.

Dans le document de synthèse publiée sous l'égide du Club de Rome, on pouvait lire : « La conclusion de ces développements est dépourvue de toute ambiguïté : même avec une politique énergétique rigoureuse et vigoureuse, les perspectives d'offre et de demande de pétrole sont telles qu'un point de rupture paraît inévitable. » Explication de ce sombre pronostic : « La tendance de la demande est plus forte que celle du plafond de l'offre. Les deux droites correspondant aux tendances moyennes de la demande et de l'offre se coupent vers 1990, ce qui date une crise. » Et les auteurs de préciser que cette date constituait une moyenne entre celles proposées par les différents scénarios, lesquelles variaient d'une dizaine d'années au total.

Cette vérité fut martelée par les experts tout au long de ces années-là. Caroll Wilson, du prestigieux Massachusetts Institut of Technology, avait fondé dès 1974 un groupe international composé d'une trentaine d'experts indépendants, provenant de quinze pays différents. Les plus crédibles, cela va de soi. Ce groupe présenta le rapport WAES à la conférence de l'énergie qui se tint à Istanbul en septembre 1977. Les délégués venus du monde entier écoutèrent les sombres prédictions du pape de la prospective : « Le monde va manquer de pétrole beaucoup plus tôt que la plupart des gens ne l'imaginent. La demande, dans les pays non communistes, dépassera vraisemblablement l'offre entre 1985 et 1995, mais peut-être dès 1983. » Lui succéda à la tribune le président de l'Institut français du pétrole, Pierre Desprairies, qui, au nom des principaux experts tricolores, présenta des conclusions similaires.

Je ne fus pas le seul journaliste à répercuter ces prévisions alarmistes. Partout dans le monde, les médias jouèrent les prophètes de malheur. La psychose collective alimentée par ce flux incessant de fausses informations a joué un rôle décisif dans la passivité, confinant au fatalisme, dont l'Occident fit preuve lors du second choc pétrolier. La crise ne confirmait-elle pas les prévisions ? Certes, elle survenait un peu plus tôt que prévu, mais la prospective n'est pas exacte à l'année près. Bref, les pays importateurs voyaient dans la flambée spéculative la pénurie annoncée, tout comme l'empereur aztèque Montezuma avait vu dans l'arrivée de Cortés le retour de Quetzalcóatl, et cette confusion entraînait une même résignation.

Au reste, les experts n'avaient-ils pas précisé que le plus tôt surviendrait la crise, le meilleur ce serait pour effectuer les corrections indispensables ? On peut toujours contrer une flambée spéculative, mais que faire contre une pénurie physique ? Ce n'est pas le marché qui devient fou, c'est le monde qui commence alors à manquer de pétrole.

Que l'opinion se laisse emporter par des peurs irraisonnées, ce n'est guère surprenant. Mais, lors du second choc pétrolier, ce sont les dirigeants qui ont cédé à la panique. Ne sont-ils pas entourés de conseillers qui les aident à garder la tête froide ? Sans doute. C'est même pour cela qu'ils ont donné dans le panneau ! Les politiques et les managers ont fait confiance – une confiance aveugle, en l'occurrence – aux experts, dont les avis étaient amplifiés par le marché. Malheureusement, lesdits experts avaient fini par s'auto-intoxiquer au point de confondre citernes vides et citernes pleines. Un tel consensus, une telle obstination dans l'erreur semblent, avec le recul, incompréhensibles. À croire qu'ils l'ont fait exprès !

Tiens, voilà une raison satisfaisante : si les savants ne peuvent se tromper, c'est donc qu'ils nous ont trompés. L'explication y gagne en cohérence, mais pas en véracité, et ce postulat d'infaillibilité est l'antichambre de la paranoïa.

Le complot pétrolier !

Car ces événements semblent n'être que la face visible d'une sourde conjuration. On imagine sans peine de secrètes alliances entre des intérêts pétroliers et des groupes islamistes pour peser sur les cours. Bien des clans et des coteries pactiseraient avec le diable pour quelques milliards de pétrodollars en plus, avec la déstabilisation des puissances occidentales en prime. Les conjurés n'auraient eu qu'à circonvenir quelques experts. Cela peut s'obtenir par la corruption ou le chantage, l'intoxication ou la falsification, la menace ou la flatterie. Le beau roman que voilà !

Gageons que, en le refermant, le lecteur ne saurait plus démêler le vrai du faux. Car un tel scénario semble beaucoup plus vraisemblable, plus satisfaisant pour l'esprit que l'enchaînement d'erreurs inexplicables et de comportements aberrants que nous avons vécu. Avec un chef d'orchestre occulte, la cacophonie devient symphonie, et le second choc pétrolier perd son mystère.

Il était courant, à l'époque, d'entendre les « gens initiés » évoquer, l'air entendu, les manœuvres occultes, les campagnes d'intoxication et les opérations spéculatives qui avaient, en sous-main, déstabilisé le marché pétrolier. Pour suivre ce jeu d'enfer, il fallait, c'est clair, connaître le dessous des cartes.

Je serais bien en peine de prouver qu'il ne s'est rien passé de tel. D'autant que le monde du pétrole est, par nature, conjecturel et spéculatif. Les cours du jour ne sont jamais qu'une anticipation sur les cours du lendemain. La manipulation de l'avenir fait donc partie intégrante du jeu. Tout cela est vrai, mais ce n'est pas l'essentiel.

Les experts ont pu être manipulés par le lobby pétrolier. Pour les « majors », la hausse des prix, c'est aussi la hausse des profits, et ils n'ont jamais hésité à mentir sur leurs réserves, dans un sens ou dans un autre, au gré de leurs intérêts. Mais les grandes compagnies détestent ces emballements du marché qui perturbent le business, et elles apprécient en tout premier lieu la stabilité. On les imagine mal déclenchant, ne serait-ce que par inadvertance, de telles explosions spéculatives.

On imagine encore plus mal les experts s'engageant de façon délibérée dans la grande conjuration pétrolière. Il s'agit le plus souvent de fonctionnaires, de chercheurs ou d'universitaires soucieux de leur réputation. En aucun cas ils n'auraient participé en connaissance de cause à une telle opération, au risque de compromettre leur situation. Ils ont dit qu'on allait manquer de pétrole parce qu'ils croyaient qu'on allait manquer de pétrole, c'est aussi simple que cela.

Cette hypothèse est la plus vraisemblable, mais aussi la plus inquiétante. Les grandes conspirations qui font la trame des romans à succès sont, en définitive, bien rassurantes. Elles se nouent le temps d'un épisode, puis se dissolvent d'elles-mêmes. Quel réconfort de savoir que la méchanceté du monde est le fait des méchants ! Rien de tel pour notre catastrophe pétrolière. L'erreur fut commise par des experts compétents et de bonne foi. Du coup, le thriller fait place à un roman psycho-sociologique moins palpitant, mais beaucoup plus instructif.

Halte à la croissance !

Repartons du premier choc pétrolier. Il prend par surprise une opinion déjà ébranlée par une notion aussi surprenante que dérangeante : la croissance zéro. Tout est parti d'un groupe informel né en 1968 : le Club de Rome. Ces brillantes personnalités s'intéressent à la question que les écologistes ont mise au goût du jour : le devenir de l'humanité. Pas moins. Nouveaux venus dans le débat, ils posent la question fatale : combien de temps la Terre pourra-t-elle supporter le coût écologique de la croissance ? N'existe-t-il pas une limite physique au développement économique ? En 1970, le Club de Rome interroge les chercheurs du Massachusetts Institute of Technology. La réponse arrive en 1972 sous forme d'une étude de Donnella et Denis Meadows, Jorgens Randers et William Behrens. Ce rapport sur « les limites de la croissance » deviendra le « rapport Meadows », puis, encore plus simplement, le « rapport du Club de Rome ». Il est proposé au grand public sous un titre accrocheur : « Halte à la croissance ? » Avec un point d'interrogation bien vite oublié.

Les auteurs constatent que la croissance, même à taux constant, est un phénomène autoaccéléré qui accroît sans cesse les prélèvements et les pollutions. La planète, étant par nature finie, ne pourra pas soutenir indéfiniment une telle accélération. Notre impérialisme économique butera donc sur des limites physiques qui l'obligeront à freiner, voire à stopper sa marche en avant. Le rapport a beau multiplier les réserves, les mises en garde, les hypothèses et les conditions, le public ne retient qu'une conclusion outrageusement simplifiée : la société industrielle est condamnée à terme. Effet garanti ! Les hommes du XXe siècle tiennent pour acquis que le progrès doit se poursuivre indéfiniment, sentiment conforté par la croissance des 25 dernières années. Et l'on découvre tout à coup que ce grand mouvement va sans doute s'arrêter, que le meilleur n'est peut-être plus devant nous ! Cette idée frappe les esprits comme une vérité d'évidence, comme une fatalité qui ne laisse d'autre alternative qu'arrêter la croissance ou la poursuivre jusqu'à la catastrophe. En 1973, la croissance zéro s'impose au cœur de toutes les discussions.

Sur ces entrefaites survient le premier choc pétrolier, qui, rappelons-le, combine un embargo et une hausse des prix. Ce n'est qu'un cri : « On n'a plus de pétrole ! » Le public et les médias font l'amalgame entre les limites de la croissance et l'embargo pétrolier. Ils voient dans la crise le signe annonciateur des temps nouveaux. « Économiser l'énergie », « Vivre sans pétrole » sont les rengaines à la mode, et chaque jour apporte son nouveau couplet. Prendre des douches plutôt que des bains, prendre le train plutôt que la voiture, éteindre les lumières, baisser la température. La pénurie menace, la pénurie est là.

Sitôt le pétrole revenu, ces bonnes résolutions s'envolent. Mais la conscience des limites physiques reste présente dans les esprits. Ceux des experts plus encore que ceux des consommateurs.

Tout au long de la décennie, les questions d'énergie ne sont jamais posées qu'en termes de réserves. La prospective s'installe dans le compte à rebours d'une croissance forte – les gens sérieux ne croient pas à la croissance zéro – et de ressources limitées. Chaque groupe d'experts construit l'avenir sur cette problématique et avance ou recule l'inéluctable échéance selon les ingrédients dont il pimente son scénario. Ainsi le consensus s'impose-t-il au sein de cette communauté où tout le monde se connaît. Ces groupes prétendument indépendants baignent en fait dans le même conformisme.

Peut-on faire entendre une note dissonante ? Difficile. Il faut tout d'abord préserver sa lucidité, éviter qu'elle ne se laisse polluer par le conformisme ambiant, aveugler par l'autorité de la chose tenue pour avérée. Il faut aussi un certain courage pour afficher publiquement une opinion divergente, au risque de ruiner sa réputation. J'ai connu l'un de ces esprits forts qui résistaient à l'orthodoxie et refusaient de céder au pessimisme pétrolier : c'était Michel Grenon. Il n'était malheureusement pas le plus distingué dans le grade le plus élevé, ce qui minimisait encore sont point de vue hérétique. Une journaliste qui lui avait ouvert les colonnes de *L'Express* se vit reprocher par sa direction son manque de sérieux. Car la vérité consensuelle avait valeur de dogme. Michel Grenon m'a rapporté que, au cours d'une réunion internationale, il fut pris à partie par le redoutable Caroll Wilson. Le gourou catastrophiste du MIT reprochait aux organismes français d'utiliser les services d'un tel irresponsable à l'esprit dérangé! Michel Grenon put tout de même poursuivre sa carrière d'énergéticien en supportant le handicap d'avoir eu raison avant l'heure. Mais, dans une communauté qui fonde son autorité sur la détention d'une compétence, la dissidence est mal jugée, car elle met en cause la crédibilité du groupe. La première réaction sera donc de contester la réputation du frondeur. Une pression qui n'a rien de comparable avec celle de l'Inquisition, mais se révèle parfois aussi efficace qu'une police politique.

Et voilà pourquoi le monde a pu être ébranlé, des millions de travailleurs réduits au chômage, des millions d'entrepreneurs ruinés, des jeunes rejetés et des vieux exclus sans que personne l'ait voulu ou organisé. L'ordre des choses, la hiérarchie des compétences, les mécanismes de décision veulent que de tels accidents se produisent. Nul besoin de quelque volonté maligne ou force malfaisante. Le système lui-même se prête à de telles dérives. Il ne nous trompe pas, il se trompe. C'est alors qu'il est le plus dangereux. Le piège est à peu près imparable.

Le contre-choc pétrolier

Surpris par le premier choc, trompés par le second, les experts ne sont pas plus clairvoyants quand survient le contre-choc qui fait s'effondrer les cours. Ils avaient rivé leur futurographe sur le pétrole cher et n'imaginaient pas le brutal retournement du marché. Après 1985, la surproduction devient la règle, et l'embargo sur le pétrole irakien qui suit la guerre du Golfe n'y change rien. Les prévisionnistes, bien décidés à ne plus se laisser prendre, construisent l'avenir sur un baril qui se promène autour de 20 dollars. Vingt ans plus tard, l'envolée des prix les surprend une fois de plus.

La prévision, comme on sait, est un art difficile... surtout lorsqu'elle porte sur l'avenir ! Mais peut-on accepter sans s'interroger un demi-siècle d'erreurs ? Car j'aurais pu remonter aux années 1950, où l'on annonçait la fin du pétrole pour l'an 2000 !

Cette obstination dans l'erreur a été soigneusement étudiée par le Centre d'analyse stratégique[1]. À l'évidence, elle ne tient ni à la médiocrité des hommes, ni aux entreprises de manipulation, mais à la méthode même des prospectivistes. Ces experts partagent une même façon de faire, et, plus grave encore, une façon de voir qui exclut les surprises, si fréquentes, de l'avenir. À la différence de l'utopie, la prévision se fonde sur le présent. Elle en prend les faits comme point de départ, mais ne peut éviter d'en épouser la problématique et les préjugés. Elle peint en rose l'avenir lorsque l'air du temps est à l'optimisme, et se perd dans la grisaille si l'opinion cède à la sinistrose. Un biais qui s'aggrave lorsque

1. Centre d'analyse stratégique, commission « Énergie », rapport « Enseignements du passé », nov. 2006.

le probable que l'on cherche se mêle au souhaitable que l'on désire.

C'est ainsi qu'en faisant rouler le futur sur les rails du passé se construisent des scénarios tous semblables, qui s'imposent par leur sérieux et leur crédibilité. Mais l'avenir a toujours plus d'imagination que ses chroniqueurs et se plaît à démentir des extrapolations qui excluent les coups de théâtre et les inflexions majeures. L'histoire, c'est un fait, n'est vraisemblable qu'au passé. Qui donc, en 1970, pouvait imaginer, pour les vingt années à venir, la disparition de l'URSS, la montée de l'islamisme et la conversion de la Chine communiste au capitalisme? Qui donc aurait trouvé de telles prévisions vraisemblables?

Ajoutons enfin l'utilisation de modèles qui fabriquent de la cohérence sur ordinateur et de l'objectivité sur commande, et l'on s'étonne moins que la compétence ne sache pas déjouer les ruses de l'histoire – y compris la plus diabolique de toutes : les dates. Le diable se cache dans les échéances, et c'est le défier que prétendre les connaître. Mais que vaut une prévision non datée? Les décideurs exigent de la précision et poussent à la faute leurs modernes devins.

C'est bien le temps qui est à l'origine de ces erreurs pétrolières à répétition. Les experts ont sans cesse confondu deux sortes de temps, celui de l'écologie et celui de l'économie. La première se situe dans la longue durée et prend en compte toute la nature; la seconde vit à court terme et dans le cadre limité du système productif. Horizon de cent ans d'un côté, de dix ans, voire de dix mois ou de dix jours, de l'autre. Ici, on s'interroge sur l'état des gisements, sur les niveaux de pollution; là, on interroge le marché pour suivre l'état de l'offre ou de la demande. De l'un à l'autre, l'écart est d'autant plus grand que l'image économique ne traduit même pas la situation instantanée. Il est simpliste de prétendre que les prix montent quand on manque de pétrole et qu'ils descendent lorsque les cuves débordent. Ce rapport physique entre production et consommation est brouillé par le jeu de la spéculation : spéculation des agents producteurs qui jouent sur les quantités en réduisant l'offre, en augmentant la demande; spéculation des agents financiers qui jouent sur l'évolution des prix à la hausse ou à la baisse. Dans ce casino de tricheurs qu'est devenu le marché pétrolier, les cours sont de plus en plus déconnectés de la réalité, et les prévisions relèvent du pari. En 2007, alors que le baril s'envole vers 100 dollars, la plupart des experts l'annoncent à 150 dollars dans les deux prochaines années, mais l'un des plus qualifiés, Eric Chaney, chef du service économique de la banque Morgan Stanley, le voit redescendre à 50 dollars. Nous ne sommes plus dans la prévision, tout au plus dans le pronostic. À chacun de choisir son prix du baril comme on sélectionne les chevaux pour le tiercé : en se fondant sur quelques données objectives, en misant sur les aléas de la spéculation, les surprises de la conjoncture, la crédibilité du pronostiqueur et une bonne dose de hasard. La prévision économique, si régulièrement fautive, est plus aléatoire que jamais. Acheter à terme du pétrole est devenu un métier à très haut risque.

En revanche, la prévision écologique a cessé d'être spéculative, elle s'ancre désormais dans la réalité. On sait depuis toujours que le pétrole finira par s'épuiser. Le Club de Rome avait justement rappelé cette évidence que le monde industrialisé avait oubliée. En revanche, son analyse était plus qu'insuffisante sur les échéances. Celles-ci dépendent de multiples facteurs : découverte de nouvelles réserves, évolution des techniques, accroissement de la demande, meilleure récupération, événements géostratégiques, etc. Depuis toujours, les experts tentent de situer le point de basculement à partir duquel la production déclinera inexorablement. En 2007, ils conviennent qu'il est plus proche que jamais, mais ils sont incapables de le situer : 5 ans pour les uns, 10 ans pour les autres, 20 ans pour certains. Derrière ces querelles de date se cache un accord sur le scénario. Il ne faut plus attendre la découverte miraculeuse à la mesure des besoins annoncés. L'humanité va devoir vivre sur ses réserves de pétrole… et d'air pur.

Car la combustion des hydrocarbures ne peut qu'augmenter l'effet de serre et le réchauffement de la planète. Là encore, le scénario est assuré; seule la vitesse à laquelle il se déroulera reste incertaine. Un changement climatique est en cours, et les rejets de gaz carbonique n'y sont pas étrangers. La communauté scientifique, qui débat encore sur les différents facteurs, est unanime sur ces constatations et sur la nécessité de réduire nos émissions de CO_2.

Seule certitude : le monde ne se réveillera pas en découvrant qu'il n'y a plus de pétrole. Au fil des ans, les gisements faciles et bon marché s'épuiseront, obligeant à se rabattre sur d'autres, plus difficiles à exploiter et plus chers. À travers ses fluctuations à la hausse ou à la baisse, le prix du pétrole augmentera dans les prochaines décennies. C'est la vérité écologique. Certaine sur le cours des événements, incertaine sur son rythme. Plus tôt ou plus tard, nul ne sait, mais on en arrivera là.

Le prix écologique

Nous ne pouvons plus l'ignorer : le vrai prix du pétrole n'est pas son prix économique, mais son prix écologique. Celui qui intègre les effets de pollution, la diminution des réserves, les investissements massifs pour réduire les rejets et trouver d'autres ressources. D'une certaine façon, l'erreur des experts lors du second choc pétrolier fut de confondre les deux, de croire à une inflation pour cause écologique alors qu'elle n'était que spéculative.

Ce prix du long terme n'a rien à voir avec les cours du baril jouant aux montagnes russes sous les effets de la spéculation. Selon le maître écologiste Lester R. Brown, le fondateur du Worldwatch Institute, le prix du pétrole devrait être multiplié par quatre pour prendre en compte les contraintes écologiques, et pas seulement les aléas économiques. C'est dire que, d'ores et déjà, le pétrole devrait être considéré comme une denrée rare qu'on se soucie d'abord d'économiser et de n'utiliser ensuite qu'en cas de nécessité. Mais comment faire le lien entre le temps de l'économie et celui de l'écologie, le nôtre et celui de nos enfants ?

À l'inverse de toute sagesse écologique, le marché mise sur la séduction pour accroître la consommation. Il fonctionne sur un véritable déni de réalité : l'inexistence de la nature. Les biens naturels, l'air, l'eau, l'espace, n'ont pas de prix, donc pas de valeur. Il en va de même pour l'avenir à long terme, qui est rejeté au-delà de l'horizon. Les atteintes portées à ces biens n'ont pas à être prises en compte, ce sont des « déséconomies externes ». Mais, depuis l'électrochoc des années 1970, tous les pays ont entrepris de réintroduire dans le marché – d'« internaliser » – certaines dégradations de l'environnement. Deux méthodes : la réglementation et les prix. On interdit la pollution ou on la taxe. La difficulté de la réglementation est bien connue : mieux on l'adapte et plus on la complique. Faut-il protéger la nature au prix d'une bureaucratisation écologiste ?

Reste la façon la plus simple de réintroduire l'exigence du long terme : c'est de vivre en prix écologiques et non pas économiques. Jusqu'à présent, nous avons fait l'inverse, et la politique énergétique a toujours été indexée sur le marché pétrolier. Première exigence unanimement reconnue : économiser l'énergie, lutter contre le gaspillage et réduire la quantité d'énergie pour produire une même quantité de richesses. Pour mesurer cette efficacité, les spécialistes utilisent comme indicateur l'« intensité énergétique ». Plus nous économisons, et plus elle diminue. Entre 1970 et 2004, elle a baissé de 40 %. Un progrès qui tient à la moindre consommation de nos machines, à la meilleure isolation de nos logements, à des modes de vie moins « gourmands », etc. Mais ce résultat remonte surtout aux années 1970. La diminution était alors de 3,1 % par an. De 1982 à 1995, elle n'est plus que de 0,9 %. Puis elle repart à la hausse au tournant du siècle pour s'établir à 1,4 % sur la période 1995-2005. Bref, les économies d'énergie suivent les cours du brut.

Pour les nouvelles ressources, il en va de même. Dans les années 1970, la France, leader du nucléaire, se veut aussi championne des énergies renouvelables. La géothermie, l'éolien, le solaire connaissent un brillant décollage. Une expansion brisée net par l'abondance pétrolière. Exemple : la géothermie. Les expériences pilotes lancées sous Giscard sont freinées par les aléas économiques. Le gouvernement crée en 1981 le Fonds de garantie à court terme pour couvrir ces risques. L'eau chaude va-t-elle saisir sa chance ? Le retour du pétrole bon marché détruit tout espoir de rentabilité. Les expériences s'arrêtent et, en 1995, le fonds d'aide est purement et simplement supprimé. Il ne reste qu'une trentaine d'opérations en fonctionnement. Les vertus géothermiques ne seront redécouvertes qu'avec le retour du pétrole cher, au XXIe siècle.

Il en est allé de même pour toutes les recherches sur les nouvelles énergies : partout les prix trop bas ont découragé les entrepreneurs et poussé les gouvernements à couper les crédits. « L'interruption du soutien public entre 1986 et 2000, en période de bas prix du pétrole, a eu des effets désastreux sur le tissu industriel et sur l'ensemble des réseaux de compétence », constatent les rapporteurs du Conseil d'analyse stratégique.

La leçon est claire : la stratégie s'adapte aux prix. Ce sont eux qui orientent spontanément, irrésistiblement la gouvernance publique ou le management privé. En dépit de tout l'arsenal réglementaire, un pétrole à 30 dollars le baril sacrifie l'avenir. Mais comment peut-on établir de manière définitive les cours du pétrole à un niveau très élevé sans tenir compte des virevoltes du marché ? La réponse ne va pas de soi. On a beaucoup parlé, lors du « Grenelle de l'environnement », d'une « taxe carbone » qui répondrait à cette nécessité. Le président de la République n'a pu s'engager qu'à mettre la question à l'étude, tant il est difficile, à l'heure de la mondialisation, de prendre des positions trop décalées par rapport au marché. Tant il sera difficile, aussi, de faire accepter aux drogués de pétrole que nous sommes une hausse des prix imposant une baisse de la consommation.

C'est aujourd'hui le marché qui fait le travail avec le baril à 100 dollars, et l'on voit les réactions ! Les Français n'entendent ni payer ni réduire, ils voudraient que l'État prenne la hausse à sa charge. Or, l'objectif est bel et bien de rendre le pétrole « trop cher » pour le gaspilleur, sinon pour le consommateur. Le prix « écologique » du baril serait sans doute plus proche de 200 dollars que de 100 dollars. Et ce prix-là serait à l'abri des erreurs de prévision, car il ne dépendrait plus du court, mais du long terme, il ne serait plus fixé par un marché soucieux d'enrichissement immédiat, mais par une sagesse politique soucieuse de nos enfants, et non plus seulement de nous. Quand nous paierons le pétrole à son prix, les experts ne risqueront plus de se tromper. Encore faudrait-il leur faire confiance, croire à la pertinence des prix qu'ils fixent après s'être si souvent trompés sur les prix qu'ils annoncent. Nous n'en sommes pas là, et le pétrole le moins cher restera le meilleur si longtemps qu'il en restera.

DEUXIÈME PARTIE

LE PEUPLE SANS L'ÉLITE

CHAPITRE 4

La force du *statu quo*

Depuis trente ans, la France est une salle d'attente encombrée de réformes toujours reportées à demain. Le statu quo *semble défier toute volonté de changement. Peuple routinier, élites timorées, qui est responsable de cet immobilisme ?*

Le 19 février 2007, par 828 voix contre 26, la représentation nationale, réunie en Congrès à Versailles, inscrit dans la Constitution que « nul ne peut être condamné à la peine de mort ». Un geste emphatique voulu par Jacques Chirac, qui n'intéresse personne et passe quasi inaperçu. Aucun parti ne propose de rétablir la peine de mort et, en tout état de cause, nos engagements européens nous l'interdisent. Principe constitutionnel ou pas, l'abolition est devenue irréversible dans les institutions et, plus encore, dans les esprits. La guillotine n'a plus sa place dans la France du XXIe siècle.

Pourquoi a-t-elle fait partie du rituel républicain tout au long du XXe siècle ? Pourquoi les Français dressaient-ils jusqu'en 1980 leur guillotine comme une intangible singularité face à l'Europe abolitionniste ? La peine capitale était en débat depuis plus d'un siècle et tout le monde savait qu'elle finirait par disparaître. Mais il a fallu cent ans pour l'abolir, et dix ans pour l'oublier. Parfaite illustration de cette force étrange qui tient et paralyse toute société : le *statu quo*.

Un symbole national

La peine capitale avait résisté au procès instruit depuis le XIXe siècle, aux réquisitoires de ses procureurs qui, de Victor Hugo à Albert Camus, n'avaient cessé d'en dénoncer l'inutilité et la barbarie. Pris à témoin, les Français restaient inébranlables. Dans les années 1950-1960, les téléspectateurs se passionnaient pour les empoignades entre ses partisans et ses adversaires. Ils avaient beau connaître les arguments de l'un et de l'autre camp, ils se prononçaient dans tous les sondages en faveur de la peine capitale. Deux tiers pour, un tiers contre.

Au tournant des décennies 1970-1980, les Français ne sont pas du tout portés à l'indulgence. Après l'accalmie qui a suivi la guerre d'Algérie, puis le choc de 1968, ils sentent monter la violence et l'insécurité. Ils exigent du gouvernement un durcissement de la répression. La loi « Sécurité et Liberté » d'Alain Peyrefitte répond d'abord à une demande populaire. L'abolitionnisme est à l'évidence une revendication élitiste ; il n'est pour rien dans la victoire de la gauche en 1981.

C'est au terme d'un fort long parcours que François Mitterrand prend l'initiative de supprimer le châtiment suprême. Il fut, sous la IVe République, un zélé pourvoyeur de la guillotine. Certes, il ne disposait pas du droit de grâce, mais son avis de ministre de l'Intérieur ou de garde des Sceaux pesait lourd. La France faisait alors la guerre en Algérie et dut envisager la construction d'un deuxième appareil pour faire face aux trop nombreuses exécutions. Le futur défenseur de l'abolition présida le Conseil supérieur de la magistrature qui émit un jugement défavorable sur le recours en grâce de Fernand Yveton, jeune communiste algérien de 21 ans coupable d'avoir fait exploser de nuit une charge de plastic dans un local vide d'EDF. Une peccadille pour laquelle les indépendantistes corses aujourd'hui ne font guère qu'une ou deux années de prison. Yveton, lui, fut décapité. Le garde des Sceaux François Mitterrand fut complice de ce crime judiciaire.

Sa nature le portant aux sincérités successives plus qu'au repentir, il faut attribuer à son sens politique, subtil mélange de cynisme et de lucidité, le soutien déterminé qu'il apporta en 1981 à son propre garde des Sceaux, Robert Badinter. François Mitterrand avait-il compris que les bois de justice étaient plus vermoulus qu'il n'y paraissait, et que, passé le bruit de leur chute, ils se feraient oublier ?

L'impossible retour de la guillotine

Ce 18 septembre 1981, lorsque l'Assemblée nationale congédie le bourreau par 369 voix contre 113, l'abolition paraît bien fragile. Le Parlement a lancé un défi à l'opinion, au risque d'être démenti par une prochaine majorité. Loin de rendre les armes, les anti-abolitionnistes donnent de la voix. D'autant que la magnanimité de Robert Badinter n'a pas été payée de retour. L'insécurité et la violence sont en constante augmentation. L'expérience a tout d'un échec, et les abolitionnistes n'opposent que de pâles cantiques aux rudes diatribes de leurs adversaires.

Tout au long des années 1980-1990, l'exaspération des Français ne cesse de monter. Ils en ont marre du « laxisme » et aspirent à retrouver leur tranquillité perdue. Le moment est mal choisi pour prêcher la compréhension. Le Parlement a beau renforcer les peines, les juges, alourdir les sentences, cela ne fait qu'exacerber la revendication sécuritaire.

La classe politique avait toutes les raisons de céder à l'opinion. Elle ne l'a pas fait. Dans les années qui suivent l'abolition, des parlementaires déposeront 25 propositions de loi pour rétablir le châtiment suprême. Sans aucune suite. Juste de la poudre aux yeux.

La droite, revenue au pouvoir en 1986, s'attaque à toutes les mesures socialistes, toutes sauf une… l'abolition ! Pourtant celle-ci est encore désapprouvée par les deux tiers des Français et, sans doute, par les trois quarts de ses électeurs. Mais non, la nouvelle majorité préfère braver l'opinion en supprimant l'impôt sur les grandes fortunes, plébiscité dans tous les sondages, plutôt que la suivre en rétablissant la peine capitale. Elle résiste même à la surenchère du Front national. S'impose l'idée qu'il s'agit d'un changement irréversible.

En une dizaine d'années, l'opinion bascule : au tournant du siècle, elle est majoritairement abolitionniste. Les Français répondent à une question qu'on leur pose, mais qu'en fait ils ne se posent plus. Il ne leur viendrait pas plus à l'esprit de rétablir la peine de mort que de revenir à la monarchie.

La démagogie sécuritaire joue en faveur de l'emprisonnement, pas de la décapitation. On peut bien enfermer un criminel pendant trente ans dans un cul-de-basse-fosse, mais certainement pas lui couper la tête. L'affaire est entendue, les Français n'y pensent plus.

Inutile d'entretenir les deux guillotines de la République, elles ne reprendront pas du service. Leur place est au musée Carnavalet, où, par crainte ou par pudeur, elles ne sont toujours pas présentées au public.

Le droit à l'existence

Allez comprendre ! Dans ces années 1960-1970 dont on découvre a posteriori combien elles furent calmes et paisibles, les Français coupaient les têtes sans état d'âme, et, dans les années 1990-2000, lorsque le débat public se focalise sur la sécurité, ils deviennent abolitionnistes. Ainsi va le *statu quo,* qui impose ce qui est au seul nom de son existence.

Pour ma part, je ressentais un malaise certain, un profond dégoût en lisant dans la presse l'annonce des exécutions. C'était une de ces traditions françaises que je réprouvais à la manière de ces diplomates qui déplorent, chaque fois qu'ils ont décidé de ne rien faire. Depuis 1981, en revanche, l'idée d'un retour en arrière m'est insupportable. Impossible de toucher à l'abolition ! Le vote de 1981 a donc changé mon comportement, comme celui de nombreux Français. En disparaissant, la guillotine a cessé d'être une fatalité, pour devenir un anachronisme.

Cette baisse de vigilance, cette perte de lucidité, c'est le piège de l'évidence. Ce qui existe doit avoir des raisons d'être. C'est même un postulat d'hygiène mentale. Comment ferions-nous si nous passions notre temps à nous interroger sur tout ce qui se fait, se dit, se pense ? Dès lors qu'une réalité est bien installée, elle bénéficie d'une reconnaissance *de facto,* liée à l'habitude, à la convenance, à la connivence. L'existence porte en elle sa justification. Elle rend la contestation plus incertaine à concevoir, plus difficile à pratiquer. Une peine de mort millénaire et une guillotine centenaire ne peuvent que s'intégrer dans l'ordre naturel des choses au même titre que les grandes catastrophes, les petits ennuis et le retour des saisons. Il faut vivre avec, un point c'est tout.

Encore faut-il que la page soit tournée, et pas seulement la lecture interrompue. Aux États-Unis, la Cour suprême avait condamné la mise à mort dans les années 1970 ; son application, mais non son principe. Pour de nombreux États qui supportent mal la loi de Washington, il ne s'agissait là que d'une suspension. Tout le monde savait que les exécutions reprendraient quand les conservateurs retrouveraient la majorité à la Cour. Les chaises électriques, les chambres à gaz et injections létales, loin d'avoir totalement disparu, étaient toujours présentes dans les réserves comme dans les esprits, patientant avant de reprendre du service.

En France, au contraire, il s'est agi d'un acte politique majeur : un vote du Parlement à une forte majorité, suivi par une acceptation de la classe politique et, plus généralement, de toute l'élite du pays. Le changement étant devenu irréversible, l'opinion a dû suivre.

Le spectacle de la torture

Pendant des siècles, la torture fut pratiquée le plus naturellement du monde. Loin d'être honteuse et clandestine, elle s'affichait comme une institution respectable et respectée, avouable et avouée, qui n'était contestée ni dans son principe, ni dans son application. Les supplices semblaient indispensables à la bonne administration de la justice. Quant à l'exécution capitale, accompagnée de tout son cortège d'horreurs, elle offrait un spectacle attirant des foules considérables.

S'agissant des jeux du cirque dans la Rome antique, des supplices divers et variés que connurent la plupart des civilisations, l'explication est toute trouvée : autres temps, autres mœurs.

Mais que dire du siècle des Lumières, terreau de toute la pensée moderne ? Comment ne pas se sentir proches parents et même frères de ces hommes lancés dans la grande aventure de l'*Encyclopédie* ? Et pourtant…

Ce 28 mars 1757, la place de Grève est noire de monde, les grands du royaume ont loué jusqu'à quarante louis d'or des balcons afin de pouvoir tout à leur aise assister à l'écartèlement de Damiens, l'illuminé qui a porté un coup de canif à Louis XV. Et l'on va festoyer et se lutiner tandis que les bourreaux, avant d'en arriver à l'écartèlement proprement dit, infligent les plus invraisemblables supplices au malheureux qui a déjà subi les questions ordinaire et extraordinaire. Le cérémonial est si bien codifié qu'il faut l'interrompre lorsque les chevaux, en dépit de tous leurs efforts, se révèlent incapables d'arracher les membres. Peut-on sectionner les tendons trop résistants ? Ce serait enfreindre le code très strict de l'écartèlement. Pour résoudre ce cas de conscience, Damiens est abandonné à son horrible sort, le temps d'aller consulter des juristes et d'obtenir l'autorisation nécessaire pour en finir. Sait-on qu'aucun intellectuel des Lumières ne protesta contre une telle abomination ?

Pour exceptionnel qu'il soit, ce drame, longuement analysé par Michel Foucault, ne constitue que l'ultime démonstration d'une violence légale, toujours présente et toujours publique. L'historienne Arlette Farge[1] montre que, dans le Paris du XVIIIe siècle, « le spectacle de la peine est omniprésent ». C'est la mise au pilori, la marque au fer rouge, la chaîne des galériens, la pendaison et, surtout, la roue : « Le bourreau frappe avec une large barre de fer, écrase le malheureux sous onze coups, le replie sur une roue, non la face tournée vers le ciel, comme le dit l'arrêt, mais horriblement pendante ; les os brisés traversent les chairs, raconte Louis Sébastien Mercier, le chroniqueur de la vie parisienne. Le patient, dans ce long supplice, demande tour à tour de l'eau et la mort. Le peuple regarde au cadran de l'Hôtel de Ville, et compte les heures qui sonnent[2]. »

Là encore, il s'agit d'un spectacle qui fait courir les foules, et les récits de l'époque ne laissent aucun doute sur l'amalgame qui se fait au pied des échafauds. « On reproche à la populace de courir en foule à ces odieux spectacles, mais quand il y a une exécution remarquable ou un criminel fameux, renommé, le beau monde y court comme la plus vile canaille », note Louis Sébastien Mercier.

Lors des exécutions, le prêtre se tient aux côtés du bourreau, l'un brandissant ses terribles instruments, et l'autre, le crucifix. Et qu'est-ce que la croix, sinon le rappel du plus abominable des supplices ? Le christianisme est la seule religion qui ait pris la torture pour image emblématique, qui rappelle de façon obsédante l'horreur des tourments infligés au « fils de l'Homme ». Comment ne pas voir dans ce symbole la condamnation absolue de la torture ? Comment imaginer que les mêmes foules, après avoir pleuré de douleur

1. Arlette Farge, *La Vie fragile. Violences, pouvoirs et solidarités à Paris au XVIIIe siècle*, Paris, Seuil, « Points », 1992.
2. Louis Sébastien Mercier, *Le Tableau de Paris*, Paris, La Découverte, 2006.

et d'indignation en faisant le chemin de croix, entonnaient en chœur le *Salve Regina* au moment de l'exécution, puis applaudissaient le bourreau (car le bourreau était applaudi lorsqu'il avait « bien fait son travail ») qui avait roué un malheureux placé – mais à l'horizontale – sur une croix !

Dira-t-on que cette sauvagerie était dans l'air du temps ? Certainement pas. En ce milieu du XVIIIe siècle, la mode est aux sentiments, à l'émotion, aux épanchements et aux larmes. Les historiens parlent d'un courant « préromantique ». Tandis qu'on exécute Damiens, Jean-Jacques Rousseau rédige *La Nouvelle Héloïse,* qui, quatre ans plus tard, fera pleurer toutes les âmes sensibles. Quant à la mort, plus précoce, il est vrai, elle n'est nullement apprivoisée : « La terreur de la mort est un fait. Il semble même, contrairement aux idées reçues, qu'elle soit d'autant plus terrifiante que sa présence est envahissante, obsédante, et qu'aucun pas ne se fait sans en voir le visage hideux », constate Arlette Farge.

La communion de l'échaufaud

Les Français d'Ancien Régime n'admettent ni la mort, ni la douleur, et pas davantage la violence. Ils sont scandalisés par les brutalités et les massacres des troupes en guerre. Et sans doute se seraient-ils opposés à la torture si elle avait été le fait de hordes sauvages ignorant lois et coutumes, normes et traditions. La seule barbarie qu'ils admettent est celle, bien particulière, qui se pratique dans leur société. Dès lors qu'il s'agit d'une procédure réglée et codifiée, d'une institution emblématique du royaume, qui se pratique depuis des siècles, ils cessent de s'interroger ou de s'indigner. L'écartèlement est le sort réservé aux régicides, le supplice de la roue celui qui attend les criminels : c'est dans l'ordre des choses. En revanche, ils rejettent la violence organisée des autres sociétés. On sait que les conquistadores furent épouvantés en découvrant les sacrifices humains des Aztèques, mais que ces derniers ne le furent pas moins en subissant les tortures et autres cruautés des Espagnols. Le barbare ne peut être que l'Autre.

Un constat qui nous laisse face à l'incompréhensible : comment nos ancêtres pouvaient-ils passer leur journée au pied de l'échafaud à voir rouer un malheureux, et rentrer chez eux le soir pour manger la soupe ? De quelque façon qu'on le prenne, un tel comportement nous paraît insensé. Cela prouve tout simplement que la torture avait un sens et qu'elle participait à l'ordre des choses. Un ordre qui ne prétendait pas seulement régenter les corps, mais également les esprits, qui s'appuyaient sur le sens et le symbole avant de compter sur la force et la police. Car l'appareil idéologique d'Ancien Régime l'emporte de loin sur celui de nos modernes tyrans... N'avoir, pour soutenir son pouvoir et aveugler les consciences, que la doctrine de la race supérieure ou celle de la lutte des classes, Dieu, le pauvre sermon ! Nos monarques avaient mobilisé le Ciel et l'enfer, l'ordre qu'ils imposaient était « de droit divin », à l'image de leur personne, et les prêtres le défendaient plus efficacement que tous les commissaires politiques !

C'est dans cet ensemble que la torture puise son sens. Il ne s'agit pas d'une transgression, mais d'une institution ; pas d'une présence contrainte, mais d'une communion. Pour Arlette Farge, « la participation massive aux exécutions publiques est de l'ordre de l'évidence ».

L'évidence, tout est là. C'est elle qui rend les peuples dociles. Par elle, les choses ne sont plus ce qu'elles sont, mais ce qu'elles doivent être. Rien de plus naturel, pour nos ancêtres, que de rouer un criminel, et pour nos pères de le décapiter. La cohérence d'un tel ordre social est si forte que, à la veille de la Révolution, il n'est contesté que parmi une toute petite élite. Seul le choc révolutionnaire pourra venir à bout de cette noble institution. Et cette abolition impose aussitôt son irréversibilité. La guillotine, c'est-à-dire la peine de mort sans la torture, devient l'échafaud des temps nouveaux.

Pourtant le pouvoir révolutionnaire est bien fragile, et ses réformes sont éminemment réversibles. Napoléon n'éprouve nulle vergogne à rétablir une noblesse et l'esclavage, à supprimer le calendrier révolutionnaire, mais il a trop de sens politique pour revenir aux supplices du temps passé. Même Louis XVIII et Charles X n'osèrent pas restaurer la torture en dépit de la place éminente qu'elle tenait dans les institutions d'Ancien Régime. L'évidence s'était inversée, elle jouait désormais en faveur de l'abolition. Les Français, revenus de leur soumission hallucinée, n'auraient pas supporté un spectacle dont aucun rituel justificateur ne pouvait plus dissimuler l'abomination.

La torture existe toujours : elle est recensée dans 125 pays – ne serait-ce que sous la forme atténuée de « mauvais traitements » – selon le dernier rapport d'Amnesty international. Mais elle ne peut être qu'une pratique honteuse et clandestine dont aucun gouvernement ne veut assumer la responsabilité. Elle est définitivement hors la loi : même les nazis n'ont pas osé briser le tabou. Ils ont torturé, exterminé sans aucune retenue, ils l'ont même fait savoir, mais ils ne l'ont pas montré. Ils ont pratiqué la torture à l'intérieur des camps pour terroriser les détenus, pas sur les places publiques. Ni le totalitarisme nazi ni le totalitarisme stalinien n'ont osé rendre à la torture la publicité qu'elle a définitivement perdue. Pendant la guerre d'Algérie, les Français refusaient d'admettre qu'elle était couramment utilisée. Henri Alleg et d'autres eurent beau révéler la réalité de notre moderne « question », la majorité de l'opinion la réduisit à des « bavures » liées aux circonstances. Et même ceux qui justifiaient son recours ne pouvaient envisager d'en faire une institution parmi d'autres...

La torture avait d'autant mieux traversé les siècles qu'on la justifiait sans jamais la contester. Mais l'explication ne vaut rien pour la peine de mort. Les Français, qui ont attendu son abolition pour la condamner, sont des citoyens, pas des sujets. Ils vivent dans une république qui, bonne fille, respecte les libertés individuelles et tolère toutes formes de contestation. Comment imaginer que la cacophonie entretenue par les discours contradictoires des partis, des religions, des idéologies, laisse encore place à une telle emprise sur les esprits ?

Pourtant le fait est là : les Français sont restés indifférents aux débats, seul le basculement d'un ordre dans l'autre les a fait changer. L'abolition les a rendus abolitionnistes, et la montée de la violence n'a rien empêché. Un conformisme a chassé l'autre. Les convictions n'étaient que des blocages. Elles résistaient à toutes les démonstrations contraires, il a fallu retirer la cale pour que tout bascule. Une classe dirigeante déterminée aurait pu le faire beaucoup plus tôt en France, comme dans les pays comparables.

Un siècle d'attente pour les femmes

Ce basculement d'une évidence à l'autre n'est pas propre à ces choix aussi dramatiques, il se retrouve dans toutes les réformes qui, par secousses successives, brisent l'ordre ancien et construisent le monde moderne. C'est ainsi que les femmes ont attendu pendant un siècle devant les bureaux de vote. La question est posée dès le 5 mars 1848, au tout début de la IIe République. Le Gouvernement provisoire s'empresse de rétablir le suffrage universel et précise que « sont électeurs tous les Français âgés de 21 ans et plus ». Pour les militantes socialistes, cette formule doit inclure hommes et femmes. Elles multiplient les pétitions en ce sens. Peine perdue : elles ont plusieurs trains d'avance. Le 28 septembre 1848, l'Assemblée décide que les électeurs sont les hommes, et seulement les hommes. Il n'y a ni opposition ni débat, mais une belle unanimité chez les élus, tous masculins. Si les femmes veulent un jour voter et, pourquoi pas, se faire élire, elles devront prendre leurs affaires en main.

Pendant un demi-siècle, la question reste en sommeil, malgré l'activisme de rares militantes. Elle n'en sort que très progressivement à partir de 1900, lorsque des voix masculines – celles de René Viviani, de Jean Jaurès et d'autres – réclament haut et fort le bulletin de vote pour les Françaises. En 1919, dans l'effervescence de l'après-guerre, l'affaire est sur le point d'aboutir. La Chambre se prononce en faveur du vote féminin à une écrasante majorité : 344 voix contre 97. Mais c'est compter sans le Sénat, qui réussit à faire barrage.

Les députés ne se tiennent pas pour battus. Dans les vingt années suivantes, ils se prononcent à plusieurs reprises, et une fois même à l'unanimité, en faveur des électrices. Mais ils ne peuvent venir à bout du machisme sénatorial, qui réussit à bloquer tous les projets de réforme. En vérité, il s'agit d'un calcul bêtement électoraliste. Les opposants sont bien souvent des radicaux, gens de gauche, persuadés que les femmes subissent l'influence de l'église et qu'elles voteront comme leur curé. En devenant électrices, elles renforceraient la droite et pourraient mettre leurs sièges à eux en danger. Ce préjugé suffit à bloquer la situation. À la veille de la Seconde Guerre mondiale, les Françaises n'ont toujours pas accès aux bureaux de vote, contrairement à leurs pareilles dans la plupart des pays d'Europe du Nord et centrale.

A priori, ce sont donc les sénateurs et eux seuls qui font barrage. En réalité, ils fondent leur conservatisme sur l'indifférence générale. Car la France s'en fout. Et les femmes ne se sentent guère plus concernées que les hommes. Louise Weiss raconte qu'en 1934, quand elle battait la campagne, « les paysannes restaient bouché bée quand je leur parlais du vote. Les ouvrières riaient, les commerçantes haussaient les épaules, les bourgeoises me repoussaient, horrifiées ». Et lorsque, avec ses compagnes, elle s'attache aux grilles du Luxembourg pour dénoncer l'attitude des notables fossilisés, elle provoque plus de sarcasmes que d'encouragements. Au reste, les manuels scolaires, jusqu'à une époque récente, ne font pas la différence entre suffrage *universel* et suffrage *masculin*.

Il faudra donc attendre les remous de la Deuxième Guerre mondiale, le rejet de Vichy, la poussée de la gauche et la place éminente des femmes dans la Résistance pour qu'enfin les Françaises obtiennent le droit de vote. Elles l'exercent pour la première fois le 29 avril 1945. Vingt-huit ans après les Anglaises ! Là encore, une fois prise, la décision devient irréversible. Dès 1945, il ne se trouve plus un macho pour contester l'admission des électrices dans les bureaux de vote. Alors, pourquoi avoir attendu si longtemps ?

Si, dans la première moitié du siècle, les Français et les Françaises ne revendiquent pas le vote féminin, c'est pour la simple raison qu'il n'existe pas et n'a jamais existé. S'il avait été instauré, il n'aurait sans doute pas été contesté, mais, dès lors qu'il ne l'était pas, le peuple s'en passait fort bien. Seule une volonté élitaire imposant le vote féminin pouvait faire ressortir le caractère aberrant du machisme électoral.

Dans le demi-siècle qui a suivi, l'opinion s'est de même accommodée d'un Parlement masculin. Si demain la représentation nationale devient véritablement mixte, les Français ne comprendront pas qu'elle ait pu être si longtemps monopolisée par les hommes. Mais ils auront dû payer leur aveuglement d'une mesure absurde et inévitable : la parité. De même la formation par Nicolas Sarkozy d'un gouvernement paritaire crée l'irréversible : il ne sera probablement plus possible de constituer un gouvernement totalement masculin, pour dire au dernier moment : « Mais il n'y a pas de femme ! » et se trouver, dans l'urgence, deux ministres-alibis.

La féminisation a pu se faire progressivement dans de nombreuses professions. Du corps enseignant au corps médical, le deuxième sexe a pris sa place au fil des ans sans soulever la moindre contestation : on a vu là une évolution saine et naturelle de nos sociétés. Le *statu quo* était souple, transformable. Il n'était nul besoin d'une rupture pour le faire évoluer. Rien que des étapes dans une progression annoncée et acceptée. Dans le domaine politique, tout s'est figé dès le départ. Seuls des coups de boutoir pouvaient vaincre les résistances et prouver par l'évidence des faits ce que ne pouvait démontrer le seul exercice de la raison. Il en va ainsi dans nos institutions, et tout autant dans notre vie quotidienne.

Paris, la belle négligée

Le Paris des années 1950 était noir, bruyant et d'une saleté repoussante. La richesse foisonnante des monuments était perdue dans les ténèbres de la crasse. L'ocre de la pierre n'apparaissait plus nulle part.

Quant à la circulation, elle se faisait dans le vacarme assourdissant des avertisseurs sonores que les automobilistes actionnaient à tout bout de champ. Il était entendu, au propre et au figuré, qu'on ne pouvait rouler dans Paris sans s'annoncer à coups de trompe.

Les Parisiens déploraient le manque de logements ou les embarras de la circulation, mais ne protestaient guère contre la crasse et le raffut. Il n'y avait ni révolte, ni indignation, pas même d'interrogation. Comme disait la chanson, Paris serait toujours Paris.

Lorsqu'il lance en 1954 son « opération silence » pour interdire l'usage des avertisseurs sonores, le préfet Dubois provoque une belle levée de boucliers. Les Parisiens y voient une brimade arbitraire et absurde. Ne va-t-on pas multiplier les accrochages et les accidents ? Le préfet tient bon, et la circulation se fait tout aussi bien dans le silence – tout relatif – des avertisseurs. Les Parisiens ne doutent plus que le monde urbain et les klaxons sont incompatibles, mais essayez donc d'en convaincre les automobilistes de Naples, du Caire ou d'Istanbul…

André Malraux n'est pas mieux accueilli lorsqu'il décide sa grande lessive en 1959. Passe encore pour les immeubles ordinaires – soumis depuis des années à une obligation de ravalement que personne ne respectait –, mais pour les monuments historiques, vous n'y pensez pas ! Que seraient ces nobles pierres sans cette admirable « patine des siècles » qui leur confère tout à la fois leur ancienneté et leur majesté ? Notre-Dame, notre si vieille dame, survivrait-elle à ce prétendu bain de jouvence qui n'est plus de son âge, ses frises et ses gargouilles supporteraient-elles d'être ainsi frottées, lessivées, récurées, et que resterait-il d'un Louvre rendu à la blancheur immaculée d'un immeuble aux peintures encore fraîches ? Bref, il semble y avoir plus de lubie que de lucidité dans le grand projet du ministre visionnaire.

Aujourd'hui les Parisiens s'indignent lorsque l'administration laisse le gris de la crasse ternir la splendeur d'un monument. En revanche, ils supportent toujours une invraisemblable anomalie qui ne peut trouver d'autre justification que sa propre existence.

Voilà la malédiction qui s'est abattue sur Paris-la-belle : « la merde », pour l'appeler par son nom et refuser les circonlocutions technocratiques de « déjections canines ». Comment expliquer l'innommable saleté de nos trottoirs ? Tous les étrangers partagent la même réaction scandalisée face à cette exposition d'étrons.

Basculons d'une évidence à l'autre. Imaginons Paris devenu une ville propre comme les autres capitales européennes. Et voici qu'un bon bourgeois laisse son compagnon se soulager au milieu de la chaussée. L'indignation de ces mêmes Parisiens serait aussi sévère que celle des Londoniens ou des Berlinois. À n'en pas douter, la population refuserait la saleté dès lors que les autorités auraient imposé la propreté.

Dans les sondages, les déjections canines arrivent en seconde position, juste derrière la pollution, au même niveau que l'insécurité, dans les préoccupations des Parisiens. 93 % d'entre eux estiment qu'elles représentent la plus grave nuisance, avant même celle provoquée par les automobiles (82 %). Ils se résignent à ce désordre des choses, puisqu'« on a toujours fait comme ça ». Paris compte la plus forte densité d'animaux de compagnie au monde, et les 4500 balayeurs préposés ne peuvent rien contre la goujaterie des maîtres.

En 1982, le fringant promoteur du mobilier urbain, véritable intégriste de la propreté, Jean-Claude Decaux, proposa ses « motos-nettoyeuses », aussitôt rebaptisées « motos-crottes ». La municipalité en acheta tout un parc. Les Parisiens s'habituèrent au ballet de ces engins qui se faufilaient parmi les piétons pour aller traquer de leurs tubes aspirateurs la moindre saleté sur les trottoirs, entre les arbres, sous les bancs. Ils ne s'étonnaient pas que les capitales étrangères n'aient pas eu besoin d'une telle invention pour rester propres, ils ne s'indignaient pas d'avoir à payer pour compenser l'incivilité des maîtres, ils admettaient cette solution absurde, aussi coûteuse qu'inopérante, qui avait le mérite de ne pas remettre en cause le *statu quo*, mais de le rendre moins intolérable.

L'accoutumance à la propreté rend le ramassage naturel, mais, à l'inverse, l'accoutumance à la saleté en fait une contrainte insupportable. À New York, le maire Giuliani avait lancé ses policiers aux trousses des crotteurs indélicats. À la moindre infraction, la sanction tombait. La propreté fut vite rétablie. Il en va de même en Suisse, en Allemagne ou dans les villes scandinaves. La répression est partout implacable. Dans un premier temps, du moins. Les citadins retiennent la leçon. Ils ramassent. Peu à peu, la contrainte se fait habitude. C'est seulement en France que la réglementation, rigoureuse dans les textes, n'est pas appliquée dans la pratique, faute de courage politique.

La ligue des cynophiles

Parmi les propriétaires de chiens, une minorité, dont le nombre va croissant, s'astreint à laisser place nette. Une majorité se disciplinerait si l'obligation lui en était faite. Reste une autre minorité – 50 000 environ, d'après les enquêtes –, qui défend sa licence de crotter comme un droit acquis et s'indigne à l'idée que le ramassage puisse devenir obligatoire. Le cas de figure est intéressant. Il en va de la propreté des chiens comme de la conduite automobile : la pression populaire ne s'exerce jamais à l'encontre de la population en général, elle ne se mobilise que contre des minorités bien déterminées. Or, les maîtres des chiens ne forment pas une catégorie particulière dans la société, ce sont également des hommes et des femmes, des jeunes et des vieux, des riches et des pauvres, des loubards de banlieue ou des vieilles dames des beaux quartiers – bref, il s'agit de Français moyens, vous ou moi. Condamner les déjections laissées sur le trottoir revient à les mettre en cause. Puis-je laisser entendre que des amis, gens estimables et de bonne éducation, se conduisent comme des goujats ?

Le droit pour les maîtres de souiller les rues paraît tout de même difficile à défendre. Qu'à cela ne tienne : il suffit de mettre en avant le droit de s'attacher un animal. Si l'on aime nos compagnons à quatre pattes, alors on supporte leurs déjections. Si on ne les supporte pas, c'est qu'on ne les aime pas. Que les ennemis des bêtes lèvent le doigt. Il n'y a déjà plus grand monde.

Qui plus est, le triste spectacle de nos trottoirs nous en rappelle d'autres : aires de promenades jonchées de détritus, universités couvertes de tags, équipements collectifs souillés, dégradés, etc. Les Français, comme on sait, n'ont aucun respect pour l'espace public. Ils le dégradent, le souillent en toute indifférence. Les déjections canines ne sont qu'une manifestation particulière d'un incivisme général mais aussi une façon d'être.

Le ramassage remettrait en cause un savoir-vivre qui fait le charme de notre société. Veut-on que les Français s'autodisciplinent comme des Germains ou des Scandinaves ? En quelques phrases, le problème le plus prosaïque nous confronte aux valeurs fondatrices, aux principes essentiels. Quelle doit être la place des animaux dans la société, comment préserver les spécificités de notre culture ? Ce faisant, on oublie que l'on parle tout simplement de crottes sur le trottoir. Donner des racines idéologiques à l'ordre existant, trouver une dimension philosophique aux plus petits détails, refuser de voir les choses comme elles sont et de les traiter avec pragmatisme, voilà le plus sûr garant du *statu quo*. Une grande spécificité française !

Tout le monde sait pourtant que, dans un nombre d'années que je n'ose chiffrer, il sera aussi impossible de laisser une déjection sur la chaussée que de griller un feu rouge ou de rouler en sens interdit. La discipline de la vie urbaine s'imposera en France comme dans tous les pays civilisés, aux maîtres des chiens comme aux automobilistes. Et, ce jour-là, dans une capitale devenue une ville propre, les Parisiens ne comprendront plus qu'ils aient pu vivre dans cette saleté, que les municipalités ne leur aient pas imposé une discipline qu'ils pouvaient fort bien admettre.

Les ruptures attendues

Le neuf chasse l'ancien : telle est la loi dans le champ des techniques. Nous passons du téléphone fixe au téléphone portable, de la lettre aux courriels et aux SMS. Cela s'appelle le progrès et, nous dit-on, ça ne s'arrête pas. La nouveauté n'a qu'à se présenter pour s'imposer, car la technique à elle seule ne crée pas de véritable attachement. Elle séduit par les services qu'elle rend, le temps d'être dépassée par une autre, plus performante. Sans générer de conservatisme ni d'immobilisme.

Ainsi vivons-nous dans un monde d'obsolescence organisée et accélérée. Car à cet incessant progrès des techniques s'ajoute la dictature de la mode. Le goût du jour nous condamne à brûler sans regret ce que nous adorions la veille. Dans le monde médiatique, publicitaire, vestimentaire, artistique, n'existe qu'un *statu quo* : le changement permanent.

La résistance obstinée de nos institutions et de nos comportements est masquée par cette instabilité quasi pathologique de la technique et de la mode. D'un côté on change d'ordinateur ou d'automobile tous les deux ans, de l'autre on conserve pendant des décennies des façons de faire et de penser que nous savons pourtant dépassées et condamnées à se moderniser. Entre le monde de la mobilité et celui de l'immobilité, la différence est souterraine, elle tient aux racines. Ici les choses sont ce qu'elles sont, et rien de plus;

là, elles s'ancrent dans des valeurs, des traditions, des convictions, des intérêts ou, plus banalement, des habitudes. De l'un à l'autre cas, le changement cesse d'être une envie pour devenir une crainte.

Ce conservatisme n'a pas bonne presse, on lui oppose toujours la valeur supérieure du progressisme. C'est oublier que toute société se fonde sur l'attachement à la loi commune. Qu'une trop grande mobilité peut aussi traduire une insuffisante cohésion. Quand les individus ne tiennent à rien, ils changent plus volontiers pour le pire que pour le meilleur. Le meilleur, précisément, est toujours postulé pour la technique, mais jamais assuré dans le champ politique. En passant de l'innovation à la réforme, le progrès perd de sa lisibilité : il ne suffit pas de faire autrement pour faire mieux. Nul ne peut contester la supériorité du TGV sur le train à vapeur; en revanche, une majorité d'Américains pense toujours qu'il vaut mieux tuer les criminels que les enfermer. Du collège unique aux « 35 heures », on ne compte plus les réformes mirifiques qui n'ont tenu aucune de leurs promesses. Impossible, donc, de prétendre que tout changement constitue un progrès, et tout refus du changement, une attitude réactionnaire.

Il existe pourtant des tendances lourdes qui entraînent nos sociétés vers un avenir meilleur. Ce sont de tels exemples que j'ai retenus. À tort ou à raison, je suis convaincu que l'abolition de la torture et de la peine de mort, le partage du pouvoir entre hommes et femmes, la sociabilité urbaine, font partie de ces évolutions tout à la fois souhaitables et inévitables. Existe-t-il d'autres domaines dans lesquels notre société résiste obstinément à des changements souhaitables, annoncés et, à terme, inéluctables?

C'est peu de dire que l'on rencontre de telles situations, elles constituent même une spécificité nationale. Comme l'a bien montré Michel Crozier, la France est une société bloquée. C'est-à-dire que, face à une évolution bénéfique autant que nécessaire, elle se fige et ne cède à la nouveauté qu'à l'occasion de crises et de ruptures. « On sait ce qu'on perd, on ne sait jamais ce qu'on gagne ! » demeure une des grandes devises nationales.

Ce conservatisme féroce traduit notre préférence pour l'idéologie et notre refus du pragmatisme. Impossible de traiter un problème pour ce qu'il est, de chercher une solution, quelle qu'elle soit, sur le seul critère qu'elle améliore l'état de fait existant. La plus triviale des questions ne saurait être tranchée sans une référence aux principes constitutionnels.

Des intérêts particuliers se cachent toujours derrière cette idéologisation. Intérêts commerciaux, corporatistes, locaux, religieux, politiques – peu importe. Ils se cachent, car ils sont présumés inavouables. L'égoïsme représente la partie honteuse du corps social, qui, comme telle, est toujours présente, mais jamais apparente. Il se couvre des fallacieux oripeaux de nos grandes valeurs. Plus on pense à soi et plus on parle des autres, plus on s'accroche à son pré carré et plus on défend la patrie. Si, en outre, on parvient à provoquer un choc frontal remettant en cause les fondements mêmes de la république ou des droits de l'homme, alors on peut figer le champ de bataille pour des décennies.

Le purgatoire des réformes

Curieuse histoire que celle de la France, faite de révolutions politiques et de continuité administrative. En deux siècles, nous nous sommes offert deux empires, deux monarchies, cinq républiques, plus le Directoire, le Consulat et l'état de fait vichyssois. Et ça ne suffit pas : certains rêvent déjà d'une VIe République! Mais nos structures administratives, après avoir traversé ces bouleversements constitutionnels, aussi immuables que la monarchie britannique, attaquent le XXIe siècle avec le visage même de leur naissance sous l'Empire, voire l'Ancien Régime. Pour « s'adapter » à la France moderne, elles ont pratiqué l'addition plutôt que la transformation. Une pensée convenable se doit d'y voir un gage de fidélité et certainement pas une marque de sclérose.

La France s'est fait un devoir de conserver son administration comme ses monuments historiques, figés dans une indépassable perfection. Certains syndicats partagent cette conviction et ressentent le moindre changement comme une menace. Nos révolutionnaristes, qui veulent tout chambouler dans notre société, se récrient pour une virgule déplacée dans le secteur public. Ce n'est plus le règne du *statu quo*, c'est le château de la Belle au bois dormant. La réforme se fait trahison, la modernisation, agression. Seules sont admises et revendiquées les augmentations des effectifs et des budgets, la création de nouveaux organismes et la multiplication des services. Bref, tout ce qui ne change rien.

Cette immuabilité s'impose comme une évidence, une fatalité. Les Français n'osent imaginer une alternative face à cette légitimité centenaire, attestée par la sainte image du service public. Le changement ne saurait venir que de la classe dirigeante. Pendant trente ans, les gouvernements ont confié la réforme de l'État à un ministre qui se doit de commander des rapports et d'annoncer la grande lessive qu'il n'aura malheureusement pas le temps de faire et que son successeur s'empressera d'oublier pour commander d'autres rapports et annoncer… Autant de velléités réformatrices qui, par leur échec même, semblaient exclure toute remise en cause du *statu quo*.

Les contribuables trouvaient normal d'aller voir un inspecteur pour établir leur impôt, et un percepteur pour le payer ; les chômeurs s'étaient habitués à jouer à la balle de ping-pong pour rebondir de l'ANPE à l'Unedic ; les administrés se démenaient dans une pyramide bureaucratique à sept étages, de la commune à l'Europe ; les citoyens ne concevaient les forces de l'ordre que divisées entre police et gendarmerie ; les étudiants s'engouffraient dans des universités-parkings qui les préparaient au chômage ; les usagers des transports prenaient patience dans les gares soudain paralysées par la grève ; les retraités « ordinaires » se résignaient au traitement de faveur des régimes spéciaux, etc. Ces citoyens trop dociles n'osaient imaginer un monde dans lequel les impôts seraient prélevés à la source, les chômeurs, pris en charge par un service unique, les administrés n'auraient à connaître que quatre niveaux hiérarchiques, la population serait protégée par une force de l'ordre unifiée, les étudiants se verraient offrir de véritables études débouchant sur un emploi, les voyageurs ne craindraient pas de rester en carafe, les retraités seraient tous logés à la même enseigne, etc. Ils avaient même renoncé à se demander pourquoi le fonctionnement de leur État leur coûtait chaque année cinquante milliards d'euros de plus que celui de pays comparables pour des services rendus équivalents.

Ces dysfonctionnements, aussi pénalisants pour les administrés que coûteux pour les contribuables, peuvent être corrigés. Il suffit de regarder à l'étranger pour s'en convaincre. Les remèdes sont analysés, consignés dans de multiples études et rapports. Il n'y a plus qu'à les appliquer. Mais nul n'ose affronter la grogne des syndicats, viscéralement attachés à l'ordre napoléonien. Au fil des décennies, la France est devenue une salle d'attente dans laquelle s'entassent les réformes que l'on sait indispensables.

Pendant un quart de siècle, François Mitterrand et Jacques Chirac se firent les grands protecteurs du *statu quo*, n'allant jamais que dans le sens du poil, évitant tous les sujets qui fâchent. Par contraste, Nicolas Sarkozy a entrepris de rénover la maison France de la cave au grenier. Ouvrant chaque jour un nouveau chantier, il donne le tournis aux Français. La spécificité et le mérite du nouveau chef de l'État, ce n'est pas d'avoir imaginé ces réformes, mais de vouloir les mettre en œuvre. Jusqu'où pourra-t-il mener son entreprise ? C'est toute la question. Les Français ont beau être convaincus que la France se porterait mieux si elle se modernisait, ils résistent au changement sitôt qu'il bouscule leurs habitudes ou menace leurs intérêts.

Comment s'attaquer à ces forteresses piégées qui déclenchent une contre-attaque à la seule annonce d'une réforme ? Faut-il les contourner ou les attaquer de front ? Michel Rocard, à qui l'on doit la modernisation des PTT ou la création de la CSG, penchait pour la première stratégie. Les réformes, pensait-il, sont possibles à condition de n'être pas annoncées, elles doivent se faire discrètement, le plus loin possible du cirque médiatique. Nicolas Sarkozy a adopté la politique inverse. Annoncer les réformes, prendre le public à témoin… au risque de les réduire à leur plus simple expression. On a donc vu Nicolas le Preux défier les citadelles les unes après les autres : l'université, le service minimum, les régimes spéciaux, la magistrature, le marché du travail, le ministère des Finances, etc. Dans tous les cas, il proclame haut et fort sa volonté de changement. La France retient son souffle, craignant un conflit majeur, un nouveau novembre 1995 ou une réédition du chambardement anti-CPE.

Audacieux mais pas téméraire, le chef de l'État combine l'opération médiatique et les manœuvres tactiques. Il n'a pas son pareil pour charger devant les caméras tout en négociant, son portable vissé à l'oreille, pour désamorcer le conflit qu'il semble provoquer. Peu importe le contenu, pourvu qu'on ait la réforme ! Les universités sont toujours gratuites et ouvertes à tous, le service minimum reste un principe à négocier, les retraités aux régimes spéciaux conserveront la plupart de leurs avantages, les rapprochements ANPE-Assedic, Gendarmerie-Police, Impôts-Trésorerie, préservent les statuts particuliers et les droits acquis... Peu importe : la réforme est proclamée. Et, si la pilule paraît encore difficile à avaler, le président réformateur l'enrobe jusqu'à la faire dragée. Face à la protestation cheminote, une centaine de millions d'euros vient faciliter la négociation ; face à la contestation estudiantine, quelques milliards sont opportunément trouvés. Les modernistes dénoncent une démarche trop timorée. C'est oublier que le plan Juppé de 1995 fut peut-être victime de sa trop grande cohérence.

La méthode Sarkozy repose sur le pari que, face à un tabou, il n'y a que le premier pas qui coûte et qui compte, et que le symbole l'emporte sur le résultat. La France doit devenir réformable, elle ne doit plus s'interdire de remettre en cause le *statu quo*, fût-il centenaire, fût-il défendu par des corporations menaçantes. Nicolas Sarkozy entend en apporter la preuve, et c'est fort bien fait, à condition qu'on n'en reste pas là. Pour prouver le mouvement en marchant, il faut aussi savoir ne pas s'arrêter. Car il faudrait mobiliser l'avenue des Champs-Élysées pour passer en revue cette France du *statu quo* qui n'a de raison d'être que son existence :

- Voici notre baccalauréat qui bloque tout notre enseignement secondaire et ne sert plus qu'à exclure la petite minorité qui ne parvient pas à l'obtenir ;
- Voici notre retraite que, indifférents à la démographie, nous voulons prendre à 60 ans, tandis que partout ailleurs on dépasse 65 ans ;
- Voici encore notre système de répartition qui va s'écrouler faute d'être complété par des dispositifs de capitalisation ;
- Voici notre démocratie électorale qui multiplie les consultations plutôt que regrouper dans le temps les campagnes et les scrutins ;
- Voici notre démocratie représentative forte de ses 600 000 élus qui collectionnent les mandats comme de simples marques de distinction ;
- Voici notre orthographe qui ne cède pas un pouce de sa complexité alors que les règles les plus élémentaires de notre langue – l'usage de la forme interrogative, par exemple – sont tous les jours bafouées ;
- Voici notre politique culturelle qui se voudrait populaire, alors qu'elle favorise des formes artistiques qui sont au minimum élitaires, quand elles ne deviennent pas sectaires ;

- Voici notre politique agricole commune qui gâche nos plus précieux atouts en se focalisant sur les productions de masse et les modes de production les plus dommageables pour l'environnement ;
- Voici nos voitures qui affichent 250 km/h au compteur, alors que la vitesse de 130 km/h doit être une limite infranchissable ;
- Voici nos juges qui réclament tous les jours plus d'indépendance, mais se récrient à l'idée que leur responsabilité puisse être mise en cause ;
- Voici nos managers salariés qui veulent gagner comme les grands aventuriers du capitalisme en se bardant de sécurités comme de petits fonctionnaires ;
- Voici les plus jeunes recrues de la fonction publique confrontées aux situations les plus difficiles, tandis que les agents chevronnés vont dans la France paisible ;
- Voici nos syndicats sans adhérents et sans cotisations, qui préfèrent vivre d'expédients plutôt que revendiquer un financement public et transparent de la démocratie sociale. Et voici le scandale de l'Unimm que chacun attendait…

Faut-il continuer ? Quoi qu'il en soit, les Français s'entretiennent dans le sentiment que ce bienheureux *statu quo* représente la seule réalité possible. Sans doute suffirait-il de le confronter à celui de peuples proches et différents pour ramener nos singularités au rang de simples archaïsmes. Mais est-ce bien au peuple de faire ces comparaisons ? N'est-ce pas aux experts de tirer les leçons des expériences étrangères, aux politiques de les appliquer ? Car nos différences sont plus souvent des retards de modernisation que des spécificités nationales.

Et plutôt que de vénérer les arbres morts qui étouffent les jeunes pousses, ouvrons grand le chantier de l'avenir, celui qui fait appel à notre imagination, et pas seulement à notre bon sens. Car il ne suffit pas d'accepter le changement lorsqu'il s'impose, il faudrait aussi l'inventer. Découvrir tout à coup que l'on peut faire autrement et mieux. Il n'est pas d'exercice plus stimulant.

Fosbury flop

Il y a bien longtemps, traversant je ne sais plus quel pont de la capitale, je découvris un convoi de chalands poussés de l'arrière. Quoi de plus normal pour le piéton du XXIe siècle, mais, à l'époque, c'était une révolution. Le transport fluvial reproduisait depuis toujours le modèle du transport routier avec le camion qui tire la remorque. Ainsi le bateau motorisé s'avançait-il en tête, suivi de ses lourds chalands. Je n'avais jamais prêté attention à ces convois, ni réfléchi à la pertinence de la solution retenue. Je m'arrêtai donc sur le pont et compris rapidement que la nouvelle configuration était beaucoup plus rationnelle que l'ancienne. En effet, l'hélice du remorqueur crée des remous qui vont gêner la progression de la péniche qui suit. Mieux vaut donc faire avancer cette dernière en tête, dans une eau calme, et laisser les turbulences à l'arrière du convoi. C'était lumineux ! Je me souviens encore de mon étonnement admiratif pour celui qui avait mis le doigt sur l'aberration de l'ancien système et avait su imaginer le nouveau. J'ignore son nom, mais cet inconnu aura toujours une niche dans mon panthéon privé.

Dans les sociétés modernes, qui se fondent sur le changement et non plus sur la tradition, l'innovation se fait dans les laboratoires, les universités, les centres de recherche ou les bureaux d'études, elle a ses champions qui reçoivent des prix Nobel ou deviennent les héros de notre temps.

Nul ne respecte et n'admire plus que moi les gloires consacrées de la science, de la philosophie, etc., mais j'aimerais que l'on garde une place pour des hommes qui ont su penser et agir hors des sentiers battus, qui ont vu ce que leurs contemporains n'étaient pas capables de voir. À mes yeux, le personnage emblématique de ces novateurs géniaux, c'est Richard Fosbury. Le nom ne dit rien aux moins de 30 ans et, pour ma génération, il n'évoque qu'un très lointain souvenir lié aux Jeux olympiques de Mexico, en 1968.

La médaille d'or du saut en hauteur avait été gagnée par ce jeune Américain de 21 ans qui avait stupéfié le monde en franchissant 2,24 mètres dos à la barre. Il n'est rien de plus banal aujourd'hui que de voir l'un de ces athlètes longilignes prendre son élan en quelques grandes foulées et, brusquement, se retourner pour faire un vol plané au-dessus de la barre qu'il franchit de dos en regardant le ciel. C'est ainsi que Javier Sotomayor a porté le record du monde à la hauteur inimaginable de 2, 45 mètres.

Mais, en 1968, les sauteurs attaquaient la barre en décrivant un rouleau ventral, c'est-à-dire qu'ils s'enroulaient de face et non pas de dos sur l'obstacle. Qui donc avait donné à Richard Fosbury l'idée géniale de faire le contraire ? Ce n'est pas à 18 ans, alors qu'on aborde une discipline inconnue, que l'on va remettre en cause des méthodes qui ont été expérimentées et perfectionnées par les plus grands. Voilà pourtant ce qu'a fait Richard Fosbury. C'est lui seul, à l'âge de 17 ans, qui brise le dogme du saut en hauteur : le rouleau ventral. À l'université de l'Oregon, son idée de se présenter dos à la barre fait rire ses entraîneurs. Il s'obstine, est exclu de l'équipe, et continue seul dans son coin. Incroyable pari ! Il n'est que de voir un concours de saut en hauteur pour s'en rendre compte. Du premier coup d'œil, le spectateur est stupéfait par le caractère « anti-naturel » d'un tel mouvement, et prend conscience du très long apprentissage que doit nécessiter la maîtrise de cette technique.

En 1965, lorsque Richard Fosbury fait ses premiers sauts, il n'existe ni étude, ni recherche pour le guider. Ce n'est qu'en 1968, lors de la saison en salles pré-olympique, qu'il réalise enfin de belles performances, arrache sa qualification dans l'équipe américaine, puis décroche la médaille d'or à Mexico. Le monde entier, ébloui par cette démonstration, découvre qu'il existe une autre façon de franchir la barre, plus efficace. Dans les années qui suivent, tous les champions se rallient au *Fosbury flop*.

Pour l'avenir de l'humanité, le saut en hauteur représente bien peu de chose, comparé à l'ordinateur, au code génétique ou aux greffes cardiaques. Aussi ne suis-je pas séduit par l'enjeu de la découverte, mais par la démarche même. Richard Fosbury a révélé au monde une autre façon de franchir les obstacles, *tous* les obstacles, et pas seulement les barres de saut en hauteur.

On ne m'ôtera pas de l'idée que nous sommes tous accrochés à la réalité présente comme l'huître à son rocher, et que, bien souvent, il existe des voies alternatives. Malheureusement, les Fosbury qui les découvrent sont rares et bien peu encouragés.

Et maintenant ?

Dans les régimes totalitaires, le peuple sait ce qu'on veut bien lui dire. Dans les sociétés démocratiques, nul n'est censé ignorer ce qui ne lui est pas caché et, comme rien n'est caché, hormis la face arrière de la Lune, les citoyens n'ignorent que ce qu'ils ne veulent pas savoir. Et comme par hasard, il se trouve une majorité de gens qui, en même temps, refusent de voir les mêmes choses. Derrière cet aveuglement collectif, on aura beau chercher, on ne trouvera ni appareil de propagande, ni police politique, tout au plus quelques groupes de pression qui, par eux-mêmes, ne sont pas plus efficaces qu'un levier sans point d'appui.

Pourquoi est-il si long, si difficile de venir à bout du passé, de faire toute sa place à l'avenir ? Pourquoi sommes-nous incapables de regarder les choses comme elles sont et non pas comme nous les voyons ? La sagesse populaire ne peut à elle seule apporter cette vision critique et prospective. Elle a besoin d'être éclairée et entraînée par le regard novateur, la volonté progressiste d'une élite. Mais comment faire lorsque ce couple ne fonctionne pas ? Le changement est toujours un acte de confiance, la société de méfiance ne peut être qu'une société du *statu quo*.

Les idéologues nous expliqueront cela en termes de systèmes, de valeurs, d'affrontements, de bien et de mal. Je ne m'y reconnais pas. Les sociologues cherchent les logiques qui sous-tendent ces comportements, les lois qui les régissent, ils disposent pour cela d'outils très élaborés, de théories subtiles. Je ne m'y connais pas. Je préfère m'en tenir aux faits – aux contes de faits.

Je vais donc reprendre deux exemples appelés à devenir des cas d'école. Dans l'un comme dans l'autre, l'élite a été incapable de mobiliser le peuple. Pour le premier, la sécurité routière, nous savons tout à la fois pourquoi nous avons si longtemps refusé le changement et comment nous avons fini par l'accepter. Pour le second, la crise financière, nous savons pourquoi nous nous enferrons depuis si longtemps dans ce piège, mais nous ignorons toujours comment nous pourrons en sortir.

CHAPITRE 5

Route : les morts sans importance

Ainsi, l'hécatombe routière n'était pas une fatalité ! Pourquoi avons-nous attendu quarante ans pour la combattre ? L'élite intellectuelle ne s'est jamais mobilisée, l'élite politique craignait la colère des automobilistes. Une démission qui a coûté 100 000 morts. 100 000 vies sacrifiées par manque de courage politique.

Un accident par-ci, un accident par-là, tout au long du XXe siècle on s'est beaucoup tué sur les routes de France : 700 000 morts au total. Un chiffre qui, par son atomisation, sa banalisation, ne nous a jamais terrifiés. Ajoutons-y les 16 millions de blessés, dont beaucoup sont restés handicapés, mutilés, paralysés à vie, et le bilan dépasse celui de la Seconde Guerre mondiale. Était-ce le juste prix pour se déplacer à 100 km/h ?

Certainement pas. Nous avons payé beaucoup trop cher. Si la politique mise en œuvre depuis 2002 avait été appliquée dès les années 1960, cent mille vies auraient été épargnées. Il ne s'agit plus là de considérations ou de supputations, mais de faits et de statistiques. La politique qui a fait baisser de moitié la mortalité sur les routes était, pour l'essentiel, connue depuis un demi-siècle. Ce que Jacques Chirac a décidé en 2002, Georges Pompidou pouvait l'imposer en 1969.

Ce succès inespéré change le regard sur l'hécatombe routière du XXe siècle. Nous ne pouvons plus la considérer comme une fatalité, la « rançon du progrès », comme on disait alors ; il s'agit d'une faute collective. Celle d'une classe dirigeante qui n'a rien voulu voir et, surtout, rien voulu faire.

Cette histoire détestable, il faut maintenant l'écrire dans toute sa brutalité, car la pacification automobile ne nous dispense pas, bien au contraire, de comprendre pourquoi nous nous sommes si longtemps accommodés de la violence routière et de ses drames. Au-delà d'une victoire unanimement et justement célébrée, voici les années noires de l'insécurité, la jungle à quatre roues.

L'automobiliste français

En matière d'automobile, la France n'est pas un marché, mais une patrie. Et d'abord une tradition qui remonte aux débuts du XXe siècle. Les constructeurs nationaux – Renault, Citroën, Panhard, etc. – imposent très tôt le savoir-faire français. Leurs noms deviennent synonymes de progrès. C'est en France que sont organisées les premières courses sur route, les premiers grands prix sur circuit. La passion de l'automobile et celle de la vitesse sont indissociablement liées. Les conducteurs découvrent la griserie d'une conduite à grande allure et la revendiquent comme une liberté. La sanction est immédiate : en 1936, alors que le parc automobile ne compte que 1,5 million de voitures contre 30 millions aujourd'hui, que la population française n'atteint pas les 40 millions d'habitants, la route tue déjà 4600 personnes dans l'année. Le même nombre qu'en 2006. Mais les pionniers du volant n'ont cure des dangers!

Dans les années 1950, la France qui achève sa reconstruction découvre les joies de l'automobile pour tous. Le nombre des voitures augmente, celui des morts aussi. Au début de la décennie, on passe la barre des 5000; à la fin, on a franchi celle des 8000. Avec la prospérité des années 1960, la voiture se démocratise, tout comme les accidents. Au tournant des années 1970, ils ajoutent un millier de morts par an à la facture. Le seuil des 15000 tués est franchi en 1970. En 1972, on atteint 16500. Chiffre minoré : à l'époque, seules étaient prises en compte les morts intervenues dans la semaine de l'accident; aujourd'hui, la statistiquc attend un mois. Selon les méthodes de compte actuelles, on serait donc tout proche des 18000 tués. Quatre fois plus de morts qu'aujourd'hui pour un parc deux fois moindre! En continuant sur cette lancée, la France devait passer les 30000 morts avant la fin de la décennie. Mais que faisait le gouvernement?

Il observait le carnage avec l'impuissance d'un homéopathe face à une prolifération cancéreuse. Il dispensait quelques conseils de prudence à la population, mais se gardait bien d'appliquer le seul remède efficace : la limitation de vitesse. Était-elle ignorée, la croyait-on inefficace? Certainement pas. Elle était en vigueur depuis une trentaine d'années aux États-Unis et, surtout, elle avait fait ses preuves en France même. En 1959-1960, le ministre des Transports, Robert Buron, l'avait expérimentée sur 2000 kilomètres de route pendant 11 week-ends. Le nombre des accidents y avait diminué d'un quart. L'expérience avait été renouvelée en 1969, et la baisse des accidents avait atteint 40 %. Il ne restait qu'à étendre la limitation à tout le réseau, à la rendre permanente, afin de réduire l'hécatombe.

Dès les années 1960, la solution est évidente, il n'y a qu'un décret à signer. Et pourtant, elle semble hors de portée. Les Français, pense-t-on, ont noué avec leur voiture une relation passionnelle qui rejette toutes les démonstrations rationnelles. Ils n'y voient pas un simple véhicule, mais un prolongement d'eux-mêmes, un symbole de souveraineté. Pour ces zélotes du culte automobile, toute limitation de vitesse devient une agression castratrice. C'est certain, ils n'admettront jamais qu'on leur gâche le plaisir de conduire.

Et comme le Français est aussi raisonneur, il s'est forgé tout un argumentaire pour défendre son plaisir. La conduite lente réduit l'attention jusqu'à l'endormissement. Les conducteurs timorés provoquent les accidents par leurs hésitations. Les voitures les plus rapides sont les plus sûres grâce à leur « réserve de puissance ». Le danger vient des « mauvais conducteurs ». Un bon pilote (et qui ne l'est pas ?) est le meilleur à toute allure.

Seuls se font entendre les accros de la route, les mordus de la vitesse, les pilotes du dimanche, les fanas de la mécanique, soutenus en arrière-plan par le chœur de l'industrie automobile. Ainsi s'impose l'idée qu'une réglementation conduira les conducteurs à la désobéissance sur les routes et les électeurs à la sanction dans les urnes. L'élite se défausse de sa responsabilité sur le peuple. Elle ne demanderait pas mieux que de réduire la vitesse, mais l'indiscipline des conducteurs ne le permet pas. D'autant que la sécurité routière ne trouve personne pour plaider sa cause. Nos grandes consciences ont tant à faire avec les malheurs du monde qu'elles ne sauraient se commettre avec des affaires de bagnoles. Le massacre sur les routes ne semble intéresser ni Sartre, ni Aron, ni Mauriac, ni Malraux, ni les gaullistes, ni les socialistes, ni les catholiques, ni les francs-maçons, ni les vedettes, ni les champions. Vraiment personne. En 1954, l'abbé Pierre a ému les Français avec les sans-logis ; nul n'imaginerait les solliciter avec les victimes de la route. Ces morts sont une fois pour toutes sans importance. Les Français ont fait leur choix : ils entendent conduire comme bon leur semble, à leurs risques et périls. Gare à qui viendra contrarier leur passion !

La classe politique s'entretient dans cette conviction et ne prête qu'une attention distraite au premier sondage sur la question. La réponse, pourtant, ne manque pas d'intérêt. Dès 1960, les Français se prononcent à 80 % en faveur des limitations de vitesse ! L'anarchie routière s'appuie sur deux postulats : elle répond au tempérament national, et sa remise en cause soulèverait une vague de mécontentement. L'un et l'autre sont également faux. Mais ils constituent un excellent alibi à l'inaction.

La malédiction Pompidou

Notre système politique est ainsi fait que la vie de milliers de personnes peut dépendre de la volonté d'un seul. Jacques Chirac, champion de la sécurité routière, en a sauvé des milliers ; Georges Pompidou, champion de l'insécurité, en a sacrifié des dizaines de milliers. Un véritable crime politique qui, bien sûr, ne lui a jamais été reproché.

Son personnage de notable provincial, cultivé, jouisseur, novateur en matière artistique et conservateur en matière de mœurs, cadre mal avec l'image ordinaire du chauffard. Dans notre système de représentations, ce dernier personnage est assez fruste, vulgaire, arrogant, indiscipliné, il porte sa virilité en sautoir, tire vanité de son égoïsme et se soucie comme d'une guigne de l'intérêt général. Rien de commun, on en conviendra, avec le président que nous avons connu. Cela prouve tout simplement que l'image publique dissimule plus qu'elle ne révèle la personnalité. Pompidou était un fou d'automobile, un fondu de la vitesse, et cela ne se lisait pas sur son visage. Il aimait conduire des voitures puissantes, les mener à toute allure et, disait-on, semer les motards qui lui faisaient escorte. Mais les inclinations personnelles sont une chose, et la politique en est une autre. Aussi longtemps qu'elles sont dissociées, les Français n'ont pas à en connaître la teneur. Malheureusement, dans le cas de Georges Pompidou, la passion privée a perverti l'action publique. Toutes ses décisions reflètent son amour de la voiture. On a retenu son credo qui nous a valu les voies sur berge : « Il faut adapter Paris à l'automobile. » Sans doute pensait-il de même pour la société dans son ensemble. La France n'était-elle pas la fille aînée de l'automobile autant que de l'Église ?

Comme tout intégriste, il n'admet aucune entrave à l'exercice de sa foi et ne voit que des actes isolés dans les excès des fidèles. À ses yeux, la sécurité routière ne saurait être qu'une affaire individuelle. Ce sont les Français qui doivent améliorer leur conduite et se discipliner. L'État peut les y inciter par des campagnes d'information, c'est tout. « Si les Français veulent se tuer, qu'ils se tuent ! » lancera-t-il un jour comme argument massue pour repousser les limitations de vitesse. Le normalien agrégé n'a pas remarqué qu'il ne s'agit nullement de « se » tuer, mais de tuer, tout simplement. Ignore-t-il que le chauffard met en danger la vie d'autrui et pas seulement la sienne ? Comme la plupart des conducteurs, le chef de l'État refuse de considérer l'automobile pour ce qu'elle est : un moyen de transport public au même titre que le train ou l'avion. La liberté de conduire, et de se tuer, ne peut exister que sur un circuit privé, mais, dès lors que l'on roule sur la voie publique, l'erreur de l'un met en danger la vie des autres, le mode de transport est collectif. Sa sécurité doit être assurée par les pouvoirs publics.

L'inconscience de Georges Pompidou fait froid dans le dos. La tradition veut que des arbres bordent les routes françaises. Du plus bel effet dans le paysage, mais fatals pour les automobilistes. Ils sont responsables de 10 % des accidents mortels ! L'administration envisageait donc d'en couper un certain nombre aux endroits les plus dangereux. Ce qui eut le don de courroucer le président : « Surtout, n'allez pas me couper un seul arbre sous prétexte de sécurité routière ! »

Le coup de force de 1973

Les accidents de la route n'étaient pas, comme l'on imagine, la première préoccupation du général de Gaulle. Ils relevaient du gouvernement, c'est-à-dire de Georges Pompidou. Pendant plus de dix ans, à Matignon puis à l'Elysée, celui-ci conserve la haute main sur la politique routière. Dès le début des années 1960, Robert Buron, ministre des Transports, est convaincu par ses premières expérimentations qu'une limitation de la vitesse est indispensable. Pompidou ne veut pas en entendre parler. La question ne refait surface qu'en 1969 avec la nomination de Jacques Chaban-Delmas à la tête du gouvernement. La prolongation des courbes laisse prévoir un chiffre de 20 000 morts pour les prochaines années. Le nouveau Premier ministre entend inclure la sécurité routière dans son projet de « nouvelle société ». Il ne doute pas qu'il faille freiner les conducteurs. La mort de son épouse, victime de la route, ne fera que le confirmer dans cette volonté. En 1970, sa décision est prise : il va annoncer la réglementation. De l'Élysée, Georges Pompidou, devenu président de la République, a vent de ce projet. La veille même, il téléphone à son Premier ministre pour lui intimer l'ordre de n'en rien faire.

À Matignon, un tout jeune technocrate est témoin de la céléromanie obsessionnelle du président : c'est Christian Gérondeau. Polytechnicien, ingénieur des Ponts, il a rejoint l'équipe Chaban en 1969, et bien qu'il supervise le secteur des transports, la sécurité routière n'est pas de son ressort. Il s'y intéresse pourtant et découvre qu'elle relève d'une collection d'organismes et de ministères sans réelle coordination. Un éparpillement gage d'impuissance. Au début de 1972, il propose une structure interministérielle avec un responsable unique. Jacques Chaban-Delmas semble intéressé, mais ne donne pas suite dans l'immédiat. Puis, brusquement, au mois de juillet, il crée un « Comité interministériel pour la sécurité routière » et nomme dans la foulée Christian Gérondeau délégué général. Cette précipitation ne doit rien au hasard. Chaban connaît l'hostilité de Pompidou à une telle mesure. Mais il sait aussi qu'il sera démis de ses fonctions le lendemain. Il n'a donc plus rien à espérer ou à perdre, et peut s'offrir le luxe d'imposer cette dernière décision au « patron » qui va le remercier.

L'automobile est un sujet particulièrement sensible et les médias réagissent fortement à cette mesure qui n'est pourtant qu'une réorganisation administrative sans incidence directe sur les conducteurs. Voilà Christian Gérondeau bombardé « monsieur Sécurité routière » et sollicité par les micros et caméras. Pour quoi dire ? Il n'a rien à annoncer et doit même commencer par un démenti dans la stricte orthodoxie pompidolienne : « Il n'est pas question d'une limitation générale de la vitesse. » Seule déclaration originale : il fera respecter les limitations en vigueur. Qu'importe ! La sécurité routière a un visage, elle prend sa place dans les grands médias, bref, « on en parle ». C'est peu, mais c'est déjà beaucoup.

Lors du premier semestre 1972, la courbe des morts a poursuivi son ascension. Elle doit frôler les 18 000 tués à la fin de l'année. Et voilà que, pour la première fois, la tendance s'infléchit : « seulement » 16 500 morts. Le ralentissement se confirme tout au long des douze mois qui suivent les annonces de juillet 1972. À lui seul, l'« effet de com' » suffit à peser sur le comportement des conducteurs, à sauver quelques centaines de vies humaines.

Les médias ont découvert les drames de la route, ils les imposent dans l'actualité. Pour frapper les esprits, la télévision organise en 1973 une opération « Mazamet ville morte ». Il s'agit de visualiser l'hécatombe annuelle, qui perd sa réalité humaine dans la froideur des statistiques. 17 000 morts, qu'est-ce que cela représente ? La population de Mazamet, justement. Les habitants acceptent de « jouer les morts » pour que les Français mesurent l'étendue du massacre. Le temps d'une émission, toute la population se couche dans les rues, sur les places, comme autant de cadavres. Le message est brutal : l'automobile tue chaque année la population d'une ville moyenne. L'effet médiatique est inespéré, mais il risque de ne pas durer en l'absence de mesures réglementaires.

Christian Gérondeau trouve un allié dans le successeur de Jacques Chaban-Delmas, le nouveau Premier ministre : Pierre Messmer. Les sondages confirmant le soutien de l'opinion, ils organisent un véritable coup de force pour faire sauter le verrou présidentiel. Le mardi 12 juin 1973 se réunit à Matignon un Conseil interministériel sur la sécurité routière, qui décide deux mesures radicales : l'une sur la vitesse, limitation à 100 km/h sur les routes ordinaires, mais vitesse libre sur les autoroutes; l'autre sur la ceinture de sécurité, dont le port devient obligatoire. Le ministre des Transports, Olivier Guichard, ami et fidèle de Pompidou, proteste, sans plus, car ces mesures, il n'en doute pas, seront bloquées dès le lendemain en Conseil des ministres. Mais Christian Gérondeau a pris soin de convoquer la presse à Matignon. Journalistes, micros et caméras sont là qui attendent les décisions. Le délégué les annonce. Le lendemain, en Conseil des ministres, le chef de l'État et le chef du gouvernement échangent des mots aigres-doux. Pompidou est furieux, mais il est trop tard pour reculer. D'autant que le retentissement médiatique est considérable. Pour ou contre, les polémiques se déchaînent. Curieusement le bouclage de la ceinture, qui se trouve imposé pour la première fois au monde, passe mieux que les 100 km/h.

Le nombre des morts commence à baisser lorsque, six mois plus tard, survient le premier choc pétrolier. Entre embargo et pénurie, le monde entier s'affole. Les économies de pétrole sont à l'ordre du jour. Messmer et Gérondeau sautent sur l'occasion pour renforcer le dispositif de juillet. Au 1er décembre, la vitesse est limitée à 120 km/h sur les autoroutes et à 90 km/h sur les routes. Des mesures qui, justifiées par la nécessité de réduire la consommation pétrolière, ne soulèvent aucune protestation, contrairement à celles de juillet. La limitation de la vitesse semble contestable lorsqu'il s'agit d'économiser les vies humaines, mais naturelle pour économiser le pétrole ! Le résultat est pourtant spectaculaire. Le nombre des tués passe de 16 500 en 1972 à 13 000 en 1973. Si l'on avait continué sans rien faire, on aurait sans doute compté 5 000 morts de plus. La chute est extraordinairement rapide et quasi immédiate. Preuve qu'elle est bien liée aux nouvelles mesures, et pas à une amélioration des véhicules ou des routes.

Pourtant, Georges Pompidou ne rend pas les armes, bien au contraire. Au mois de mars 1974, à la veille de sa mort, il impose que la vitesse sur les autoroutes soit relevée à 140 km/h. Elle sera ramenée à 130 km/h à la fin de l'année par le nouveau Premier ministre, Jacques Chirac.

Les leçons de ce premier épisode sont claires. Tout d'abord, la vitesse est bien une cause déterminante, mais certainement pas la seule, des accidents. Lorsqu'on la réduit, le nombre des morts diminue. Une conclusion admise par tous les experts. D'autre part, les automobilistes sont très sensibles à l'information.

Boire ou conduire

J'entreprenais en ces années une enquête sur les réalités que la France refuse de regarder en face. Parmi elles, le problème de l'alcool. Comme tout Français, je suis amateur de bon vin, mais cela ne justifie pas que l'on fasse l'impasse sur le fléau de l'alcoolisme. Entre le folklore des chansons à boire et le verrouillage du lobby alcoolier, aucune action d'envergure n'était entreprise contre la plus grave de nos toxicomanies. J'insistais particulièrement sur les dégâts de l'alcool au volant. À l'époque, les statistiques étaient très incertaines. La gendarmerie ne procédait le plus souvent à aucune mesure, notamment sur les cadavres, et ne faisait apparaître l'imprégnation éthylique que dans les cas les plus évidents. Elle en venait ainsi à n'incriminer l'alcool que dans 6,8 % des « incidents » *(sic)* de la circulation. Une cause des plus mineures, on en conviendra.

Le professeur Claude Got, de l'hôpital de Garches, avait entrepris une recherche systématique sur le sujet. Étudiant les accidents survenus dans l'ouest parisien, il effectua sur chaque cas une enquête minutieuse et put démontrer que 40 % des accidents mortels étaient provoqués par des automobilistes conduisant sous l'effet de l'alcool. Les études ultérieures reprises à l'échelle nationale prouvèrent que ces chiffres se vérifiaient sur l'ensemble du pays. Elles permirent également d'établir une corrélation entre la fréquence des accidents et la consommation d'alcool. Les départements dans lesquels on buvait le plus étaient aussi ceux dont les routes étaient le plus dangereuses.

En 1975, je disposais des premiers travaux du professeur Got, autrement plus crédibles que les pseudo-statistiques gendarmesques. Je me fondai sur ces résultats pour montrer la dangerosité de l'alcool au volant et l'irresponsabilité des pouvoirs publics, en apparence si peu concernés. À la sortie de mon ouvrage[1], *L'Express* choisit de publier en « bonnes feuilles » ce chapitre et fit même sa couverture sur

1. *La France et ses mensonges*, Paris, Denoël, 1975.

le sujet. Dans les semaines qui suivirent, je fus bombardé de lettres indignées sur papier à en-tête d'organismes aux noms pompeux, signées de professeurs en médecine aux titres ronflants, qui dénonçaient mes erreurs, mes exagérations, et qui chantaient la gloire des boissons alcoolisées. Puis je vis paraître dans la grande presse des publicités rédactionnelles sur de pleines pages : « Paul Ricard fait le point sur l'alcoolisme. » Dans ces auto-interviews, le patron du groupe alcoolier prétendait réfuter mes arguments. Ce n'était rien encore. J'appris peu après que tous les parlementaires et toutes les rédactions avaient reçu un document anonyme reprenant sur la page de gauche mon chapitre et opposant sur la page de droite des démentis à mes affirmations. Il ne me fallut pas enquêter bien longtemps pour découvrir que la société Ricard était à l'origine de ce texte et de cet envoi.

J'allai voir le directeur de *L'Express*, Philippe Grumbach, en lui demandant la possibilité de répondre. Il ne pouvait évidemment s'agir d'un « droit de réponse », *L'Express* n'y était aucunement tenu ; pourtant, Philippe Grumbach m'ouvrit les pages du magazine. Nous publiâmes donc le document – mon texte et les réfutations de Ricard –, suivi d'une réponse de ma part. Au vitriol, comme on imagine. Qui plus est, je citai de bout en bout Ricard comme auteur de cette manipulation. Des années plus tard, j'appris que le groupe avait dès lors cessé toute publicité dans *L'Express* au cours des années qui suivirent. Grand seigneur du journalisme, Philippe Grumbach ne m'en avait jamais soufflé mot lors de nos rencontres ultérieures.

Pour le lobby alcoolier, je n'étais encore que du menu fretin. Il tenait sous son emprise le Parlement, qui n'osait prendre la moindre mesure contre l'alcoolisme. Ne se vantait-il pas d'avoir eu la peau de Pierre Mendès France ? À bon entendeur, salut pour le suivant !

En 1976, le gouvernement se trouve confronté à des faits accablants. Seuls 3 % des conducteurs dépassent le taux légal d'alcool de 0,8 gramme/litre, ce qui permet au lobby alcoolier de prétendre que le phénomène est marginal. C'est oublier la suite : cette petite minorité est impliquée dans 40 % des accidents mortels. Si l'on monte à 2 grammes/litre, on ne trouve plus que 0,25 % des conducteurs ; mais ces gros buveurs sont présents dans 20 % des accidents. Rappelons qu'à l'époque la détermination du taux exact se fait par prise de sang, c'est-à-dire uniquement après les accidents les plus graves… et quand c'est possible.

En 1977, le gouvernement de Raymond Barre prépare un texte pour durcir la législation en instituant des contrôles préventifs, des sanctions plus lourdes. Bien que 76 % des Français se prononcent en faveur de ces dispositions, la classe politique est apeurée. Pourtant, une assemblée en fin de mandat vote le projet en première lecture. Mais le lobby alcoolier tient mieux le Sénat, qui bloque la loi en seconde lecture. Toutes les mesures coercitives sont supprimées, ne restent que des vœux pieux. Par chance, l'Assemblée a été entre-temps renouvelée, les députés en début de législature se montrent plus déterminés. En juin 1978, ils rétablissent l'ensemble du texte. Les contrôles sont autorisés sans prise de sang, rien qu'en « soufflant dans le ballon ». Il ne suffit plus de provoquer un accident pour se faire prendre. En théorie, du moins. Car l'administration va mettre neuf ans – oui, neuf ans ! – pour faire homologuer et reconnaître en justice les éthylotests d'haleine, qui sont pourtant d'utilisation courante à l'étranger. Qui plus est, les contrôles doivent se faire sur réquisition du procureur de la République ! C'est dire que la surveillance de l'alcoolémie au volant ne deviendra effective qu'en 1990, lorsqu'une nouvelle loi en facilitera l'usage.

En 1978, les dispositions de la loi sont encore purement théoriques, et pourtant, dans le semestre qui suit, le nombre des morts diminue de 12 %. Une fois de plus, le seul effet d'annonce a incité les conducteurs à la prudence, disons à la tempérance, et provoqué une baisse immédiate de la violence routière. Mais la peur sans le gendarme n'a qu'un temps : une année plus tard, les chiffres retrouvent leur niveau antérieur.

Tirant les enseignements de ces deux épisodes, Christian Gérondeau conclut : « Pour qu'une mesure concernant le comportement des usagers puisse être pérenne au-delà de l'effet médiatique à court terme, il faut que les conducteurs soient persuadés que les risques de contrôles et de sanctions persistent dans le temps[1]. »

La voix des victimes

Au long des années 1980, les pouvoirs publics s'intéressent peu à la sécurité routière, et la classe politique pas davantage. « Un consensus se dégage au sein des partis politiques sur le fait que la sécurité routière ne représente pas un enjeu assez important, au point d'être un thème électoral. Elle est, en général, classée dans le domaine administratif et réglementaire », constatent, désabusés, les experts[2].

1. Christian Gérondeau, « La sécurité routière en France », nov. 2005.
2. Pierre-Emmanuel Barjonet, Dominique Lagarde, Jean Serveille, *Sécurité routière*, Paris, Presses des Ponts et Chaussées, 1992.

Le sujet n'a de visibilité idéologique ni pour la gauche du Programme commun, ni pour la droite de la revanche. Dans cette France ultra-politisée, les victimes de la route sont irrécupérables. Pourtant, l'augmentation du trafic n'empêche pas leur nombre de diminuer. De façon lente mais régulière. Au cours de la décennie, il passe de 12000 à 10000 par an. Une décrue à législation inchangée, qui se retrouve dans tous les pays et tient pour l'essentiel à la technique.

Tout a commencé dans les années 1960 aux États-Unis avec l'affaire Nader. Jeune avocat, Ralph Nader s'est lancé à l'assaut de la forteresse General Motors, qu'il accuse de construire des voitures *unsafe at any speed*, « dangereuses à quelque vitesse que ce soit ». Au terme d'une bataille homérique, il obtient gain de cause : la sécurité des passagers devient un impératif pour les constructeurs. Cette révolution se propage dans toute l'industrie mondiale ; la solidité des voitures, leur aptitude à éviter et à encaisser les accidents, font l'objet d'intenses recherches. Et les progrès suivent. Les nouveaux modèles lancés par les constructeurs, français comme étrangers, protègent beaucoup mieux leurs occupants. Le risque diminue pour les passagers. D'autant que, dans le même temps, le réseau routier s'améliore, les « points noirs » disparaissent les uns après les autres. Enfin, une meilleure organisation des secours permet de sauver des accidentés qui, dans les années précédentes, étaient condamnés. Ainsi la France s'accommodait-elle de ses routes homicides, et le progrès technique aurait tenu lieu de politique si un nouvel acteur n'était venu perturber le jeu.

La sécurité routière vivait sur des statistiques. Or, les chiffres comptent indifféremment les carottes, les moutons et les cadavres ; ils disent tout sauf l'essentiel : l'horreur du massacre. Le public se trouvait pris à témoin par des experts distingués qui réclamaient plus de fermeté, des avocats autoproclamés qui demandaient plus d'indulgence, mais ne pouvait mettre ni visage ni voix sur les victimes. Absence surprenante. Car ce sont elles qui donnent sa raison d'être et sa justification à la politique de sécurité. Si les accidents ne provoquaient que des dégâts matériels, les compagnies d'assurances pourraient s'en charger. Malheureusement, ils blessent, tuent, mutilent, infligent des morts atroces, laissent des individus handicapés, paralysés, des familles détruites, des souffrances indélébiles, un bilan de guerre qui impose l'intervention des pouvoirs publics. Or, les médias n'accordaient aucune place aux victimes. De ce fait, les réglementations passaient pour des brimades technocratiques infligées aux automobilistes. Les journaux télévisés présentaient tout renforcement des contrôles comme une « mauvaise nouvelle pour les conducteurs », jamais comme une « bonne nouvelle pour les usagers de la route ». Ainsi conditionnée, l'opinion, loin de pousser les gouvernements à l'action, les suivait en traînant les pieds. C'est alors que les victimes s'invitèrent au débat.

Geneviève Jurgensen n'avait pas vocation à devenir la *mater dolorosa* de la route. Elle était une mère heureuse, jusqu'à ce coup de téléphone du 3 avril 1980 lui apprenant que ses deux petites filles ne reviendraient pas. La voiture qui les transportait avait eu un accident, les enfants avaient été tués. Des milliers d'autres mères ont subi de tels drames comme autant de fatalités. Geneviève Jurgensen, elle, ne l'admet pas. Elle ne trouve pas naturelle cette grande compréhension des juges vis-à-vis du chauffard qui roulait avec ses quatre verres dans le nez, cette connivence entre conducteurs, de part et d'autre de la barre du tribunal. Comment accepter que la mort de ses enfants soit considérée comme une « tuile » qui frappe un conducteur malchanceux, une « tuile » qui pourrait arriver à n'importe qui – bref : la « faute à pas de chance » ? Le procès se conclut sur une peine légère qui sera effacée par l'amnistie de 1981. De la mort des enfants, il ne reste rien, rien que cette réflexion d'une amie étonnée, indignée même qu'on « puisse avoir un casier judiciaire pour un accident de la route » !

C'est décidément la perception même de l'insécurité routière qu'il faut changer et, pour commencer, Geneviève Jurgensen décide de l'appeler par son nom : elle crée la Ligue contre la violence routière. Elle ne dispose, à ce stade, d'aucun support médiatique et n'a aucune envie de s'offrir en pâture aux médias. Pour constituer son comité de parrainage, elle doit se forger un argumentaire, car les personnalités sollicitées ne comprennent pas sa démarche. Certaines se laissent convaincre, mais, peu soucieuses de s'engager dans un tel combat, en confient la charge à leur épouse ; d'autres voient cette initiative d'un mauvais œil et suspectent des arrière-pensées. Bref, ce n'est pas l'enthousiasme. Geneviève Jurgensen persiste pourtant. Son mouvement fédère des accidentés de la route, des mères en premier lieu ; il mène ses premières actions, affirme ses positions. La Ligue existe, elle offre aux médias l'indispensable personnalisation de la victime. Lors des polémiques sur la circulation automobile, les grandes gueules du lobby automobile doivent faire silence lorsque Geneviève Jurgensen vient rappeler le véritable enjeu du débat.

En septembre 1986, un chauffard en état d'ivresse percute sur l'autoroute de l'Ouest la voiture d'Anne Cellier, 22 ans.

La jeune fille est atrocement brûlée et mettra 90 jours à mourir dans les pires souffrances. Lors du procès, le président fait remarquer que « cela peut arriver à tout le monde en sortant d'une soirée entre amis ! », et ne prononce qu'une peine légère. Christiane Cellier, la mère d'Anne, refuse que sa fille ait été martyrisée pour rien ; il faut à tout le moins que ce drame serve de leçon, que la France en tire les conséquences. À travers la fondation Anne-Cellier, elle fait d'Anne l'image emblématique de l'holocauste routier. Elle intervient avec force dans les médias et bouleverse les consciences.

Ainsi, deux mères frappées par le malheur vont suppléer l'insuffisance de nos élites et prendre l'opinion à témoin. Grâce à leur engagement, la sécurité routière ne se réduit plus à un dispositif technocratique, elle prend dans les esprits sa dimension humaine et devient un enjeu politique. Mais il faudra encore une décennie pour que la prise de conscience se traduise dans les faits.

Le combat des *lobbies*

Le monde de l'automobile est déstabilisé par cette irruption des victimes. Ses représentants, porte-parole, avocats, pilotes et klaxons protestataires se heurtent désormais à des opposantes légitimées par leurs épreuves, qui ne s'embarrassent pas de fioritures, parlent de bon sens, s'adressent à tous les Français et touchent les consciences. L'opinion bascule et passe d'une approbation passive à une véritable exigence. La sécurité routière a le vent en poupe.

Pour les intégristes de la voiture, voués à la seule liberté du conducteur, l'heure n'est plus à la défense, mais à la contre-attaque. Ils dénoncent le « lobby de la sécurité routière ».

Il existerait une sorte de société secrète toute-puissante, animée par la haine de l'automobile et des automobilistes, qui, mesure après mesure, aurait entrepris de pourrir la vie des conducteurs. Toute la sécurité routière serait inspirée par cette autophobie dont, en vérité, on ne comprend ni l'origine, ni les raisons, ni l'intérêt. Mais on ne défend pas l'indéfendable sans se donner des ennemis à combattre. On voit donc se dresser des avocats qui se spécialisent dans la délinquance routière, se former des mouvements qui prétendent défendre les conducteurs contre les persécutions de la bureaucratie. À victime, victime et demie : les plus à plaindre ne sont pas les fracassés de la route, mais les contrevenants sanctionnés par les gendarmes ! Dernier exemple en date de cette paranoïa, le pamphlet d'Airy Routier dénonçant la nouvelle politique de contrôle-sanction automatique[1]. L'auteur, qui dévoie son talent de journaliste pour servir sa passion du volant, nous apprend qu'« un énorme lobby s'est mis en place, qui joue à merveille sur la corde sensible, en pratiquant sans complexe l'infantilisation et la désinformation ».

Pour avoir suivi ces questions d'assez près, je puis affirmer que, dans les années 1970, ce terrifiant lobby ne comptait guère que Christian Gérondeau et le professeur Got, et que, dans la décennie suivante, il ne reçut de renfort que mesdames Jurgensen et Cellier. Voilà sans doute une grande armée face aux divisions blindées de l'automobile et de l'alcool ! La sécurité routière n'a jamais été une cause populaire et n'a jamais eu que des avocats commis d'office. Quant aux médias, ils n'y revenaient que contraints et forcés. Les conseils de prudence à la veille des grandes migrations

1. Airy Routier, *La France sans permis*, Paris, Albin Michel, 2007.

estivales n'étaient pas les moins pesants de ces « marronniers » que l'actualité impose périodiquement. Lobby de la sécurité routière ? Comme j'aurais aimé l'avoir à mes côtés lorsque, en 1975, je me suis retrouvé face au groupe Ricard et à tous ces organismes liés aux intérêts de l'alcool ! Mais non, j'étais seul et n'aurais pas pesé lourd sans le soutien indéfectible de *L'Express*. Et les contrôles d'alcoolémie au volant étaient plus souvent dénoncés comme attentatoires aux libertés et inspirés par les ennemis de la France que présentés comme une mesure de salubrité publique. Preuve de l'influence exercée par ce lobby sur le pouvoir politique : le budget communication de la Sécurité routière a stagné à 3 millions d'euros tout au long des années 1980-1990 ! Par comparaison, la pub automobile, à elle seule, représente 1,5 milliard d'euros !

Pour illustrer la toute-puissance de ce supposé lobby qui désormais tyranniserait les Français, Airy Routier revient sur l'épisode crucial du permis à points. En 1992, le gouvernement Bérégovoy décide d'introduire en France ce dispositif qui a déjà fait ses preuves à l'étranger. Les routiers voient rouge. Ils redoutent un retrait qui leur interdirait de travailler. Le mouvement est sauvage, radical. Les camions bloquent le pays. Le gouvernement est pris au dépourvu et ne sait quelle conduite tenir. C'est alors qu'intervient le « lobby de la sécurité routière ». Suivez son action dans la version d'Airy Routier : « en juillet 1992, alors que la France est bloquée par la grève-blocus des routiers qui refusent le permis à points, le gouvernement semble près de céder. Geneviève Jurgensen sollicite un entretien du président. Comme elle connaît l'existence de Mazarine, elle lui parle de son drame personnel et lui lance : "Et s'il arrivait la même chose à votre fille ? " Elle gagne la partie : François Mitterrand déclare que “le gouvernement ne reculera pas d'un pouce sur le permis à points”. »

D'un côté, l'industrie automobile, les camionneurs, les blocus routiers, la France menacée d'asphyxie ; de l'autre, une femme seule qui rappelle au chef de l'État que la mesure contestée vise à éviter des milliers de drames semblables à celui qu'elle a vécu. Pour Airy Routier, c'est de la triche, le coup de Jarnac ! Car on ne doit pas mêler les victimes de la route avec les problèmes de circulation. De fait, il respecte scrupuleusement cette déontologie, et l'on pourrait croire, à suivre ses charges furieuses contre l'administration, que l'on parle de codification philatélique, de messe en latin, d'enseignement de la géométrie ou de composition du chocolat. Pas un instant il n'emmène le lecteur au service des urgences, à l'hôpital de Garches, au chevet des paralysés, à l'écoute des orphelins, au cœur des familles décimées. À l'évidence, tout cela est hors sujet. Les autos tamponneuses ne sont pas plus dangereuses sur la route qu'à la fête foraine. Les seules victimes prises en considération et en compassion sont les automobilistes qui risquent de se faire écorner, voire retirer le permis de conduire.

Comme tout conducteur, je tiens à ma licence rose et je sais qu'elle pourrait s'effeuiller jusqu'au dernier pétale. Cela me fait pester, et je rejoindrais volontiers les automobilistes en colère, n'était la présence écrasante, obsédante, de ces victimes. Entre le malheur de monsieur Routier, retenu en garde à vue pour avoir roulé sans permis, et la détresse du jeune conducteur découvrant qu'il ne marchera plus, mon cœur ne balance pas. Encore faut-il qu'une relation certaine relie les contraintes de la réglementation à la réduction des accidents. C'est le point essentiel. Une mesure qui ne fait pas baisser le nombre des victimes n'a aucune raison d'être.

Or, le permis à points qui s'est imposé au début des années 1990, n'a pas provoqué une chute importante de la mortalité routière au cours de la décennie. L'erreur, tout le monde la connaît : c'est l'absence de volonté politique. Le dispositif à lui seul est insuffisant; seule une application rigoureuse lui conférerait son efficacité. Mais les gouvernements ne vont pas au-delà des bonnes intentions. Sitôt nommé, Lionel Jospin, rappelant que le risque routier est en France deux fois plus élevé qu'au Royaume-Uni, en Suède ou aux Pays-Bas, décrète que le nombre des tués passera de 8 000 à 4 000 au cours de la législature. Le ministre des Transports, Jean-Claude Gayssot, promet de déployer des milliers de gendarmes sur les routes. Pur effet d'annonce! En réalité, les jospinades se traduisent par la création d'organismes, le lancement d'études, la préparation de rapports, bref, tout ce qui ne guérit ni ne fâche, et permet simplement de découvrir ce que l'on sait depuis des années. En 2002, la facture de l'impuissance est déjà lourde : le nombre des morts n'a pas diminué de 50 %, comme promis, mais de 2 % seulement. Encore cinq années perdues.

Le temps de l'indulgence

Jacques Chirac a eu tout loisir de prendre ce dossier à bras-le-corps. Deux fois Premier ministre, président pendant un septennat, il a passé plus d'une décennie au pouvoir sans lui avoir manifesté le moindre intérêt. L'accident dont il a été lui-même victime en 1978 ne lui a pas servi de leçon.

En bon héritier de Georges Pompidou, il n'a jamais vu dans l'insécurité routière une cause nationale.

C'est donc un chef de l'État assez peu motivé qui réunit en octobre 2001 à l'Élysée ce qu'Airy Routier appellerait le « lobby de la sécurité routière » : Christian Gérondeau, Claude Got, Geneviève Jurgensen… bref, la petite poignée d'hommes et de femmes qui s'efforcent de pacifier les routes de France. La discussion durera trois heures. Premier sujet à l'ordre du jour : l'amnistie présidentielle. Dans les mois précédant la campagne, les conducteurs, qui misent sur l'indulgence du nouvel élu, ne respectent plus les limitations de vitesse. Bilan : quelques centaines de tués en plus. Jacques Chirac a pratiqué l'amnistie en 1995, il faut le convaincre de la rejeter en 2002. Il faut surtout ramener la France au niveau des autres sociétés industrielles pour la conduite automobile. Le président s'offre une grande leçon de sécurité routière.

Les études menées sous la direction de Michel Ternier montrent qu'en France, si les limitations de vitesse sont inefficaces, c'est qu'elles ne sont pas respectées. « L'approbation majoritaire du principe de la limitation de vitesse s'accompagne d'une liberté de transgression importante », constatent les responsables de la sécurité routière. D'autant que les véhicules sont de plus en plus puissants. En 1967, ils n'étaient que 10 % à dépasser les 150 km/h ; trente ans plus tard, c'est la performance minimum pour se présenter sur le marché. Dans les années 1990, la moitié des Français reconnaissent qu'il leur arrive de dépasser les limites autorisées. Ajoutons qu'ils sont déjà très nombreux à utiliser le téléphone portable au volant. « Quel que soit le réseau, c'est plus de la moitié des automobilistes qui est en infraction », constate à cette époque un rapport préfectoral. Bref, les

Français jouent au chat et à la souris avec le règlement. Ils en approuvent le principe, mais se donnent une large marge d'appréciation dans son application.

Or, la vitesse est la clé de la sécurité. Dans son sillage s'inscrit le nombre des morts. À la hausse ou à la baisse. Cas d'école : les autoroutes françaises. Avant 1973, lorsque la vitesse est libre, le nombre de tués pour 100 millions de kilomètres parcourus est de 3,6. Il chute à 1,5 entre 1973 et 1974, lorsqu'elle est abaissée à 120 km/h, puis augmente à 2,2 en 1974, lorsque Pompidou la remonte à 140, pour redescendre à 1,5 lorsqu'elle est ramenée à 130 km/h. Fort bien ! Mais les limitations de vitesse sont générales, leurs transgressions entraînent des contraventions et des retraits de points ; pourquoi les sanctions, sévères sur le papier, manquent-elles à ce point d'efficacité ?

Elles n'ont d'abord aucune valeur éducative, car elles ne créent aucun sentiment de culpabilité. Certes, les grands délinquants qui dépassent de 50 km/h les limites, qui roulent avec 1,5 gramme d'alcool dans le sang, sont l'objet d'une réprobation générale, mais ils sont rares. Le plus souvent, tout se joue aux marges de l'interdit. Lorsque la vitesse est de quelques kilomètres/heure trop élevée, que l'alcoolémie correspond à un verre – et pas trois ou quatre – de trop, les contrevenants n'ont pas le sentiment de commettre une faute. Ils se situent dans une « zone de tolérance »... et ne doivent qu'à la malchance de s'être fait verbaliser. « L'opinion que partagent en fait de nombreux contrevenants est que l'accident devrait être le seul véritable critère de l'infraction, une infraction sans victime n'en étant pas réellement une », constate Michel Ternier.

Quant à la répression – et c'est la découverte majeure –, elle n'est pas effective, en dépit du permis à points. Première raison, l'insuffisance des contrôles : « En matière de vitesse, les statistiques françaises montrent qu'à chaque instant, un conducteur sur deux est en excès de vitesse et que sa probabilité d'être verbalisé se borne à une fois tous les quatorze ans », constate Claudine Pérez-Diaz[1]. Deuxième raison, plus surprenante : l'espoir d'échapper à la sanction. Procédures trop lourdes, interventions trop nombreuses, le contrevenant espère toujours « faire sauter » le P-V. De fait, le tiers des excès de vitesse constatés ne sont pas sanctionnés. Seul l'alcool au volant débouche sur une condamnation dans 92 % des cas.

L'automobile bénéficie en France d'une véritable tradition d'indulgence aux multiples raisons. Pour les automobilistes, mais également pour les forces de l'ordre, les transgressions ne sont pas du même ordre sur la route et dans la vie courante. De ce fait, la frontière entre policiers et délinquants n'oppose plus l'ordre au crime, mais le raisonnable à l'imprudent. Le gendarme sait bien que, redevenu un conducteur ordinaire, lui-même peut commettre les fautes qu'il verbalise. Ainsi protégé par l'insuffisance des contrôles et l'indulgence des autorités, l'automobiliste français a pu s'accommoder de son permis « fongible » sans modifier sa conduite ni accroître sa sécurité. La France n'est toujours pas entrée dans l'ère de la sécurité routière.

Voilà donc ce que découvre le président de la République à l'automne 2001. Est-il pour autant converti ? On peut en

1. Claudine Pérez-Diaz, « Les acteurs du système de contrôle-sanction de sécurité routière », *Espaces et sociétés*, Paris, ERES, 2004.

douter. Sur la question emblématique de l'amnistie, il laisse planer une incertitude homicide et, indifférent aux victimes supplémentaires, n'y renonce qu'au mois d'avril. Un refus qui doit sans doute plus à un sondage du *Parisien* montrant que 57 % des Français réprouvent cette indulgence, qu'aux arguments des experts. À la veille de sa réélection, Jacques Chirac ne s'est toujours pas converti à la sécurité routière. Tel Paul chevauchant sur la route de Damas, il va avoir la révélation, mais ne le sait pas encore.

La campagne victorieuse

La sécurité routière n'a tenu aucune place dans les campagnes électorales de 2002. Elle ne figure pas dans les promesses des candidats, et pas davantage dans les programmes des partis. Bref, elle ne constitue toujours pas un enjeu politique. Et sans doute ne le serait-elle pas devenue sans le catastrophique triomphe électoral de Jacques Chirac. Que faire d'une victoire à 82 % ? Le pays attend du nouveau chef de l'État qu'il annonce les grands objectifs du quinquennat. La date est fixée, ce sera le 14 juillet, au cours de l'entretien qui suit traditionnellement le défilé militaire sur les Champs-Élysées.

En dépit de sa large majorité parlementaire, Jacques Chirac s'appuie sur une légitimité politique ambiguë : au soir du premier tour, seuls 13,75 % des inscrits avaient voté pour lui, c'est bien peu et il ne peut oublier la crise de novembre 1995 suscitée par le plan Juppé. Il n'entend pas défier la rue en annonçant de grandes réformes économiques et sociales. Il lui faut éviter les sujets qui fâchent et se focaliser sur des thèmes consensuels. Il s'en est fixé deux : la lutte contre le cancer et l'insertion des handicapés. C'est un peu maigre. Le 13 juillet, à la veille de l'intervention, une doctoresse qui a travaillé sur le dossier parvient à joindre Dominique de Villepin, secrétaire général de l'Élysée, et attire son attention sur la sécurité routière. Nous ne sommes plus dans les années 1980, l'opinion souhaite un engagement des pouvoirs publics. Le président ne devrait-il pas répondre à cette attente? Dominique de Villepin saisit la balle au bond. Jacques Chirac, qui connaît le dossier depuis la réunion de 2001, donne son accord. C'est ainsi que, après avoir vu et complimenté l'armée française, les téléspectateurs apprennent de la bouche du président que la sécurité routière devient une grande cause nationale, un des objectifs du quinquennat.

Voilà bien l'annonce qui ne devrait pas avoir plus d'effet que la promesse lancée cinq ans plus tôt par Lionel Jospin. Mais non, Jacques Chirac s'engage avec la foi des convertis et décrète la mobilisation générale. Jean-Pierre Raffarin ose dénoncer l'ennemi : la vitesse. Nicolas Sarkozy et Gilles de Robien lancent les opérations. Sur le devant de la scène, la sécurité routière devient un acteur majeur de l'actualité. Elle tient ses états généraux au mois de novembre, mais, surtout, elle s'affiche en permanence dans les médias. Les accidents les plus graves ne sont plus cités « parmi les brèves », mais font l'ouverture des journaux; le nombre des morts sur les routes est suivi comme le bilan des dons au Téléthon. Non pas le temps d'un week-end, mais tout au long de l'année. L'attention du public est attirée et retenue en permanence sur ce chiffre devenu un défi national.

La mobilisation médiatique n'est que la projection publique de l'action réglementaire. Dès le mois de novembre,

Nicolas Sarkozy durcit la loi sur le défaut de port de la ceinture ou l'usage au volant du téléphone portable. Signe d'une rupture radicale, il publie une circulaire qui interdit formellement toute intervention pour arrêter une procédure en matière de circulation automobile. L'« indulgence » devient du trafic d'influence. Désormais, toute infraction constatée sera sanctionnée. Les forces de l'ordre, dûment chapitrées, redoublent de présence et de sévérité. Mais cela n'est rien encore, la vraie révolution se prépare en coulisse.

Le ministre de l'Intérieur met au point l'arme absolue contre les dépassements de vitesse : la chaîne automatisée qui va de la constatation de l'infraction à l'exécution de la sanction. Le radar enregistre la vitesse, photographie la plaque d'immatriculation, l'information est transmise à un centre de traitement automatisé qui établit la contravention au nom du propriétaire et la lui envoie. L'amende doit être payée avant toute contestation. Les retraits de points se font avec le même automatisme.

Le système est choisi dès 2003, et le gouvernement se donne les moyens de sa politique en débloquant les 400 millions d'euros nécessaires pour commander un millier de radars. La grande loi sur les radars automatiques n'est votée qu'en juin 2003, avec, à la clé, une forte augmentation des sanctions. Les retraits de permis deviennent beaucoup plus faciles, les peines pour les délits les plus graves peuvent monter jusqu'à dix ans de prison. Pour la première fois en France, une politique cohérente de sécurité routière est mise en œuvre. Rompant avec les habitudes antérieures, l'État en affiche haut et fort les ambitions et les moyens.

Les résultats ne se font pas attendre. Comme toujours, la seule annonce provoque une amélioration sensible, avant même toute mesure effective. Les premiers radars n'entrent en fonctionnement qu'à la toute fin de 2003. Mais les résultats sont spectaculaires. Les 8 000 morts que l'on enregistrait dans les années précédentes se réduisent à 5 000 dès 2004. Et la décroissance continue au cours des années suivantes : 4 700 morts en 2006. L'objectif des 4 000 morts devrait être atteint dans un proche avenir, nous mettant ainsi au niveau de la Grande-Bretagne.

De la victoire à la paix

La campagne victorieuse contre l'insécurité routière a été menée au pas de charge. Les Français ont vu déferler les mesures, toujours plus sévères, toujours plus contraignantes, comme autant de décisions qui ne souffraient ni la contestation, ni même la discussion. Pris de court, le lobby de l'automobile est resté sans réaction, les rares protestations n'ont pas rencontré le moindre écho. Ce peuple français qui ne se reconnaît que dans ses divisions, qui ne se rassemble que dans les épisodes guerriers ou révolutionnaires, a vécu dans le consensus la plus conflictuelle des batailles : la bataille contre la vitesse. Il y a trente ans, les automobilistes faisaient trembler les gouvernements ; aujourd'hui, ce sont eux qui tremblent devant d'intraitables radars. Pour un malheureux 60 km/h, ils risquent de voir écorner leur permis et, loin de se révolter, ils freinent ! La partie semble gagnée sans coup férir. Comment est-ce possible ?

Bien qu'il soit rouspéteur et indiscipliné, le Français se révèle plus sujet que citoyen. Il est récalcitrant mais docile, râleur mais soumis. Plutôt que de s'opposer à la loi commune, il s'efforce de la contourner. Et lorsque les combines, les échappatoires ne marchent pas, il s'y conforme. C'est dans les pays libéraux que les citoyens en appellent à la justice pour faire respecter leurs droits, exigent de leurs représentants une meilleure administration. En France, on « fait avec ». Et pourtant, notre pays a la réputation d'être ingouvernable, de s'opposer à la moindre réforme. Ce mélange de passivité individuelle et de pugnacité collective passe par le goût politique de l'affrontement et la résistance farouche des corporations.

La sécurité routière se trouve échapper à ces deux malédictions. Elle n'est ni de droite ni de gauche, et les automobilistes dans leur ensemble ne forment pas une population organisée. Seuls certains groupes – routiers, taxis, ambulanciers – peuvent s'opposer efficacement aux pouvoirs publics. Si les conducteurs en colère ont fait impression pendant des décennies, c'est que le pouvoir a toujours évité l'épreuve de force ; il a suffi qu'il fasse preuve d'autorité pour les faire plier.

La France a-t-elle résolu son problème de sécurité routière ? Certainement pas, et c'est là qu'il faut revenir au livre d'Airy Routier, à cette « France sans permis ». L'argumentation en est détestable, mais la question posée est, elle, bien réelle. Comment passer du tout-répressif, indispensable en un premier temps, à une régulation pérenne ? La réponse ne va pas de soi.

La diminution des morts est liée tout entière à l'augmentation des sanctions. Entre 2002 et 2006, le nombre des infractions traitées est passé de 1,2 à 4,5 millions et le nombre des points retirés a bondi de 3,1 à 8 millions. Une augmentation globale, mais qui varie énormément selon la gravité des faits. Les infractions caractérisées – non-respect d'un feu rouge, non-port de la ceinture, excès de vitesse de 30 à 40 km/h – chutent. Les fautes les plus graves – excès de vitesse de plus de 50 km/h ou alcoolémie – progressent très faiblement. En revanche, les contraventions pour dépassements inférieurs à 20 km/h explosent littéralement : elles représentent 60 % des sanctions. Les permis ne sont plus dépouillés sur de grosses infractions, ils sont épluchés point par point. On est ainsi passé de 20 000 pertes en 2003 à 80 000 en 2007. Un chiffre à relativiser par rapport aux quelque 38 millions de permis que doivent détenir les Français, mais une croissance énorme si on se reporte aux 5 000 pertes de 1995. Aujourd'hui, moins de 0,2 % des conducteurs se sont vu retirer leur licence rose. Le phénomène reste donc marginal dans les faits, pas dans les têtes.

La répression vise désormais les transgressions à la marge commises par les conducteurs ordinaires, ceux-là mêmes qui approuvent la sanction des excès de vitesse dans la mesure où ils ont le sentiment de ne pas en commettre. Ces paisibles usagers de la route découvrent la hantise des points perdus alors même qu'ils n'ont jamais été aussi prudents et attentifs au volant. Difficile à comprendre. Au cours de ces années où l'on suivait mois après mois la diminution du nombre des morts, ils ont joué le jeu, mais ne vont-ils pas finir par être exaspérés ?

Or, il faut poser la vraie question : peut-on se satisfaire de 4000 morts par an ? S'agissant de sécurité aérienne ou nucléaire, la réponse est clairement : non. Toute victime crée un scandale. Toujours la dictature du *statu quo* qui banalise les morts habituels et dramatise les morts exceptionnels ! De l'un à l'autre, le prix de la vie humaine varie du tout au tout. Le ministre Jean-Louis Borloo a lancé le défi : « N'avoir plus que 2500 morts par an avant 2012!» Pour le relever, il faudra d'une part s'attaquer aux deux catégories qui ont bénéficié d'une indulgence particulière : les motards et les routiers; d'autre part, renforcer la discipline imposée à l'ensemble des automobilistes.

Les motards sont de loin les premières victimes de l'insécurité routière. Une étude AXA de 2002 estime que le risque mortel est six fois supérieur sur deux roues que sur quatre. Il serait même vingt et une fois plus élevé au nombre de kilomètres parcourus. Rappelons enfin que la route est la première cause de mortalité chez les moins de 25 ans. En l'absence d'une carrosserie protectrice, la moto sera toujours plus dangereuse que l'auto. Mais ce n'est pas la seule raison. Selon les études de la Sécurité routière, 62 % des conducteurs de motos dépassent les vitesses autorisées. Conclusion : un strict respect des limitations de vitesse réduirait d'un tiers le risque mortel. Mais il impliquerait des contrôles renforcés sur des deux-roues. Jusqu'où les autorités sont-elles prêtes à braver les motards toujours «en colère»? Et les routiers? Ils ne sont sanctionnés que pour les fautes les plus graves. Pourrait-on leur imposer la loi commune sans risquer de nouvelles grèves-bouchons comme en 1992?

Restent enfin les conducteurs ordinaires, sur lesquels a porté l'essentiel des nouvelles contraintes. Faudra-t-il réduire encore la vitesse? Au «Grenelle de l'environnement», la limitation à 110 km/h, pour raisons d'écologie et non plus de sécurité, est passée à la trappe. Reculade significative : les Français ne s'imaginent toujours pas roulant aussi lentement que des Américains. Le gouvernement envisage bien de renforcer les sanctions sur les «délinquants», ceux qui font le commerce des points ou les récidivistes de l'alcoolisme, mais les parlementaires sont nombreux à souhaiter que l'on relâche la pression sur les automobilistes raisonnables, ceux qui n'ont que des petits dépassements sur la conscience. Jusqu'où pourra-t-on aller dans la bonne conduite, comment imposer à la route les normes que l'on exige dans les airs ou sur les rails ? C'est la grande contradiction de l'automobile, celle que l'on s'efforce toujours de masquer.

En tant que véhicule, l'automobile est tout entière centrée sur l'individu : elle constitue une sorte de domicile à quatre roues, espace privé, personnalisé, lieu de souveraineté où l'on éprouve le plaisir de maîtriser la puissance, la vitesse, et de se déplacer à son gré. En tant que système de transport, elle est dominée par l'exigence collective : sur le réseau routier, chaque voiture est un mobile qui, comme l'avion dans les airs, comme le train sur les rails, doit se soumettre aux règles de la circulation et ne dispose que d'une autonomie marginale. Des véhicules individuels pour un transport en commun, est-ce bien raisonnable ? Le commandant de bord dans son avion, le conducteur dans la cabine de son TGV, accomplissent un travail, cela ne fait aucun doute. Ils conduisent des véhicules standardisés, jamais les mêmes, mais jamais différents, et sont concentrés sur leur conduite. À l'inverse, la plupart des automobilistes aiment prendre le volant. Ils se sentent bien dans leur voiture, la leur et pas une autre ; ils écoutent de la musique, regardent le paysage, ils peuvent à volonté accélérer, ralentir, doubler, s'arrêter, repartir. Sans la liberté de conduire, il n'est pas d'automobiliste heureux. Il n'y a plus qu'un chauffeur qui fait son métier.

Entre la conduite professionnelle des transports en commun et la conduite individualisée de l'automobile, la différence se paie en termes de sécurité. Si, du jour au lendemain, tous les automobilistes de France étaient remplacés par des chauffeurs salariés, dirigés, surveillés, contrôlés et sanctionnés comme des conducteurs d'autobus, alors oui, le nombre des morts ne dépasserait pas deux milliers par an. Voire sans doute moins.

Voilà donc l'enjeu de la sécurité : faire de la conduite une activité réglementée, normalisée, laborieuse, ne laissant aucune place à la recherche du plaisir : non pas le plaisir dangereux du fou de vitesse qui pousse des pointes à 200 km/h, mais le plaisir pacifique du conducteur qui voudrait penser à autre chose qu'à respecter le code de la route lorsqu'il roule à bord de sa voiture. Cette mutation, de la conduite plaisante à une conduite vigilante, est d'autant plus difficile que notre société propage les valeurs contraires. Le marketing, la publicité, les médias vantent la beauté, l'élégance, le confort, la puissance des automobiles ; l'accent est toujours mis sur la diversité des modèles, qui invite à l'appropriation individuelle. L'électroménager se banalise, alors que la voiture se personnalise. Tel maître, telle voiture. Dans le véhicule, mais aussi dans la conduite. Chacun, au fond de soi, est persuadé qu'au volant il se débrouille mieux que son voisin. Non qu'il accomplisse des exploits, mais, enfin, il a sa façon de se faufiler dans la circulation, de moduler ses accélérations, d'effectuer ses manœuvres. Comment changer durablement la relation du Français à l'automobile sans transformer le plaisir en corvée ? Trouver un autre usage qui soit fonctionnel pour le conducteur comme pour le système de circulation dans son ensemble ?

Airy Routier a manqué une belle enquête en ne posant pas la question en ces termes. Le tout-répressif, même justifié par l'exigence de sécurité, n'est pas, à lui seul, une réponse tenable à long terme. Le choix de 2002, le seul possible, revient à traquer et à sanctionner la moindre transgression comme une faute. Le contrevenant est pris dans des procédures comminatoires, il doit toujours payer avant de discuter. Bref, les autorités, en rupture totale avec la pratique de l'indulgence, jouent de la culpabilisation et de l'intimidation.

Sans doute fallait-il être « bête et méchant » pour que les Français renoncent à leurs mauvaises habitudes et ne relâchent jamais leur vigilance. Mais pourra-t-on indéfiniment appliquer et renforcer un tel système disciplinaire ? Pourra-t-on traiter comme un délinquant un contrevenant qui ne s'estime pas coupable, et imposer un usage de la voiture contraire à la philosophie même du véhicule ?

Les questions méritent assurément d'être posées, et les réponses d'être recherchées tant au niveau des procédures qu'à celui des voitures. L'industrie automobile s'est persuadée que la vitesse est un argument commercial. Elle n'a pas remarqué que les limitations très strictes et très anciennes aux États-Unis n'ont en rien freiné les ventes. Après avoir lutté contre les limitations, elle propose donc une puissance virtuelle qui s'affiche au compteur à plus de 200 km/h. Une incitation permanente au dépassement ! L'Europe tourne autour du sujet depuis des années, mais les constructeurs allemands – les plus obtus sur le sujet – exercent une pression d'enfer pour défendre leurs beaux monstres.

Nous aurons donc longtemps encore des véhicules qui font de la réglementation une frustration et de la transgression une tentation. C'est stupide, mais c'est ainsi. Il existe désormais des limitateurs de vitesse qui se chargent de respecter les 130 km/heure sur les autoroutes, mais, pour le réseau routier, la technologie permet d'aller plus loin sans se contenter de signaler les radars. Les systèmes de localisation-navigation tendent à se banaliser tant par le prix que par l'usage. Or, les plus sophistiqués peuvent désormais signaler au conducteur chaque dépassement de la vitesse autorisée. Embarquer de tels assistants électroniques qui surveillent en permanence les limitations, c'est assurément le meilleur moyen d'échapper à l'obsession du radar lorsque l'on conduit. Pourquoi les pouvoirs publics ne se lancent-ils pas dans une action déterminée pour que *toutes* les voitures soient équipées de tels dispositifs ? Ce même système pourrait servir comme « boîte noire » enregistrant l'éventuel dépassement de vitesse. Entre l'avertissement et la preuve, l'automobiliste choisirait tout naturellement le frein. Ce pourrait être plus efficace que la multiplication des contrôles, et beaucoup moins frustrant pour les automobilistes.

Avoir cassé les mauvaises habitudes, c'est bien, mais rien ne sera acquis aussi longtemps que les nouvelles seront vécues comme des brimades et non comme un comportement naturel. Et cela, en dépit du caractère arbitraire de toute réglementation. Tel est le nouvel enjeu de la sécurité routière. L'ensemble des procédures devront accompagner l'évolution des comportements afin que la bonne conduite devienne « naturelle », qu'elle soit en définitive pour l'automobiliste la seule concevable. Ne rêvons pas : tous les progrès que l'on pourra accomplir dans ce sens ne supprimeront pas la contrainte et la sanction. Sans la peur du gendarme, la sécurité ne sera jamais qu'un vain mot. Et tout ce qui pourra être expérimenté devra être évalué à la seule aune qui vaille, celle de l'efficacité. Réduire le nombre des victimes doit rester la priorité absolue. Si l'on peut par surcroît réduire la pression sur le conducteur, qui s'en plaindra ?

CHAPITRE 6

Finances : la catastrophe annoncée

Déficits chroniques, dette insupportable : la France court à la catastrophe financière. Pourquoi les économistes n'ont-ils pas sonné le tocsin alors que la dérive budgétaire dure depuis 25 ans ? Pourquoi la réalité même de la menace est-elle niée par certains ? Le redressement financier est toujours reporté, et la France va dans le mur.

Nicolas Sarkozy a entrepris de moderniser la France au pas de charge. Après tant d'années perdues, il n'était que temps ! Il lance toutes les réformes en même temps. Toutes sauf une, reportée à plus tard : celle du redressement financier. Manque de chance, c'est la plus urgente. Après vingt-cinq années de déficit, nous arrivons à l'heure des comptes, l'heure de tous les dangers. C'est aussi la réforme la plus difficile, car elle ne s'attaque pas à telle ou telle forteresse du conservatisme, elle remet en cause le fonctionnement du pays tout entier. Réduire ses dettes, c'est aussi changer son mode de vie.

Les Français ne perçoivent aucun signe avant-coureur, aucun symptôme alarmant : l'euro fait office d'analgésique.

Si nous avions conservé le franc, l'inflation flamberait, nous en serions à notre troisième dévaluation, le train de vie de l'État aurait été laminé, le pouvoir d'achat des particuliers aussi. Nul n'ignorerait que notre pays est sur la mauvaise pente. Avec l'Union européenne, notre monnaie est forte, trop forte même, le déficit soutient notre train de vie, l'inflation est contenue, seul le gouffre du commerce extérieur pourrait nous inquiéter. Mais qui se soucie d'une balance commerciale? Ainsi la classe dirigeante peut-elle chanter d'une seule voix : «Y a pas d'déclin, Madame la Marquise, y a pas d'déclin, tout va très bien!», et les Français peuvent jouer aux élections sans savoir qu'il y a le feu dans la maison. Le déficit agit comme un euphorisant social : il réduit les tensions et facilite la vie commune, c'est vrai; malheureusement, ses effets bénéfiques, qui atténuent les symptômes sans s'attaquer à leur cause, ne durent qu'un temps. Le réveil n'en est que plus difficile et tous les gouvernements reculent devant la cure de désintoxication qui ravive les douleurs. La classe dirigeante qui a administré cette drogue sans jamais en dénoncer les dangers redoute le mécontentement populaire qui en est la suite inévitable. Bien des ménages se brisent dans l'épreuve du surendettement.

Pébereau tire le signal d'alarme

Pendant dix ans, à la télévision, je me suis posé la question : «Comment filmer un déficit?» Je n'ai pas trouvé la réponse. Or, il n'appartient pas au peuple, mais à ses représentants, de tenir les comptes. Pourquoi ont-ils laissé les finances partir à vau-l'eau? Pourquoi les économistes n'ont-ils pas sonné le tocsin? En trente ans, la France est passée de la première à la dernière place d'Europe pour la gestion financière. Sans avoir subi ni guerre ni catastrophe naturelle. S'imagine-t-on que l'on puisse remonter une pente pareille sans comprendre les raisons de cette dégringolade ?

L'irruption de la finance dans la vie politique française est toute récente. Elle remonte à 2005 et prit la forme d'un constat accablant : le rapport Pébereau. La commission présidée par Michel Pébereau annonçait aux Français que le pays avait atteint un niveau d'endettement très élevé, entre 1 100 et 2 000 milliards d'euros, 70 000 euros par ménage ; que cette dette était le produit d'un déficit budgétaire de 15 à 25 % qui se perpétuait depuis 25 ans ; et qu'enfin la poursuite de cette dérive provoquerait une crise financière majeure à brève échéance. Un exposé clair, simple, qui frappa les esprits et même les journalistes.

Notons que, à l'intention de ceux qui ne l'auraient pas bien lu, Philippe Jaffré et Philippe Riès[1] entreprirent peu après de décrire la faillite qui attendait la France au terme d'une telle fuite en avant. Ce scénario très réaliste n'était pas l'œuvre d'un journaliste à l'imagination débridée, mais d'un haut technocrate qui avait connu tous les arcanes des finances publiques avant de rejoindre l'industrie. Tout était vraisemblable, jusqu'au moindre détail technique. La catastrophe n'était plus seulement évoquée, mais décrite avec une terrifiante précision. L'échéance est-elle à 2011, comme le prévoient les auteurs, ou à 2015, voire plus loin encore ? Nul ne saurait le dire. Une seule chose est assurée : le laisser-aller n'est plus soutenable, il conduit à une catastrophe sociale et

1. Philippe Jaffré, Philippe Riès, *Le jour où la France a fait faillite*, Paris, Grasset, 2006.

pas seulement financière. Car ce sont toujours les pauvres et la classe moyenne qui font les frais de ces crises. Les gros patrimoines, eux, se mettent à l'abri.

L'opinion est impressionnée et vaguement culpabilisée par cette charge énorme qui pèse sur nos enfants. C'est une occasion à saisir. Jacques Chirac, lui, décide sans attendre qu'on verra plus tard. Le gouvernement Villepin multiplie les tours de passe-passe, anticipe les recettes et diffère les dépenses, brade le patrimoine du pays pour donner l'illusion de redresser la barre.

La parade des pères Noël

Le général de Gaulle avait fait de l'équilibre budgétaire le socle de sa politique. La grandeur de la France n'autorisait ni déficits, ni dettes. Le fondateur de la Ve République disposait d'une autorité sans égale pour imposer cette rigueur. Ses successeurs, n'ayant ni cette crédibilité auprès de l'opinion, ni cette exigence de l'intérêt général, se réfugient dans les commodités du déficit. Aux réformes impopulaires, ils préfèrent les dettes indolores.

Traditionnellement, la droite et la gauche se sont réparti les valeurs, donc les objectifs. Ordre, efficacité, production, efforts, compétition, travail, mérite, famille, morale, à droite ; solidarité, égalité, fraternité, justice, répartition, protection, services publics, à gauche. Un camp produit sans savoir distribuer, l'autre distribue sans savoir produire. Aux électeurs de choisir entre le sérieux de l'économie et l'exigence du social. C'est idiot, mais c'est clair.

À chacun sa boîte à outils. Entreprises, rigueur, austérité, équilibre, restructurations, concurrence, à droite ;

augmentations, indemnisations, allocations, garanties, sécurités, loisirs, droits acquis, à gauche. Panoplie de chirurgien d'un côté, hotte à cadeaux de l'autre : la partie n'est pas égale. Aussi la droite abandonne-t-elle ses bistouris et ses potions amères pour se convertir à l'économie sans peine. Au diable la comptabilité ! Sous la présidence Chirac, le laxisme est également pratiqué par l'un et l'autre camp.

Voilà pourquoi la France doit tout à la fois stopper la dérive financière, redynamiser l'économie et procéder à ces réformes qui attendent depuis vingt ans. Une épreuve qu'elle a surmontée un demi-siècle plus tôt.

En 1958, la IVe République se trouve étranglée sur le plan financier, paralysée sur le plan institutionnel et, surtout, embourbée dans sa guerre algérienne. En arrivant au pouvoir, le général de Gaulle donne la priorité au redressement financier. Il impose d'emblée un plan d'austérité drastique. L'assainissement des finances publiques assure une brillante expansion pour les dix années suivantes. La rigueur au service de l'expansion ! Voilà ce qu'on ne peut plus concevoir dans la France du XXIe siècle. Aujourd'hui, la rigueur, c'est la récession ; le laxisme, l'expansion ; tout le monde sait cela. L'explication est pourtant simple : l'économie vit par anticipation. Si les décideurs ont confiance, ils s'engagent ; sinon ils freinent. Cette confiance tient à la conjoncture politique autant qu'à l'économique. Pour les investisseurs, les gouvernements impuissants sont aussi inquiétants que les marchés déprimés ; une restauration de l'autorité est un signal aussi fort qu'une reprise des ventes.

En ce début de campagne, Nicolas Sarkozy pourrait tenter l'audacieux pari de 1958. Se réapproprier les outils, et pas seulement les valeurs de la droite. Il faudrait pour cela proclamer l'état d'urgence financier, annoncer deux années d'efforts, aucune réduction d'impôts, aucune augmentation des dépenses, et miser sur le choc politique pour la relance économique. Seule question : les Français suivront-ils? N'ont-ils pas préféré Jacques Chirac à Raymond Barre en 1988? Sans doute, mais ce dernier n'avait pas un parti à sa dévotion, n'était qu'un bon professeur et pas un moderne tribun, enfin et surtout les Français de 2007 ne sont plus ceux de 1988. Les premiers n'avaient guère entendu la leçon des années 1980, les seconds sont troublés par ces histoires de déficit et de dette; 57 % d'entre eux pensent que l'endettement pourrait ruiner la France. Conséquence logique, ils sont unanimes, 89 % selon un sondage BVA, à souhaiter que le prochain président réduise la dépense publique. Il y a loin du sondage à la réalité, mais cette inquiétude financière permet de rompre avec les surenchères électorales et de recréer une véritable différence entre une droite rigoureuse et une gauche dépensière.

Nicolas Sarkozy et son entourage ont à l'esprit le modèle du redressement de 1958. Son conseiller Henri Guaino explique : «Après les élections législatives, le président de la République présentera son plan économique qui aura pour ambition de créer le choc de confiance et de croissance... un peu comme en 1958 le général de Gaulle avait présenté lui-même le plan Rueff[1]... » La référence n'est pas banale! Jacques Rueff était un antikeynésien convaincu, tandis que Henri Guaino est un farouche keynésien. Le premier inspira au Général une politique rigoriste, le second conseille à

1. «Le marché a des vertus, ce n'est pas un projet», interview d'Henri Guaino parue dans *Les Échos* du 4 juin 2007.

Nicolas Sarkozy une politique tout juste contraire[1]. Le parrainage est, pour le moins, abusif.

De fait, Sarkozy n'ose pas faire le rude pari gaullien. Il s'affirme « président du pouvoir d'achat », tissant ainsi le piège dans lequel il va s'enferrer après sa victoire. Il marie le volontarisme réformateur avec la compassion catégorielle qui paie à guichets ouverts. Les dépenses augmentent, les recettes diminuent, le redressement financier est remis à plus tard. Ségolène Royal n'est pas de reste : opposition et majorité s'affrontent sur le thème du mieux-offrant. Comme toujours !

Pour freiner cette surenchère, l'Institut de l'entreprise décide de coller des étiquettes. Cette association patronale présidée par Michel Pébereau, auteur du fameux rapport, crée un site, « Débat 2007 », qui met un prix sur chaque promesse. Il suffit de cliquer sur Internet pour avoir la facture de toute mesure proposée par l'un ou l'autre camp.

Pris dans une même logique clientéliste, Nicolas Sarkozy comme Ségolène Royal ont dopé leurs sondages en multipliant les promesses. L'Institut de l'entreprise évalue à plus de 50 milliards d'euros la somme des engagements d'un côté comme de l'autre. Les médias font leurs choux gras de ces additions qui sèment le trouble chez de nombreux électeurs.

Faisant la course en tête, se surveillant l'un l'autre, les deux favoris n'ont pas un regard pour les coureurs qui s'évertuent à combler leur retard. C'est ainsi qu'ils manquent la remontée de François Bayrou.

---

1. Schématiquement, les économistes qui se réclament de Keynes misent sur la dépense publique financée par le déficit pour relancer la croissance, les économistes classiques veulent une gestion budgétaire stricte et font des équilibres financiers le socle de la croissance. Voir page 224.

Bayrou joue la rigueur

Face à des candidats qui semblent dépenser sans compter, François Bayrou – par conviction ou calcul politique, qu'importe –, se pose en champion de l'économie et même de la comptabilité. Il fait de l'urgence financière son cheval de bataille. De tribune en tribune, il répète que notre pays est en danger et que les promesses inconsidérées nous précipitent dans le mur, qu'il ne prendra aucun engagement sans en prévoir le financement. Son programme est chiffré par l'Institut de l'entreprise à 27,5 milliards d'euros, mais compensés par 16,3 milliards d'économie, ce qui donne un coût net de 11,2 milliards. Entre l'économe et les dépensiers, la différence saute aux yeux. François Bayrou annonce même comme première mesure de son éventuel quinquennat d'inscrire dans la Constitution que tout budget de fonctionnement devra être présenté et exécuté à l'équilibre.

Les Français qui se rallient à sa candidature seraient bien en peine d'expliciter son programme économique. En ce domaine, il est plus flou que Nicolas Sarkozy et Ségolène Royal. Quant aux cadeaux, ils sont beaucoup moins alléchants dans sa vitrine que dans celles d'en face. Tournant dans la politique française : la prodigalité ne séduit plus, elle fait peur ; la rigueur ne rebute plus, elle rassure. Cette stratégie fait grimper l'outsider à plus de 18 %. Un tel discours aurait-il permis d'arracher la victoire s'il avait été porté par l'extraordinaire force de conviction sarkozyenne, relayé par la puissante machine électorale de l'UMP ? On ne le saura jamais.

Dans la hâte et le désordre, les deux candidats de tête s'efforcent de réviser leur stratégie. Chacun bricole des additions qui – sur le papier, bien sûr – sont plus proches de 30 que de 50 milliards. Mais ils ne peuvent changer de monture au milieu du gué et passer d'une prodigalité distributrice à une austérité réparatrice. Le duo de tête s'affronte promesses contre promesses.

Le schéma du divorce français a été heureusement mis à mal ce 6 mai 2007, lorsque 84 % des électeurs ont voté et que 75 % d'entre eux ont reporté leurs voix sur les candidats de gouvernement. Après une interminable dérive dans l'abstention et la protestation, les Français expriment enfin une volonté générale. Par rapport à ce regain démocratique, l'ordre d'arrivée des candidats devient secondaire. Qu'importe l'« heureux élu », pourvu qu'il soit le « bien élu » après les suffrages catastrophiques de ces dernières années.

Le nouveau président a tous les atouts en main. Il possède un véritable ascendant sur les Français, il ne doit sa victoire qu'à lui-même, et les oppositions de gauche comme d'extrême droite se sont effondrées. La frontière droite-gauche est devenue perméable. La France s'est donnée à Nicolas Sarkozy avec une majorité parlementaire en prime.

À ce tableau aussi triomphal qu'un sacre napoléonien, il n'est qu'une ombre, mais de taille : la crise financière. De combien dispose le nouveau chef de l'État pour financer sa politique ? Pendant la campagne, l'économiste de gauche Jean Pisani-Ferry[1] avait fait l'évaluation. Résultat consternant : à supposer même qu'il ne rembourse pas un centime de dette, le nouveau président ne peut guère compter que sur 5 à 7 milliards d'euros. Une marge rétrécie dès l'été par

1. Jean Pisani-Ferry, « Présidentielles : le chiffrage pour les nuls », *La Tribune*, 26 février 2007.

les mauvais chiffres de la croissance et du déficit social. En arrivant à l'Élysée, Sarkozy trouve les caisses vides. Mais le bon peuple scande sous les balcons : « Nous avons bien voté, maintenant il faut bien payer ! »

Quand les promesses tiennent le président

Les candidats aux élections font deux sortes de promesses. Les unes portent sur des objectifs et des résultats : redressement des finances publiques, retour de la croissance, chômage à 5 %, etc. Les autres, les plus nombreuses, ne sont que des mesures ponctuelles, circonstancielles, catégorielles, qui constituent au mieux les rouages d'une politique. La vertu républicaine voudrait que l'on attachât plus de prix aux premières qu'aux secondes ; la pratique électorale est tout juste à l'opposé. Les élus ne sont guère tenus par leurs grands objectifs politiques ; en revanche, ils se voient sans cesse opposer leur catalogue des cadeaux, pompeusement baptisé « programme ». On en vient même à ne plus juger une politique sur son adéquation à la situation présente, mais sur sa conformité à des engagements antérieurs. Peu importe que la conjoncture ait changé du tout au tout : « Chose promise, chose due, cochon qui s'en dédit ! » L'élu n'a pas à gouverner le pays, mais à appliquer son programme. Les médias y veillent. C'est la grande régression démocratique du système représentatif au mandat impératif. L'élu n'est plus libre de ses mouvements, il est ligoté par ses engagements. Nicolas Sarkozy feint de se valoriser en tenant ses promesses, alors qu'il se dévalorise en étant tenu par elles. En 1995, Jacques Chirac avait torpillé sa présidence en les oubliant, six mois après son élection. Un précédent qui hante le nouveau chef de l'État tenu par le plus aventureux de tous les engagements : améliorer le pouvoir d'achat des Français. Non pas à échéance de quelques années, mais dans l'immédiat. Il se trouve donc pris en tenaille entre les discours de campagne et les exigences de la comptabilité.

Faute de mieux, les promesses peuvent toujours se négocier à la baisse. Elles tiennent en quelques phrases lancées dans les discours, quelques lignes glissées dans les programmes. Leur mise en œuvre peut être extensive ou restrictive. À l'arrivée, le prix du paquet-cadeau varie du simple au décuple.

Autour de Nicolas Sarkozy, ministres et technocrates penchent pour une fidélité *a minima* : des promesses respectées au plus juste prix. Les deux mesures-phares – les heures supplémentaires et les intérêts immobiliers –, peuvent se décliner en version haut de gamme ou bas de gamme. Cette dernière ne prévoirait pour les heures sup' que la défiscalisation des salaires, et pas les exemptions de charges patronales ; pour les intérêts immobiliers, la déduction fiscale serait limitée aux nouveaux emprunts, à l'exclusion des anciens. Quant aux allégements fiscaux, ils peuvent attendre. Avec ces promesses « petit modèle », l'État économiserait entre 5 milliards et 10 milliards d'euros en année pleine. Nicolas Sarkozy rabroue ses ministres parcimonieux et choisit le grand modèle. Les cadeaux seront largement distribués aux employeurs comme aux salariés, aux anciens emprunteurs comme aux nouveaux. Il en ira de même pour toutes les libéralités dont le président gratifie ses électeurs, notamment les réductions d'impôts. Il faut toujours aller au plus généreux, au plus dispendieux. Et, lorsque le Conseil constitutionnel retoque les déductions rétroactives sur les emprunts immobiliers, Nicolas Sarkozy fait doubler l'avantage pour les nouveaux acheteurs. Il ne sera pas dit que l'État gratte un seul euro sur le budget des libéralités. C'est, au total, près de 15 milliards d'euros en année pleine que le nouveau Président a distribué, en un trimestre ; 15 milliards qu'il n'a évidemment pas.

Tandis que les dépenses prennent l'ascenseur, les économies se traînent dans l'escalier. La promesse emblématique de ne remplacer qu'un fonctionnaire sur deux est renvoyée à la fin du quinquennat. C'était à prévoir. Les sureffectifs se trouvent en priorité dans la fonction publique territoriale, sur laquelle l'État n'a pas autorité ; quant aux gains attendus, ils tiennent de la gasconnade. Les baisses d'effectifs, indispensables en tout état de cause, rapportent beaucoup moins dans le public que dans le privé. Après une suppression de poste, l'entreprise n'a plus rien à payer, tandis que l'État continue à verser la pension du fonctionnaire retraité. Il sera bien heureux s'il récupère, la première année, un demi-milliard d'euros sur la fonte des effectifs.

Entre des dépenses sociales qui augmentent plus que prévu, des économies qui rapportent moins qu'anticipé, des rallonges budgétaires pour les secteurs prioritaires, une croissance anémiée, les finances publiques piquent du nez. On va donc en rabattre sur les promesses d'objectifs : le retour à l'équilibre budgétaire ne se fera pas en 2010, mais en 2012. Autant dire à la saint-glinglin.

L'opinion publique n'en est pas autrement émue. À l'automne, on sait que le déficit repartira vers les 3 % du PIB, que la dette atteindra 70 % de ce dernier. Et cela, dans une Europe dont la France doit prendre la présidence et dont tous les membres réduisent leur dette et ramènent leur déficit à 1 % du PIB.

Quand les finances sont à ce point délabrées, un nouveau pouvoir, si bien élu, si libre de sa politique, si résolu dans sa volonté de changement, ne gâche pas ses chances avec des libéralités dont il n'a pas les moyens. À donner d'une main et retenir de l'autre, l'État ne fait qu'attiser l'incompréhension et le mécontentement. De fait, le gouvernement ne peut plus lancer d'appels à la raison, à la modération. Il s'entend toujours rappeler qu'il a bien trouvé l'argent pour les héritiers, les contribuables de l'ISF, les emprunteurs immobiliers et autres clientèles privilégiées. Les libéralités hors de saison ne plombent pas seulement les comptes, elles paralysent l'action politique.

Cela, Nicolas Sarkozy ne pouvait l'ignorer. S'il persiste et signe, c'est qu'il croit aux bienfaits économiques de ses promesses ; il croit toujours à la bienheureuse relance.

La relance Sarkozy

Injecter de l'argent dans l'économie pour stimuler la croissance, c'est la martingale de rêve, mais, justement, ce n'est là qu'un rêve. Cette recette-miracle fut appliquée par Jacques Chirac en 1975 et par Pierre Mauroy en 1981. Dans les deux cas, la croissance a fait long feu et s'est payée d'une cure d'austérité. En revanche, l'économie française a connu deux périodes de belle expansion sous les gouvernements Rocard et Jospin, deux épisodes qui n'avaient été précédés d'aucune relance ni été prévus par aucun expert. La croissance ne peut ni s'acheter, ni se décréter, tout au plus se stimuler ou se conforter. La leçon est partout retenue, sauf en France.

Pourquoi donc nos gouvernements cèdent-ils à cette facilité ? Parce que le laxisme financier, loin d'être condamné par les experts unanimes, se trouve légitimé par de modernes alchimistes qui prétendent transmuter des pourcentages de déficit en pourcentages de croissance.

Ces zélateurs de la dépense publique se réclament de John Maynard Keynes. Le grand économiste britannique a découvert le pilotage moderne de l'économie. Plutôt que de « laisser faire » le marché pour sortir d'une phase dépressive, mieux vaut intervenir en lançant des investissements financés à crédit, bref, en faisant du déficit. À condition, bien sûr, qu'il s'agisse d'investissements et que les dettes soient remboursées sitôt la croissance revenue. Tout gouvernement s'inspire aujourd'hui peu ou prou de cette méthode qui tient plus de la bonne gestion que de la doctrine.

Cette approche pragmatique s'est pervertie en une idéologie, un « hyperkeynésianisme » qui fait de la dépense publique l'engrais de la croissance et postule que son augmentation ne saurait être que favorable. C'en est fini des limites posées par Keynes : le déficit se pratique en période de récession comme de croissance, pour financer le fonctionnement comme l'investissement. Les termes de l'économie se trouvent inversés. Le pouvoir d'achat ne naît plus de la croissance, c'est la croissance qui naît du pouvoir d'achat. Les horribles mots de « rigueur », d'« austérité », d'« effort », sont bannis. L'économie n'est plus politique mais politicienne, elle doit mettre en accord les programmes électoraux et les revendications catégorielles. Cautionnée par cette doctrine *ad hoc*, la France théorise sa démagogie. La relance, comprenez le déficit, devient un dogme qui résiste à toute démonstration contraire. Qu'un endettement supplémentaire de 800 milliards d'euros en un quart de siècle se traduise par une croissance inférieure d'un point à la moyenne européenne, un chômage record, un pouvoir d'achat à la traîne et un déficit inmaîtrisable, ne compte pour rien. Il faudra toujours croire qu'on fait redémarrer un moteur grippé en mettant plus de carburant dans le réservoir.

Le mirage des 3 %

Dès l'été 2007, lorsqu'ils entreprennent de « vendre » leur nouvelle/ancienne politique à Bruxelles ou à Berlin, Nicolas Sarkozy et ses ministres sont plus que fraîchement reçus. Nos partenaires nous rappellent au respect de nos engagements internationaux. L'incompréhension est devenue si grande, l'arrogance du cancre et l'irritation de la classe sont à ce point exacerbées qu'à terme c'est l'eurocompatibilité de la France qui se trouve posée. Avec un appauvrissement dramatique des Français si jamais notre pays en venait à quitter l'Union monétaire.

Pour se rassurer, il suffit de s'en tenir à l'image instantanée. Le montant de notre endettement, l'importance de nos déficits n'ont certes rien d'exceptionnel. On trouverait des situations beaucoup plus dégradées dans notre histoire ou dans celle d'autres pays. Mais nous savons que le présent, coupé de son passé, ne veut rien dire. Une fois de plus, c'est le contexte historique qui fait sens. La France s'est déjà retrouvée avec une dette représentant plus de 100 % du PIB, mais c'était au lendemain de guerres. Or, elle vient de vivre quarante-cinq années de paix, ce qu'elle n'avait pas connu depuis des siècles. La cause n'est donc pas conjoncturelle, mais structurelle. Pour dire les choses simplement, nous avons pris l'habitude de vivre au-dessus de nos moyens. Et rien n'est plus difficile que de rompre avec cette accoutumance, cette addiction. Les mesures à prendre sont impopulaires, forcément impopulaires.

Les pays qui ont surmonté de telles crises se sont appuyés sur l'évidence des faits et le consensus de l'élite. D'une part, le peuple constatait chaque jour les conséquences dramatiques de la dérive financière ; de l'autre, la classe dirigeante – hommes politiques, experts et même syndicats – convenait qu'il fallait y mettre un terme. Diagnostic partagé, même si les solutions étaient controversées. Dans la France de 2007, les deux moteurs du redressement sont défaillants. L'Europe rendant la crise imperceptible pour la population, la classe politique étant prisonnière de ses pratiques démagogiques, il faudrait que les économistes jettent tout leur poids dans la balance pour convaincre l'opinion. Est-ce réellement ce qui se passe ? L'élite joue-t-elle son rôle de vigie ?

La France a été entretenue pendant vingt ans dans une ignorance totale de sa situation financière. Les experts discutaient à perte de vue sur un chiffre : 3 %. C'était le déficit à ne pas dépasser, et tout donnait à penser que, dès lors qu'on restait au-dessous, on était à l'équilibre. Pour les Français, il va de soi que le déficit suit des règles comptables identiques, qu'il s'agisse de l'État ou d'un ménage. Il se calcule sur un même compte : recettes dans une colonne, dépenses dans l'autre, le crédit est rapporté au débit et donne le pourcentage. Si, aujourd'hui, le déficit budgétaire était de 3 %, cela correspondrait à quelques 8 milliards d'euros. Pas de quoi ameuter les foules. Le vrai chiffre est de 42 milliards ! Ce tour de passe-passe est rendu possible en écrivant derrière le pourcentage une petite annotation qu'on s'empresse d'oublier : « du PIB ». Les 42 milliards ne sont pas comparés aux recettes publiques, mais à la production totale de la France, le PIB, soit 1 860 milliards. Et voilà comment avec 42 milliards on reste sous les fatidiques 3 %, lesquels correspondent à un déséquilibre gigantesque de 55 milliards d'euros.

Les Français ont donc cru que le déficit public était marginal, que les comptables de Bruxelles pinaillaient à 1 % près, bref, que ce n'était pas bien grave. Il a fallu attendre le rapport Pébereau pour voir écrit en toutes lettres dans un texte officiel que, depuis 25 ans, les dépenses de l'État étaient, chaque année, supérieures de 18 % à ses recettes. Des experts responsables auraient alerté l'opinion sur cette tromperie, dénoncé cet artifice technocratique, confronté les Français à la réalité de notre débâcle financière. Ils avaient un devoir d'information vis-à-vis du public – ils ne l'ont pas rempli.

Lorsque Michel Pébereau tire la sonnette d'alarme, la communauté des économistes se fait étrangement discrète. À croire que l'approbation va sans dire, puisque les chiffres cités sont connus de tous les experts. Les critiques les plus radicales n'émanent pas des syndicats, traditionnellement méfiants vis-à-vis de la rigueur budgétaire, mais de nos cercles hyperkeynésiens.

La dette n'est pas un problème économique

Sitôt la sortie du rapport Pébereau, Jean-Paul Fitoussi, économiste, à juste titre, « distingué », mais aussi maître à penser de cette école et président de l'OFCE, proclame : « La dette publique a toujours été instrumentalisée à des fins politiques[1]. » Nous voilà prévenus : c'est la droite qui agite cet épouvantail à des fins politiciennes.

Tout un argumentaire sera bientôt présenté pour donner à croire que les craintes exprimées par la commission ne sont que de vaines frayeurs. À croire que les dettes des États se

1. « Dette publique : la France est-elle en faillite ? », *Le Monde*, 11 janvier 2006.

dissipent d'elles-mêmes, comme les dettes de reconnaissance dans le souvenir des ingrats. Les non-économistes ne sont pas obligés de savoir que, dans le passé, la France n'a apuré son passif qu'en recourant à l'inflation pour ruiner les épargnants.

Au reste, disent les mêmes, l'endettement n'appauvrit pas le pays, puisque à toute dette correspond une créance. Les Français qui prêtent à l'État s'enrichissent à mesure que celui-ci emprunte. Lors d'une émission de radio, un économiste très réputé a pu lancer : « La dette, c'est un simple transfert de patrimoine qui n'affecte pas la richesse globale du pays. » En suivant de tels raisonnements, il devient indifférent que l'argent se trouve sur les livrets des particuliers ou dans les caisses de l'État. Tout cela ne ferait en dernière analyse qu'un même compte. Cette nationalisation des patrimoines, devenus caution solidaire de la dette publique, ferait frémir les épargnants. Mais le jargon économique, agrémenté de quelques chiffres et de références savantes, permet de mêler subrepticement l'argent public avec l'argent privé, et d'oublier que la moitié de cette dette est détenue… par des étrangers !

Le résultat de ce transfert n'est évidemment pas neutre sur le plan social. Car tous les Français paient l'impôt – par la TVA, sinon par l'impôt sur le revenu –, alors qu'ils ne possèdent pas tous des économies. Fortunés ou pas, nos enfants supporteront le service de la dette au bénéfice des créanciers du Trésor. C'est de la redistribution à l'envers, un impôt différé qui pèse sur le peuple au profit des classes supérieures. Dominique Strauss-Kahn l'affirme : « La gauche est l'ennemie de la dette. » Dommage qu'elle s'en souvienne si rarement !

Le bon sens populaire s'interrogerait sur l'utilité de ces déficits. La réponse tombe, péremptoire, dans le mépris absolu de tous les exemples contraires : « Pour nous, le déficit public a été nécessaire pour soutenir l'activité; sans lui, celle-ci aurait été plus faible[1].» Comment se fait-il que les pays en excédent budgétaire aient une forte croissance? Les médecins de Molière devaient ainsi soutenir que les purges et saignées, si elles n'avaient pas guéri le malade, lui avaient du moins évité de crever.

Mais n'avons-nous pas atteint un niveau d'endettement critique, comme l'indique le rapport Pébereau? Pouvons-nous aller plus loin sans craindre une grave crise financière? Dans la semaine qui suit sa publication, Philippe Dessertine, professeur à Paris X-Nanterre, explique que ces craintes sont celles de l'ignorant qui confond son ménage et l'État. La France ne place-t-elle pas sans difficulté ses emprunts sur le marché international? «Si les banques et investisseurs internationaux n'y voient aucune difficulté, pourquoi les Français devraient-ils s'en inquiéter? Rien, hormis un atavisme paysan qui se défie de toute forme d'endettement, ne peut justifier les peurs françaises face à la dette publique[2].»

Preuves à l'appui : le professeur Dessertin rappelle que la prestigieuse agence de notation Standard and Poor's donne toujours le label magique AAA de la meilleure solvabilité à la signature de la France. Il n'avait pas prévu que, dans les mois suivants, à deux reprises l'agence lancerait de sévères mises en garde à la France. «Depuis deux ans, estiment ses analystes, les principaux ratios financiers du pays se sont éloignés des niveaux médians de la catégorie AAA.» Le message est particulièrement clair pour le futur chef de l'État : «Le

1. Jérôme Creel et Henri Sterdyniak, «Faut-il réduire la dette publique?», *Lettre de l'OFCE*, 13 janvier 2006.
2. Jean-Luc Mouton, «La dette et les fausses peurs», dans *Réforme*, décembre 2005.

renversement de la tendance à l'endettement sous-entend un effort de réforme accru après les élections de 2007. »

Les censeurs de Standard and Poor's sont beaucoup plus inquiets sur le moyen terme. Prenant en compte le vieillissement de la population et l'irrésistible augmentation des dépenses de retraite et de santé, ils voient la dette bondir à 220 % du PIB en 2050. En fait, la France pourrait perdre sa notation d'excellence bien avant, et ses titres seraient ravalés au rang des « obligations pourries » en 2030. Les marchés n'attendraient pas si longtemps pour nous imposer des primes de risques, et le renchérissement des refinancements ferait exploser la dette : c'est l'effet « boule de neige », le détonateur des crises financières. Mais faut-il s'en inquiéter quand Jean-Paul Fitoussi affirme sur un ton sans réplique : « La dette française est tout à fait soutenable[1] » ?

Tout cela n'est-il pas scandaleux pour nos enfants ? A-t-on le droit de leur infliger tout à la fois le poids de notre vieillesse et celui de nos dettes ? Là encore, pour l'oracle de l'OFCE, cette naïve culpabilité ne peut naître que de l'ignorance. Jean-Paul Fitoussi ne fait pas dans la nuance : « Les Français laissent-ils à leurs enfants une dette publique ? La réponse est non. » Deux raisons à cette affirmation catégorique : d'abord, les enfants hériteront aussi des fameuses créances (dont ils paieront les intérêts sur leurs impôts, mais ça, on ne le dit pas) ; en outre, « de nombreuses dépenses sont faites pour favoriser les générations futures. Par exemple, les dépenses d'éducation, les dépenses de recherche et développement, les investissements publics, les infrastructures, etc. ». Pour se forger une bonne conscience inoxydable, les apôtres de la dette baptisent investissements les dépenses de

1. « Dette publique : la France est-elle en faillite ? », art. cité.

fonctionnement. J'imagine un instant l'ahurissement d'un étudiant découvrant que son éducation dans des universités délabrées est un investissement qu'il devra rembourser ! On ne lui avait sans doute pas appris dans ses cours que la « gratuité de l'enseignement » signifiait un paiement différé.

Résumons tout cela : il suffit d'exproprier l'épargne des Français pour que l'État retrouve son crédit ; quant aux générations futures, elles n'ont pas droit au bénéfice d'inventaire et doivent s'estimer heureuses de recevoir en héritage une France surendettée. Nous sommes encore bien bons de ne pas les avoir déshéritées !

Pas de querelles d'experts !

Si les politiciens démagogues étaient seuls à défendre de telles théories, nos économistes distingués en auraient démontré l'absurdité par des raisons savantes et convaincantes. Mais, face à leurs pairs, ils se trouvent pris au piège. Ils partagent avec eux une agrégation d'économie ou quelque autre diplôme prestigieux qui certifie leur compétence, ils enseignent parfois dans les mêmes universités. S'ils déconstruisent de la cave au grenier les démonstrations de leurs collègues, ils scient la branche sur laquelle ils trônent. On connaît le spectacle déplorable de ces procès où des experts d'opinions contraires se succèdent à la barre. De tels désaccords publics nuisent gravement à la crédibilité de la discipline.

Il existe donc un pacte de non-agression entre les économistes labellisés. C'est ainsi que, pour éviter une fâcheuse querelle avec sa secte hyperkeynésienne, la communauté économiste n'a pas proclamé l'alerte rouge sur nos finances. D'un commun accord : on n'en parle pas. Disons qu'on cite le problème en passant, mais sans en faire un sujet de discussion central.

En vérité, les économistes n'ont aucune envie de mettre en avant ce sujet antipathique et dévalorisant. À la différence de l'Amérique, pays de contribuables, la France est une société d'assujettis. L'impôt est consenti d'un côté de l'Atlantique et subi de l'autre. Il ne s'agit pas d'un particularisme culturel, mais d'un calcul économique : une majorité de la population considère qu'une augmentation de la dépense publique devrait lui rapporter plus qu'elle ne lui coûte. Ainsi les parlementaires poussent-ils à la dépense pour plaire à leurs électeurs. Ils en viennent à oublier qu'un budget est une dépense, et considèrent qu'il doit être présenté en augmentation comme un chiffre d'affaires. Malheur au ministre dont les crédits stagnent d'un exercice sur l'autre ! Les économistes n'ont pas envie de jouer les oiseaux de mauvais augure en dénonçant le déficit, encore moins les pères Fouettard en prêchant l'austérité.

En outre, ce rôle est peu valorisant. La comptabilité est à l'économie ce que l'hygiène est à la médecine : la parente pauvre. Il n'est pas glorieux de répéter qu'il faut se laver les mains, ne pas fumer, faire de l'exercice, etc. Mais la médecine sans hygiène n'a aucun sens, elle soigne de mieux en mieux des malades de plus en plus nombreux quand elle ne les fait pas mourir de maladies nosocomiales après avoir les avoir guéris. Il en va de même pour l'obscure comptabilité qui ne fait qu'additionner et soustraire des chiffres pour, au terme de ces calculs, dresser des tableaux aussi réjouissants que des portes de prison. Étonnez-vous ensuite que l'adjectif « comptable » suffise à disqualifier toute démarche. L'économie, au contraire, est une science humaine à part entière qui intègre dans son discours les dimensions sociales, écologiques, humanistes. Il est courant d'entendre dire, dans les cercles d'initiés, que « la dette n'est pas un problème économique ». Ce que l'on pourrait traduire par : « On n'a pas besoin de notre expertise économique pour couper dans les dépenses, mettre fin au gaspillage et cesser la démagogie. » Les économistes ne sont pas des comptables, qu'on se le dise ! Ils ne vont donc pas prêcher la croisade contre les déficits, et les Français, plus sensibles au chant des cigales qu'aux conseils des fourmis, n'ont aucune chance de les entendre.

La quadrature du cercle

À la veille de la campagne électorale, le très sélect « Cercle des économistes », composé d'une trentaine d'experts qui se reconnaissent « dans le souci d'associer réflexion théorique et pratique de l'action », s'est lancé dans un exercice d'un grand intérêt pédagogique[1]. Il entendait définir à l'intention des futurs électeurs la marge de manœuvre qui peut exister, tant à gauche qu'à droite, pour définir une politique économique.

Pour une équipe unie par sa compétence économique et divisée par ses choix politiques, la question financière était en quelque sorte la pierre d'achoppement. À l'heure des comptes, reconnaître que le recours à la facilité budgétaire n'était pas seulement une erreur politique, mais bien une erreur économique, que le retour aux équilibres n'est pas une option, mais une obligation, semble inadmissible pour certains économistes de gauche proches de nos « hyperkenésiens ». Le Cercle des

1. Le Cercle des Économistes, *Politique économique de droite, politique économique de gauche*, Perrin, 2006.

économistes a résolu sa quadrature en faisant glisser le sujet du plan politique, qui fâche, au plan technique, qui rassemble.

Les problèmes de la France sont répartis en 16 chapitres qui vont de la santé à la crise des jeunes en passant par la politique industrielle, l'emploi, l'Europe, l'énergie etc., et, sur chaque sujet, la diversité des choix est parfaitement exposée. Mais l'urgence financière n'est pas chapitrée en tant que telle. Difficile, pourtant, de l'ignorer jusqu'au bout de ces 250 pages. Autant tourner un film sur la place de l'Étoile sans montrer l'Arc de triomphe ! Le sujet sera donc accommodé à la sauce budgétaire. Celle-ci connaît actuellement une révolution avec la LOLF, qui en bouleverse non seulement les techniques comptables, mais les principes mêmes. Un chapitre est donc consacré à cette nouvelle architecture budgétaire. Et le lecteur découvre au hasard des pages qu'« il y a donc une certaine légitimité à considérer que la LOLF est le moyen, sur un délai raisonnable, par exemple cinq ans, de baisser le niveau global des dépenses publiques de l'ordre de ce qui sépare la France de ses principaux concurrents ». À lui de comprendre que si elle ne fait pas cet effort, la France court au-devant des plus grands ennuis !

À bas le chiffrage !

Lors de la campagne de 2007, le chiffrage des programmes fit une forte impression sur l'opinion. Flairant le piège, Jean-Paul Fitoussi et Xavier Timbeau, de l'OFCE, lancèrent la charge sur le thème « Arrêtons le chiffrage ! » et publièrent un manifeste : « Contre une déontologie en rase campagne ». Leur argumentation mettait en avant les limites de l'exercice, à savoir sa faible crédibilité comptable et son insuffisance économique. Sur ces deux points, ils n'avaient pas tort. Les évaluations ne pouvaient qu'être approximatives, puisqu'elles portaient sur de simples annonces. D'autre part, le chiffre avancé n'est jamais que le prix à payer, compte non tenu des effets escomptés. Telle mesure stimule les créations d'emplois, telle économie peut freiner la croissance, en sorte qu'à l'arrivée la dépense peut rapporter, et l'économie, coûter. Le chiffrage à lui seul ne permet pas plus de fonder un jugement que le prix de déterminer un achat. Jean-Paul Fitoussi conclut : « La question "combien ça coûte ?" devrait être immédiatement assortie de la question : " Combien ça rapporte ?" »

Ces limites de l'exercice sont indiscutables. Au reste, « Débat 2007 » s'est toujours présenté comme un élément de jugement, certainement pas comme un verdict. Mais la critique ne souligne l'insuffisance de la méthode que pour en dénoncer le principe. « Ces chiffres escamotent entièrement le débat politique », tranche Xavier Timbeau.

Bruno Palier, chercheur au CEVIPOF, abonde dans le même sens : « Le débat sur le coût des programmes n'est pas intéressant : il contribue à appauvrir le discours politique et social, en France, en réduisant les enjeux de l'élection à des questions de chiffres. » Et de préciser les bases de cette condamnation : « Les candidats font des projets de société. La contrainte économique jouera ensuite. Quand il s'agit d'arbitrages fondamentaux, la question du coût est secondaire. De quoi se mêlent les économistes[1] ? »

Telle est donc l'ultime vérité : les chiffres polluent la politique. Celle-ci doit se situer tout entière au niveau du *logos* :

1. « Présidentielle : la question du coût des programmes est-elle cruciale ? », *La Tribune*, 19 février 2007.

« La fonction centrale du politique, surtout s'agissant des élections présidentielles, est de mettre en scène l'avenir, d'indiquer le futur et non de se perdre dans les méandres de l'ingénierie sociale et économique », peut-on lire dans le fameux manifeste de l'OFCE contre le chiffrage. Celui-ci nous entraînerait dans « l'enfermement comptable du politique ».

Qu'une évaluation budgétaire, quelles qu'en soient l'exactitude et la fiabilité, ne fournisse jamais qu'un élément d'appréciation, c'est entendu. Mais ne peut-on la publier dès lors qu'on prend soin de la livrer pour ce qu'elle est ? Certainement pas, disent ses détracteurs, car le public en fera le plus mauvais usage : « Il ne faut pas être docteur en économie pour le percevoir. Qu'allez-vous choisir ? Des mesures peu coûteuses, mais totalement inadaptées au contexte français ? Ou des dispositifs qui coûtent cher, mais qui seront efficaces ? » explique Xavier Timbeau.

Les Français auraient-ils tendance à choisir systématiquement les programmes les moins coûteux ? Ce sont eux, pourtant, qui ont toujours soutenu les politiques les plus dispendieuses, jusqu'à accumuler mille milliards de dettes. À l'échelon national, le souci de l'argent public n'a jamais fait gagner la moindre voix. Mais, aujourd'hui – et c'est là le grand changement –, lorsque le coût annoncé est élevé, l'électeur devient méfiant. Il veut s'assurer que l'on ne dépense pas des milliards sur un pari aventureux, que les résultats seront à la mesure de la mise. On pensait s'en réjouir, il faudrait s'en inquiéter !

Surtout pas de chiffres !

Les chiffres, ce sont les clous qui ancrent une réflexion dans la réalité. Qu'il s'agisse de diriger une entreprise ou un pays, tout devient simple dès l'instant où l'on congédie le comptable. Le volontarisme prend le pouvoir. Il autorise tous les paris sur l'avenir, toutes les fuites en avant. Il suffit de se fixer un objectif et de foncer droit devant. L'argent, devenu abondant, donne toujours les moyens de ses ambitions. Lorsque cette facilité est mise au service d'une vision idéologique, le discours de l'expert rejoint miraculeusement l'attente du public. Il suffirait d'augmenter les dépenses et de réduire le travail pour retrouver la croissance et créer des emplois : voilà un discours que tous les peuples peuvent entendre et qui vaudrait assurément un prix Nobel d'économie aux experts qui appliqueraient avec succès de telles recettes !

Les grands prêtres de la dépense publique ne font pas la une des médias, et leurs démonstrations ne passionnent pas les Français, mais leur influence est considérable. Au sein de la classe dirigeante, tout d'abord. Les hommes politiques, les leaders syndicaux cherchent auprès d'eux des cautions. Pour risquer des mesures impopulaires, parfois ; pour aller au plus facile, le plus souvent. Il s'est toujours trouvé des conseilleurs labellisés pour professer qu'une « politique budgétaire dynamique et volontariste » était préférable à une politique de redressement financier. En politique, une erreur crédible est souvent le meilleur des programmes. Les avocats de la dépense sont assurés de plaire au pouvoir, que celui-ci soit de droite ou de gauche.

L'expertise économique ne pèse pas directement sur l'opinion, c'est vrai. On chercherait en vain parmi les économistes de ces gourous médiatiques qui, du commandant Cousteau à Nicolas Hulot, ont éveillé la conscience écologique des Français. Les experts auraient-ils pu agir collectivement ? Lancer un message d'alerte au public ? Avec la « minorité de blocage» détenue par l'école du déficit, c'était inenvisageable. Le tocsin n'aurait peut-être pas été entendu, le fait est qu'il n'a pas été sonné. Si le ministre Thierry Breton n'avait pas commandé son rapport à Michel Pébereau, la population entretiendrait toujours les illusions qui ont endormi sa vigilance pendant une vingtaine d'années.

Les bons comptes de demain

La France a vécu pendant un quart de siècle dans l'insouciance financière, s'évitant ainsi de douloureuses scènes de ménage. La réduction du déficit n'était qu'une clause de style dans le discours politique, une promesse à ne jamais croire. Quelques astuces comptables tenaient lieu de rigueur financière. La bonne aubaine d'une privatisation, le report acrobatique d'une dépense sur le prochain exercice, une anticipation de recettes et une débudgétisation opportune permettaient de fabriquer des budgets présentables. Aucun commissaire aux comptes n'aurait avalisé de pareilles entourloupes, mais l'État n'est pas une entreprise, et sa comptabilité s'affranchit des rigueurs qu'il réserve aux sociétés privées.

La dette s'étant imposée au centre de la vie politique française, cette désinvolture n'est plus de saison. La relance par la demande ou par l'offre n'est plus un remède miracle, rien qu'une recette électorale, et le retour à l'équilibre, une promesse obligatoire… à terme indéfini.

Le redressement financier est toujours remis à des jours meilleurs; seul le préalable a changé; ce n'est plus le retour de la croissance, mais la réalisation des réformes. Grand progrès, il est vrai. Après le règne des présidents fainéants, voici celui du président gagnant, toujours sur la brèche. Un nouveau chantier tous les jours et les partenaires sociaux qui courent derrière. Excellente, cette modernisation au pas de charge ! À condition de n'être pas l'alibi de nouveaux dérapages financiers.

Car la France voudrait emprunter pour se réformer, comme elle a emprunté pour ne pas se réformer. Le raisonnement est impeccable. Le grand chambardement lancé par Nicolas Sarkozy a pour objectif de rendre l'État plus efficace et moins coûteux, d'améliorer sa productivité et sa compétitivité – n'est-ce pas l'équivalent d'un investissement ? Renforcer notre recherche, moderniser le marché du travail, réduire la dépense publique, enrichit notre pays à l'égal de nouvelles lignes de TGV ou de grands aménagements portuaires. Puisque ces efforts créent une valeur ajoutée, il devient légitime de les financer par l'emprunt. La réforme à crédit serait de saine gestion. Ce point de vue a été soutenu par d'éminents économistes dans un récent rapport : « La mise en œuvre des réformes ici préconisées, disent-ils, se traduirait à court terme par un léger creusement du déficit public, de l'ordre de 0,4 point de PIB, essentiellement à la charge de l'État. Pour autant ce creusement ne serait que temporaire [...]. L'équilibre entre les dépenses et les recettes supplémentaires pourrait être atteint en quatre ou cinq ans[1]. » Au reste, ces experts peuvent s'appuyer sur les règles moins contraignantes du Pacte de stabilité adoptées en 2005 afin d'éviter à la France et à l'Allemagne d'être poursuivies pour déficit abusif. L'Union européenne peut admettre des dépassements correspondant à des investissements, à de la recherche ou à de la solidarité. Pourquoi pas à des réformes ?

1. Philippe Aghion, Gilbert Cette, Élie Cohen et Jean Pisani-Ferry, « Les leviers de la croissance française », rapport du Conseil d'analyse économique, 2008.

La France serait donc fondée de différer la remise en ordre de ses finances, jusqu'au « retour sur investissement » qui suivra l'entrée en vigueur des réformes.

Si la France avait entrepris sa rénovation au début des années 1990, sans doute aurait-elle pu procéder par étapes, car elle n'avait pas encore dilapidé son héritage gaulliste. Les finances pouvaient attendre. Nous n'en sommes plus là, une urgence ne peut chasser l'autre. Si l'on attend la modernisation avant de regarder les comptes, la crise financière risque d'échapper à tout contrôle. Or, le rapport Attali sur la libération de la croissance française montre qu'il est possible de mener de front la réforme de l'État et l'assainissement budgétaire.

Si encore le réformisme à crédit allait de pair avec une politique budgétaire stricte qui refuse toute augmentation de dépenses, qui contienne le déficit de fonctionnement. Mais il n'en est rien. Cet argent des réformes que nous n'avons pas, il a été dépensé une première fois pour le « paquet fiscal », puis une seconde fois au titre du « pouvoir d'achat ». C'est, au moins, deux fois de trop ; à la quatrième, il faudra le reprendre aux Français. Nicolas Sarkozy a beau jurer ses grands dieux qu'il ne pratiquera jamais l'austérité, il devra bien en rabattre, à moins d'une divine surprise de la croissance. Dès le mois de janvier, le président doit reconnaître que « les caisses sont vides ». Première leçon de pédagogie comptable sur la voie de la rigueur. Il n'est de volontarisme qui puisse longtemps s'affranchir de la comptabilité.

Tout faire en même temps, c'est assurément courir le risque d'une explosion sociale. Mais donner à croire qu'il suffira de réformer le pays, qui plus est à crédit, pour s'en sortir, n'est-ce pas fabriquer une bombe à retardement ? Les

Français comprendront-ils qu'on leur demande les efforts de l'assainissement financier après ceux de la modernisation ? N'éprouveront-ils pas ce sentiment de tromperie qui fait exploser les couples ?

La contrainte financière, trop longtemps dédaignée, se resserre irrésistiblement. Les Français le ressentent à travers la stagnation, voire la régression de leur pouvoir d'achat. Ils n'ont toujours pas tiré les conséquences du fameux « La France vit au-dessus de ses moyens ! » lancé en 2005 par le ministre Thierry Breton. Il s'agit pourtant d'une évidence. Les déficits budgétaires et commerciaux qui dépassent au total les 80 milliards d'euros correspondent à de la richesse dépensée et non produite. Et voilà que la flambée du pétrole et des matières premières vient encore ponctionner nos revenus. Où trouver l'argent pour soutenir ce train de vie ? En puisant dans le crédit ? Nous en avons épuisé les commodités. En ponctionnant les riches et les entreprises ? Nous les ferons fuir à l'étranger. En misant sur une croissance forte de 3 % ou 4 % ? Autant se partager la peau de l'ours, car les vigies n'en voient pas le moindre signe à l'horizon. Distribuer du pouvoir d'achat aujourd'hui, c'est se condamner à le reprendre demain.

Voici revenu le temps des expédients, des faux-semblants et de la fuite en avant. La réforme en plus ? C'est vrai, mais ça ne suffit pas. On vend toujours les bijoux de famille pour finir les fins de mois, on prétend toujours s'affranchir d'un Pacte de stabilité que l'Europe entière s'efforce de respecter, on donne toujours à croire aux Français que leurs revenus, modestes ou élevés, sont des droits acquis et non pas des gains à toujours reconquérir. Les économistes, unanimes à louer l'action réformiste du nouveau président, ont assez mal accueilli les 15 milliards de paquets-cadeau qui ont inauguré l'ère Sarkozy. Scepticisme pour l'économie, inquiétude pour les finances. L'idée de la réforme à crédit, de la pause dans le redressement budgétaire, ne recueille qu'un assentiment résigné. Le fait est qu'on ne parle plus guère de la dette. Reste le « pouvoir d'achat ». Lorsque, à l'entrée dans l'hiver, il s'impose au centre du débat, les experts expliquent que les « marges de manœuvre » sont bien étroites. Sans plus. Jacques Attali est bien seul à oser rappeler cette évidence : « Nous avons trop de pouvoir d'achat. » Bref, l'élite entretient l'illusion que les Français paieront leurs dettes en s'enrichissant.

Il existe de nombreux économistes responsables dans la majorité qui manifestent en privé leurs inquiétudes. Mais, à l'évidence, ils n'ont pas l'oreille de Nicolas Sarkozy. De Henri Guaino à Jean-Paul Fitoussi, les endetteurs sont toujours les conseilleurs. Ainsi la France se modernise-t-elle sur un socle financier toujours plus délabré, qui hypothèque tous les progrès accomplis.

C'est pourtant Nicolas Sarkozy qui lançait pendant la campagne électorale : « Je m'engage à ramener la dette en dessous de 60 % du PIB d'ici 2012, et à créer les conditions qui nous permettent d'inscrire une "règle d'or" dans la Constitution : aucun déficit budgétaire autorisé, si ce n'est pour des dépenses d'investissement. » De toutes ses promesses, c'était assurément la plus importante, la plus difficile à tenir. Nul ne viendra donc la lui rappeler, jusqu'au jour où lui-même devra revenir à la comptabilité et vérifier une fois de plus que les mauvais comptes font les mauvais amis et les pires divorces.

Troisième partie

L'ÉLITE CONTRE LE PEUPLE

Dans une société démocratique, une petite élite peut-elle imposer sa volonté à la population ? Bien sûr. Depuis un demi-siècle, les Français veulent que la loi leur reconnaisse le droit de mourir. Les autorités médicales et religieuses s'y opposent. L'affaire Humbert a bousculé cet ordre moral. Le Parlement risquait de céder à la pression populaire. Voici comment il en a été empêché. Un cas d'école.

CHAPITRE 7

La révision de l'affaire Humbert

Au lendemain de l'affaire Humbert, un tsunami émotionnel balaie la France. Les parlementaires sont ébranlés. Le bloc médico-religieux organise la contre-offensive. Il prend le contrôle d'une mission parlementaire. Objectif : donner à croire que Vincent voulait vivre et que sa mère l'a poussé à mourir.

Le chef adjoint de cabinet n'avait rien vu venir. Il y a tant de lettres qui arrivent chaque jour au palais de l'Élysée ! Tant d'appels au secours, de cris de révolte, de proclamations d'illuminés ou de lettres d'injures. Pour protéger le président, les services répondent directement aux lettres qui appellent une réponse évidente. Celle-ci, par exemple. Un jeune homme paralysé écrit de Berck-sur-Mer au mois de novembre 2002 : « Vous avez le droit de grâce, et moi je vous demande le droit de mourir. Vous êtes ma dernière chance. » Demander la mort au président ! C'est évidemment déraisonnable. Pas besoin de consulter le chef de l'État. Ce malheureux garçon a besoin d'être réconforté. Il y a d'excellentes formules toutes prêtes pour cela. Celle-ci fera l'affaire : « Sensible aux sentiments qui ont inspiré votre démarche, monsieur Jacques Chirac m'a confié le soin de vous remercier de lui avoir fait part de votre témoignage et de vous assurer de tout son soutien dans l'épreuve à laquelle vous êtes confronté. Croyez bien que le chef de l'État comprend vos préoccupations. Considérations distinguées » – signé : un certain Gérard Marchand. Ça ne veut rien dire, mais tout le message est dans l'en-tête : présidence de la République. Une marque de considération qui apaise bien des souffrances.

L'affaire en serait sans doute restée là, autant dire qu'il n'y aurait pas eu d'affaire Humbert, si un journaliste n'était allé traîner au centre héliomarin de Berck. Pas un investigateur venu de la capitale, non : Pierre Leduc travaille à *Montreuil-Hebdo*, un journal du département. En novembre 2002, il rencontre Vincent, l'accidenté de la vie devenu tétraplégique, aveugle et muet. Il dialogue avec lui par l'intermédiaire de ce pouce qui, d'une pression, choisit les lettres que l'on épelle à son oreille. Il le voit surtout s'appliquer à choisir ses mots pour dicter à Chantal, son animatrice, la lettre au président de la République, la lettre de la dernière chance. Il propose de la publier dans son journal.

Quelques jours plus tard, Marie lit à son fils la réponse protocolaire envoyée par les services de l'Élysée. Immense déception. Rage impuissante. Mais que peut faire Marie Humbert? Elle a quitté son emploi de banque, abandonné sa Normandie, pour venir s'établir à Berck auprès de « son petit » qu'elle visite tous les jours. Elle survit difficilement en faisant des ménages, en s'occupant de personnes âgées, en travaillant dans des restaurants. Aux temps de la monarchie absolue, tout sujet pouvait remettre en mains propres un placet au souverain; aujourd'hui, dans la république démocratique, le simple citoyen ne peut pas faire parvenir par la poste sa requête au président en personne. Ne reste que la voie oblique de la presse. Frédéric Veille, journaliste parisien, repère la lettre dans *Montreuil-Hebdo*. L'histoire est assez pathétique pour intéresser la presse nationale.

Le lundi 16 décembre 2002, la photo de Vincent Humbert s'étale à la première page de *France-Soir* avec le titre : « Monsieur le Président, je vous demande le droit de mourir », et le surtitre : « Tétraplégique, muet et aveugle, il supplie Jacques Chirac. » L'information est relayée par RTL. Le lendemain, elle est reprise par toute la presse. Les journalistes soulèvent la question de l'euthanasie, mais se gardent bien de prendre position. L'opinion, elle, sera moins réservée : elle veut que l'on aide le jeune Vincent à mourir et que, d'une façon générale, la France ouvre enfin le dossier de l'euthanasie. L'affaire Humbert commence.

Vivant pour la France

Le président de la République est directement interpellé. Les Français comprendraient mal qu'il oppose une fin de non-recevoir. Au reste, Jacques Chirac, qui découvre dans la presse le courrier qui lui a été adressé, est sincèrement ému et entend bien s'engager. Il adresse immédiatement une réponse, une vraie : « Votre appel est bouleversant. Je suivrai personnellement l'évolution de votre situation. » Le lendemain, le téléphone sonne dans la chambre HA 125 du centre héliomarin. Le président demande : « Vincent, est-ce que je peux voir ta maman ? » Le jeune homme accepte. Les services officiels envoient une voiture et Marie Humbert pénètre à l'Élysée. Jacques Chirac l'accueille avec chaleur. « Oubliez l'homme d'État, c'est le père qui vous parle. » Il s'enquiert des difficultés matérielles de Marie, s'engage à lui apporter toute l'aide, toutes les commodités nécessaires. Il veillera aussi à ce que la prise en charge de son fils soit améliorée. Oui, on fera tout pour Vincent, Jacques Chirac s'y engage personnellement et sincèrement. Mais plus il cède à la compassion, plus il résiste à l'injonction « Faites-moi mourir ! ». Il va de soi que le jeune homme doit renoncer à son funeste projet. « Il faut qu'il reprenne goût à la vie. Dites-lui que c'est un ordre du président. »

Jacques Chirac s'implique en personne, il téléphone à Vincent pour son anniversaire ou pour Noël. Il multiplie les marques d'attention afin que le jeune paralysé retire sa demande de mort. En le guérissant de son obsession morbide, le président de la République ne renouerait-il pas avec les rois thaumaturges ? Il pourrait même retourner en sa faveur une situation délicate en réaffirmant ses convictions religieuses et politiques.

L'affaire Humbert prend le pouvoir à contre-pied. Un an plus tôt, le paralysé de Berck aurait trouvé, en la personne de Bernard Kouchner, un ministre de la Santé compatissant, sinon efficace. Le « French Doctor » a donné son nom à la loi sur les droits du malade. Un texte intéressant, mais inabouti. « Chacun comprend que la loi du 4 mars 2002 n'a pas permis de résoudre l'ensemble des questions liées à la fin de vie[1] », remarque Gilles Antonowicz. Oui, il aurait fallu aller plus loin et s'attaquer à l'euthanasie. Mais Kouchner a savamment calculé ses audaces : toujours en avance dans ses paroles, et toujours en retard dans ses actes. À force de mêler le réformisme populaire et le conservatisme élitaire, il était devenu l'oracle de la fin de vie, celui qui explique dans le même

1. Gilles Antonowicz, *Fin de vie*, Paris, l'Archipel/B. Pascuito éditeur, 2007.

temps ce qu'il convient de faire et ce qui l'interdit. Au total, il avait donné le sentiment que la légalisation de l'euthanasie était dans l'ordre des choses, qu'elle viendrait tôt ou tard.

À l'hiver 2002, nous n'en sommes plus là. Les péripéties électorales du printemps ont porté au pouvoir un Jacques Chirac qui se croit réélu par quatre Français sur cinq et s'est toujours comporté en fils soumis de l'Église. La France, c'est certain, n'attentera pas aux dogmes romains sous son quinquennat. Il a choisi pour Premier ministre Jean-Pierre Raffarin, un démocrate chrétien qui ne sépare jamais tout à fait ses convictions politiques et religieuses. Quant au nouveau ministre de la Santé, le professeur Jean-François Mattei, c'est un croisé de la lutte contre l'euthanasie. Il entend réagir contre le laxisme de son prédécesseur et, surtout, mettre un terme à toute dérive conduisant à une reconnaissance du droit à donner la mort.

Le 3 octobre 2002, Mattei confie à Marie de Hennezel une mission de réflexion sur le sujet. Un choix qui laisse préjuger des conclusions. La psychologue distinguée par François Mitterrand est, depuis près de vingt ans, le chantre des soins palliatifs et le procureur de l'euthanasie. Sans jamais se départir de sa douceur et de son sourire, elle met en pièces à longueur de pages et d'émissions le droit à la mort. Le ministre est assuré que, dans un an, elle fera dans son rapport l'euthanasie de l'euthanasie.

Ce pouvoir aux relents d'Opus Dei ressent l'affaire Humbert comme un défi et une menace. Toute son idéologie repose sur un postulat : une demande de mort ne doit jamais être entendue en tant que telle, ce n'est jamais qu'un appel au secours, rien de plus. Elle serait prise en défaut s'il apparaissait que la volonté de Vincent est délibérée, que son choix est définitif, et que les traitements médicaux n'y peuvent rien changer. En ce domaine, aucun précédent n'est admissible. Non, décidément, Vincent ne doit pas mourir.

Le gouvernement s'efforce tout d'abord de jouer la carte de l'exception. Jean-Pierre Raffarin rappelle qu'on ne peut légiférer sous le coup de l'émotion soulevée par un événement aussi rare et singulier. Les services de l'Élysée, qui annoncent la venue de Marie Humbert, précisent bien que ce geste n'implique en rien l'ouverture d'un débat national sur l'euthanasie. En inflexible gardien de l'ordre moral, Jean-François Mattei rappelle qu'une telle pratique « mettrait en danger les fondements mêmes de notre société ».

À cette défense idéologique, il ajoute un versant médical. Interrogé dès le 19 décembre, dans *Le Monde*, sur le cas de Vincent, il rend son ordonnance : « Il faut améliorer la qualité de vie de ce jeune homme et prendre en charge son état dépressif et psychologique. » Le ministre-médecin n'a pas besoin d'examiner le malade pour décréter qu'il souffre de dépression. La demande de mort se soigne au Prozac, tout le monde sait cela. Que des experts mandatés de Paris concluent, après examen, que Vincent, loin d'être dépressif, est au contraire parfaitement lucide ne changera en rien le télédiagnostic ministériel.

Pour les autorités médicales, l'affaire Humbert est déjà close. Un malade dans un si grand état de dépendance et de faiblesse ne peut résister à de bons traitements pharmacopsychologiques. Il finit toujours par oublier une requête que nul ne veut entendre pour se raccrocher à ceux dont il est totalement dépendant.

Oui, Vincent Humbert, parce qu'il a tant voulu mourir, doit devenir le symbole même du combat contre la mort volontaire. Il doit « vivre pour la France » comme d'autres sont morts pour elle. « C'est un ordre », a déclaré le président. Ordre transmis à l'intéressé, mais aussi à tous les services de l'État, qui se mobilisent pour obtenir la rétractation tant attendue de Vincent.

Le refus de Vincent

Marie Humbert a été ébranlée par sa rencontre avec les Chirac. Encore faudrait-il que Vincent se laisse convaincre. Le compte rendu de l'entretien ne lui convient nullement. Il épelle : « MAMAN CE N'EST PAS MA RÉPONSE. » Il ne demande pas un plus grand confort, il veut s'en aller. Quand Marie lui propose de tenter l'expérience pendant six mois, il refuse catégoriquement. Avec ses pauvres moyens, ses yeux sans larmes, il manifeste sa mauvaise humeur. Il ne veut plus ni se raser ni recevoir les soins. Il sait maintenant qu'on ne l'entendra pas. Seule sa mère...

Vincent et Marie sont liés par un amour fusionnel et par un pacte. Depuis trois ans, la mère consacre toute sa vie à son fils. Ensemble ils ont parcouru un long chemin de souffrance. Vincent, c'est son dernier, un beau gars, un bon gars aussi. Il aime la vie, les filles et son métier de sapeur-pompier. Il serait du genre sage et raisonnable, tout sauf une tête brûlée. Ce maudit 24 septembre 2000, sur une petite route de l'Eure, le choc est terrible entre un camion et sa voiture. Lorsque la famille arrive à l'hôpital, il n'est pas mort, pas sauvé non plus. Il est en soins intensifs. À plusieurs reprises, il sort du coma, puis perd à nouveau connaissance. Les médecins savent que des fonctions vitales sont atteintes. Ils le disent sans ménagement : « Il est à l'état de ver de terre. »

Vincent, un « légume » ! Cela, il ne l'aurait jamais voulu, jamais accepté.

Il restera neuf mois dans le coma avant d'en émerger : totalement paralysé, muet et aveugle. Le cœur n'a pas été touché. Avec les assistances nécessaires, Vincent a devant lui une fatalité de vie de vingt à quarante, voire cinquante ans. Une vie totalement végétative et inconsciente. Du moins le croit-on. Mais Marie, qui veille sans cesse au chevet de son fils, qui lui parle sans savoir s'il entend, remarque comme un sourire sur son visage. Impossible ! Puis un autre ! Vincent est conscient, il entend, il réagit. À force d'entourer son « Titi », elle se rend compte qu'il peut manifester une volonté à travers ce pouce. Contre toute attente, malgré le scepticisme des équipes soignantes, une communication se noue. Le corps de Vincent est paralysé, mais son cerveau fonctionne. Au fil des mois, ils vont apprendre à utiliser cette litanie de l'alphabet que l'on psalmodie et qu'une réaction du pouce arrête à la lettre désirée. Des heures pour échanger quelques phrases.

Marie veut réinsuffler l'espoir à son fils : « Tu verras, ça ira mieux. » Mais il faut se rendre à l'évidence : Vincent ne récupérera plus. En 2002, les médecins disent que sa situation est « consolidée » ; comprenez : qu'il n'y a plus d'espoir d'amélioration. Au reste, la direction du centre héliomarin décide de le transférer dans une maison d'accueil spécialisée et lui propose une prise en charge psychologique. Après deux entretiens avec le psychologue, il refuse de poursuivre. Vincent se retrouve face à son destin : des décennies de paralysie totale. Très déterminé, il le refuse et choisit de mourir. À quoi bon s'entretenir avec des gens qui ont posé la réponse avant la question, et qui, d'emblée, ont décidé qu'en aucun cas il ne doit souhaiter mourir ? La seule qu'il peut espérer convaincre, c'est sa mère. Marie est d'abord horrifiée ; pendant des mois, elle tente de raisonner son fils, puis, devant son insistance, elle doit se rendre à l'évidence. Il n'est plus d'autre issue pour son garçon. Ce n'est pas à elle, mais à lui de décider. Elle jure de l'aider à mourir, au besoin de lui donner la mort en guise d'ultime preuve d'amour.

À travers leur drame, Marie et Vincent découvrent des réalités qu'ils ignoraient, des questions qu'ils ne s'étaient jamais posées. À Berck même, d'autres malades, d'autres familles sont confrontés à de telles situations. Ils découvrent aussi qu'ils se heurtent à un refus de principe. Ce sont donc les principes qu'il faut changer. Peu à peu, leur engagement prend une dimension plus large. « Mon expérience de mort-vivant, je veux qu'elle serve aux autres », écrit Vincent.

Un éditeur flaire le best-seller. Il y a cinq ans, le journaliste Jean-Dominique Bauby, victime d'un *locked-in syndrome*, a publié *Le Scaphandre et le Papillon* qu'il a dicté par simples clignements de l'œil. Énorme succès ! Vincent ne pourrait-il pas écrire un livre-testament avant de mourir ? Le jeune paralysé se met au travail avec sa mère et le journaliste Frédéric Veille et, tout au long de l'année 2003, il dicte son ouvrage.

De leur côté, les pouvoirs en place sont plus que jamais décidés à « guérir » le jeune désespéré de ses idées suicidaires. Il faudrait pour cela qu'il sorte de cette relation fusionnelle avec sa mère, relation que scelle désormais un pacte de mort. Courant après la rétractation tant désirée, les nouveaux soignants ne veulent pas comprendre que Vincent n'a pas cédé à un instant de dépression, mais a très longuement mûri sa résolution. Il observe et décrit son quotidien avec une impitoyable lucidité : « Mettez-vous un peu à ma place.

Imaginez que tous vos membres vous font mal, mais que vous n'y pouvez rien, que la douleur est en vous, et que, de toute façon, quoi que vous fassiez, elle sera encore là dans dix minutes, dans une heure. Imaginez que quelque chose vous gêne dans votre gorge et que vous n'arrivez plus à avaler votre salive : il faut que quelqu'un vous aide et vous aspire pour vous désencombrer. Imaginez que vous êtes à court d'oxygène, que vous sentez que l'air ne suffit plus à votre organisme Je pourrais vous parler encore de mes yeux qui me brûlent ou qui se dessèchent, de mon bras gauche qui se raidit tout le temps sans que je puise le contrôler, de mon nez qui me démange sans que je puisse le gratter. Alors, vous en voulez de cette vie ? Vous en voulez, de cette vie de merde[1] ? »

Oui, Vincent a quelques raisons de ne plus vouloir vivre, d'autant que les améliorations de confort ne seront jamais que marginales. Bien sûr, il peut compter sur l'amour éperdu, inépuisable, de sa mère. Malgré cela, la mort lui paraît plus douce que l'existence. Il a réussi à convaincre Marie, il n'a pas besoin de se justifier auprès de gens qui ne veulent pas le comprendre. Vincent refuse les services du psychiatre missionné par le président, tout comme il a refusé l'ordinateur ultra-perfectionné à expression vocale. Il ne veut surtout pas des traitements pharmaco-chimiques qui auraient pour seul effet d'altérer sa volonté. Il veut mourir, c'est tout. Pas de gadgets, pas de sermons, juste un poison.

Les médias sont fascinés par cette mère qui annonce son intention de donner la mort à son enfant. Marie Humbert est sollicitée par la presse, la radio, la télévision. Et ses

1. Vincent Humbert, *Je vous demande le droit de mourir*, propos recueillis et texte élaboré par Frédéric Veille, Paris, Michel Lafon, 2003.

paroles, bouleversantes de sincérité, sonnent toujours juste. Elle prend de l'assurance et, aux côtés de son enfant, elle se montre plus déterminée que jamais. Pour le gouvernement, cette résistance imprévue crée une vraie contrariété.

Barbiturique et potassium

Vincent et Marie n'en sont plus aux interrogations préalables, mais à la réalisation concrète, qui ne s'annonce pas facile. En définitive, trois solutions sont retenues, qu'ils baptisent les plans A, B et C. Le premier, c'est l'appel au président de la République. Il sera mis en œuvre avec le résultat que l'on sait. Le deuxième, c'est le recours à l'étranger. Première destination : la Suisse. Une association, Dignitas, pratique le suicide assisté et apporte à des malades en fin de vie le poison de l'autodélivrance. Certes, Vincent n'est pas en fin de vie, mais les autorités pourraient sans doute se montrer compréhensives. Reste le point le plus délicat : il n'est pas en état d'avaler lui-même la potion mortelle. Il faudrait lui faire une injection. Il ne s'agirait donc plus d'un suicide assisté, mais d'une euthanasie, ce qui est interdit en Suisse. Seconde destination, les Pays-Bas, mais des conditions de nationalité sont en général exigées. Il faut donc renoncer au plan B. Au reste, l'idée de devoir mourir honteusement loin de son pays, comme un délinquant, est assez insupportable au jeune homme. Ils en viennent au plan C : Marie donnera elle-même la mort à Vincent.

Des médecins favorables à l'euthanasie ont discrètement pris contact avec elle, lui ont expliqué les façons de procéder, lui ont fourni les produits. Elle-même est déterminée et n'en fait pas mystère. Elle a compris d'instinct que la médiatisation de l'affaire, sa transfiguration en *mater dolorosa*, constituent sa plus sûre protection. Les pouvoirs publics ne sauraient la mettre sous surveillance, écouter ses appels, contrôler ses rencontres et, pourquoi pas, effectuer des fouilles à corps chaque fois qu'elle se présente l'hôpital héliomarin. Imagine-t-on le scandale si l'on découvrait que les policiers la pistent comme une criminelle? Elle peut préparer son geste sans être inquiétée.

Elle est malencontreusement liée à un éditeur qui a décidé d'attendre la mort de Vincent pour faire paraître le livre. À partir du 20 septembre 2003, Marie Humbert, cornaquée par l'attachée de presse de Michel Lafon, se répand dans les médias pour présenter l'ouvrage de son fils. Le 23, elle réitère à la télévision et dans la presse sa décision de l'aider à mourir. Tout le monde sait qu'elle va passer à l'acte. Nul n'ose prendre les mesures d'autorité pour l'en empêcher.

Le 24 septembre, jour anniversaire de l'accident, elle vient à l'hôpital avec le barbiturique mortel. Avant de l'introduire dans la sonde gastrique qui sert à l'alimentation, elle interroge une dernière fois son fils. Il n'a pas la moindre hésitation. Marie injecte le produit dans le tube. Le barbiturique commence à se répandre dans l'organisme de Vincent et l'endort doucement d'un sommeil qui doit être sans retour. Elle sait que la mort ne sera pas instantanée, elle a calculé le moment pour qu'il s'écoule une heure avant toute intervention. Elle ignore que la mort sera plus longue à venir, car Vincent n'est pas à jeun. Lorsque la surveillante intervient, il est plongé dans le coma, mais il vit encore. L'équipe soignante l'emmène de toute urgence en réanimation. La nouvelle fait la une de tous les médias.

Commence la séquence qui sera suivie par la France entière. Une assistance respiratoire est mise en place. Vincent est « sauvé », mais son cerveau a peut-être subi de nouvelles lésions. Marie Humbert est placée en garde à vue. En dépit des pressions de la famille, le chef du service de réanimation, le docteur Chaussoy, se donne le temps de consulter le dossier. Il constate que la volonté de mourir ne fait aucun doute. Vincent l'a réitérée il y a quelques mois devant la famille réunie : la réanimation se fait contre la volonté de l'intéressé. Le médecin consulte l'équipe, écoute la famille, prend sa décision. Il faut interrompre la réanimation et laisser mourir.

Les Français ont été entretenus dans l'idée qu'il existe deux formes d'euthanasie : passive et active. Dans la première, les médecins débranchent les appareils, s'abstiennent de toute intervention, et le patient meurt. Dans la seconde, ils procèdent à des injections qui précipitent la mort. Une distinction toute théorique. Si les soignants se contentent de couper toutes les machines et d'attendre, les malades peuvent survivre des semaines, voire des mois. Même avec une médication d'accompagnement, ils mettent entre quarante minutes et six jours à mourir. Bref, l'arrêt des soins et de la réanimation confronte les malades à une agonie qui peut être longue et douloureuse. C'est pourquoi elle s'accompagne ordinairement d'une assistance médicamenteuse qui évite les souffrances et précipite la fin.

Le docteur Chaussoy fait précéder l'extubation de Vincent d'une profonde sédation. La tension artérielle s'effondre, mais cela ne suffit pas, l'activité cardiaque persiste. Le jeune homme présente des signes d'étouffement, d'asphyxie ; il souffre. Le médecin précipite la fin avec une injection mortelle de chlorure de potassium. C'est en quelque sorte le coup de pistolet chimique, la mort instantanée. Vincent est mort sans plus souffrir, comme le docteur Chaussoy l'avait promis à sa mère. Le communiqué ne parle encore que de « limitation des thérapeutiques actives ».

Mais, le lendemain, le réanimateur décide de ne pas laisser à Marie Humbert le poids de cet acte, d'en assumer totalement la charge. Devant les caméras de France 3, il prononce la phrase interdite : « Ce n'est pas madame Humbert qui a aidé son fils à mourir, c'est moi. » Peu après, l'enquête révèle que le docteur Chaussoy n'a pas seulement utilisé des médicaments, mais également un poison. Il est alors inculpé d'assassinat.

Tout le scénario de l'anti-euthanasie s'effondre. La France est convaincue que Vincent voulait mourir, que sa demande était légitime, que la mère et le médecin ont bien fait, qu'ils sont injustement poursuivis. Le docteur Chaussoy reçoit le soutien de nombreux médecins et les « félicitations » de Bernard Kouchner. Dès lors, il n'y a pas une, mais deux affaires Humbert. D'un côté, un cas d'euthanasie pure et simple, commis par un particulier administrant des produits mortels. De l'autre, un cas d'euthanasie médicale en réanimation, comme il s'en produit des dizaines de milliers par an en France, avec ou sans usage d'un poison pour précipiter les effets des médicaments. Pour l'opinion, une évidence s'impose : une législation qui aboutit à un tel résultat doit être changée.

Une mission de sauvetage

Le gouvernement est pris de court et se crispe sur sa ligne de défense : surtout, ne rien faire. Le Premier ministre sort l'une de ses plus illustres raffarinades : « La vie n'appartient pas aux politiques. » Il se déclare « très prudent sur la perspective d'un débat au Parlement » et veut bien un dialogue, mais « sans finalité législative ». Bref, on peut toujours parler, mais pour ne rien dire. Le ministre de l'Intérieur, Nicolas Sarkozy, et le Garde des Sceaux, Dominique Perben, réaffirment leur refus d'une loi qui légaliserait l'euthanasie. Interrogé « à chaud » par une radio, le ministre des Affaires sociales, François Fillon, propose dans un premier temps « d'ouvrir un débat pour modifier notre législation » ; il est aussitôt rappelé à l'ordre et doit se rétracter le soir même : « Je ne dis pas que je suis partisan d'une modification de la loi. J'ai simplement voulu dire qu'on ne pouvait pas rester insensible devant une telle souffrance. » *Le Figaro* du 27 septembre définit dans son titre de une la ligne officielle : « Euthanasie : le gouvernement ne changera pas la loi. » On va donc faire le gros dos, distribuer des paroles compatissantes et, surtout, maintenir le *statu quo*.

Les députés, qui ressentent de plein fouet l'émotion de leurs électeurs, ne peuvent s'accommoder d'un tel immobilisme. Dès le 26, l'UMP se prononce « pour un système législatif repensé sur la question de l'euthanasie », et Julien Dray, porte-parole du PS, estime que mourir « est un droit qu'on doit pouvoir donner à des gens ». Les clivages politiques s'effondrent. Nadine Morano, députée UMP de Meurthe-et-Moselle, et Gaëtan Gorce, député socialiste de la Nièvre, tous deux touchés par des drames familiaux, demandent d'une même voix « que la législation évolue, non seulement par esprit de justice, mais aussi par devoir d'humanité ». Face au refus du gouvernement d'ouvrir un débat sur la fin de vie, ils tiennent une conférence de presse commune pour réclamer une commission d'enquête. Le gouvernement perd le contrôle d'un Parlement pourtant à sa dévotion et redoute les conclusions d'une telle commission. Les adversaires de l'euthanasie ont beau détenir la totalité du pouvoir, ils semblent acculés, sommés de céder. C'est alors qu'ils vont organiser une contre-offensive qui, de Machiavel lui-même, ferait un grossier manœuvrier.

Les croisés de la vie à tout prix savent qu'ils campent sur des positions intenables et qu'ils doivent effectuer un repli stratégique. Puisqu'il y a deux affaires, ils vont utiliser l'une pour étouffer l'autre. Le geste de Marie Humbert, qui entraîne le droit de donner la mort, est totalement inacceptable. Celui du Dr Chaussoy, qui ouvre la possibilité de laisser mourir, voire d'aider à mourir les malades en réanimation, pourrait se discuter. Certes, il reste cette vilaine histoire de chlorure de potassium. Mais, pour le public, ce n'est jamais qu'un détail technique. Le gouvernement met à la manœuvre un homme d'une grande habileté, le député UMP des Alpes-Maritimes, Jean Léonetti, cardiologue de son état, proche de Jean-François Mattei. C'est lui qui canalisera l'émotion des élus et conduira le Parlement sur ces terres à l'avance repérées.

Dès le 6 octobre 2003, il est nommé président d'une mission – et pas d'une commission – parlementaire qui regroupe une trentaine de députés de la majorité comme de l'opposition. La composition en a été savamment calculée. Elle compte un quart de médecins, opposants radicaux à toute forme d'euthanasie et qui imposent à leurs collègues le principe d'autorité. Leur poids est renforcé par un certain nombre de députés fortement marqués par leur engagement religieux, à l'exemple de Christine Boutin. Face à ce bloc idéologique, seule Henriette Martinez, adhérente de longue date de l'ADMD, se situe dans le camp opposé, ou, pour le dire autrement, défend la même opinion que 85 %

des Français. Entre les deux, des parlementaires incertains, écrasés par la gravité du sujet, qui pourraient être tentés de suivre l'opinion et qu'il va falloir remettre dans le droit chemin.

Jean Léonetti pose au départ que les travaux doivent se dérouler « dans un climat apaisé », « aucune solution ne pouva[n]t être imposée », précise-t-il. Il récuse « un débat binaire ... [qui se résumerait à l']alternative : la défense du *statu quo* ou l'adoption d'une législation sur l'euthanasie[1] ». Suprême habileté, puisque la tolérance est prêchée par le champion d'un camp qui, précisément, ne tolère pas l'euthanasie ni pour lui – ce qui est la moindre des choses –, ni pour les autres. De fait, le projet de loi qui sortira de ces travaux devra être adopté à l'unanimité par l'Assemblée nationale.

Cette volonté de privilégier le consensus sur l'affrontement est un superbe piège procédural. Elle implique, pour être honnête, une totale indépendance d'esprit, une recherche ouverte qui n'exclut aucune solution. Or, les opposants à l'euthanasie sont bien décidés, eux, à refuser toute réforme qui admettrait le droit à demander ou à donner la mort. Ils la refusent pour eux et entendent que ce refus s'étende à toute la population. C'est une affaire de principe. Non négociable. Dès lors, la règle de l'unanimité revient à leur reconnaître un droit de veto. La mission ne pourra faire de réformes que celles qu'ils approuveront.

La méthode semble équitable, puisque les défenseurs de la « dernière liberté », à supposer qu'il s'en trouve dans cette

1. « Respecter la vie, accepter la mort », mission d'information, président Jean Léonetti, rapport n° 1708, Assemblée nationale, juillet 2004, tome 1, p. 11-12.

mission, disposent du même droit. Mais la symétrie n'est qu'un faux-semblant, car on ne part pas d'un terrain vierge. Une législation existe, qui donne entière satisfaction au clan de monsieur Léonetti et dont il n'envisage la modification que contraint et forcé. Dans l'autre camp, au contraire, tout progrès passe par un changement. Le frein étant, par nature, favorable aux partisans de l'immobilisme et pas du mouvement, au jeu du consensus les conservateurs l'emportent toujours sur les réformateurs. Si, en 1974, le Parlement se l'était imposé lorsqu'il délibérait sur l'avortement, il aurait adopté à l'unanimité une loi pour améliorer la prise en charge des femmes enceintes, et certainement pas pour leur permettre d'interrompre volontairement leur grossesse ! Au reste, les législations hollandaise ou belge ont été adoptées au terme de rudes affrontements ; elles ne l'auraient jamais été à l'unanimité. Avant même que ne commencent les travaux, les règles procédurales excluent donc toute légalisation de l'euthanasie. Mais – et c'est toute la subtilité de la manœuvre – il reste un très large champ ouvert à la réforme.

Le président Léonetti n'entend pas se crisper sur la défense intégrale du *statu quo*, il sera progressiste, mais dans des limites d'avance fixées. Les travaux de la mission ont été verrouillés sans que ses membres en aient eu conscience.

En l'espace de huit mois, les parlementaires procéderont à 81 auditions. Un travail en profondeur qui se passe à huis clos, hormis trois tables rondes ouvertes à la presse. À qui donc fait-on appel pour éclairer le jugement des représentants du peuple ? À quatre-vingts adversaires plus ou moins déclarés de l'euthanasie, et à un unique défenseur de la liberté, le sénateur Henri Caillavet, président d'honneur de l'ADMD. La moitié du corps médical qui, dans toutes les enquêtes, se déclare ouverte sur ces questions n'aura pas eu le droit de s'exprimer. Seul le professeur Didier Sicard, président du Comité national consultatif d'éthique, aura été auditionné ès qualités. Il se sera expliqué sur la fameuse « exception d'euthanasie », guère prisée par les autres intervenants[1]. Il aurait pu être intéressant de recevoir le docteur Bernard Senet, qui recourt aux soins palliatifs et/ou à l'euthanasie selon la volonté du patient. Depuis dix ans, ce praticien brave la radiation et même la prison en disant haut et fort ce que d'autres font dans la clandestinité. Son expérience aurait pu être éclairante. Il n'aura donc pas été entendu. En mars 2007, lorsque Laurence Tramois et Chantal Chanel comparaissent pour euthanasie devant les assises de la Dordogne, 2234 médecins et soignants se solidarisent avec les accusées en déclarant publiquement : « Nous avons en conscience aidé médicalement des patients à mourir avec décence » et en réclamant « une législation proche de celles en vigueur aux Pays-Bas ou en Belgique ». Était-il si difficile, quatre années plus tôt, de trouver l'un ou l'autre de ces mal-pensants pour les faire témoigner devant les parlementaires ?

Des philosophes, des scientifiques, des juristes viendront donner leur point de vue. Soigneusement sélectionnés, ils se prononceront tous contre la légalisation de l'euthanasie et, le plus souvent, contre toute forme de législation. On connaît pourtant des personnalités éminentes qui sont d'un avis

1. En l'an 2000, le Comité consultatif national d'éthique avait adopté à l'unanimité de ses membres un avis favorable à une « exception d'euthanasie » qui, sans dépénaliser ni légaliser, admettait dans des conditions très strictes que des actes d'euthanasie ne soient pas poursuivis. Cette proposition fut largement approuvée par le corps médical, mais fut écartée par le gouvernement et jamais discutée par le Parlement.

différent : Hubert Reeves, Étienne-Émile Beaulieu, Claude Allègre, Michel Onfray, Corinne Lepage, Pierre-Gilles de Gennes, André Comte-Sponville, Dominique Fernandez et bien d'autres se sont publiquement engagés en faveur d'une légalisation. Aucun n'aura été entendu, à l'exception d'André Comte-Sponville, invité à une table ronde. Ces confrontations, à la différence des auditions, étant ouvertes à la presse, les journalistes auront ainsi pu croire que les deux tendances avaient pu se faire entendre.

À voir la liste des 81 invités, on doit penser que la mort est une chose trop sérieuse pour être abandonnée aux simples mortels. Les médecins, religieux et philosophes, en constituent la moitié. En revanche, ces gens bizarres qui prétendent garder la maîtrise de leur mort, et à plus forte raison ces malades qui auraient relayé Vincent Humbert dans le refus d'une existence médicalement imposée, n'y figurent pas. Pour eux et tous les autres citoyens, un « espace de débat » a été ouvert sur le site du ministère de la Justice. La vérité officielle s'exprime dans les palais de la République et les opinions dissidentes dans le brouhaha d'Internet. « Aucune des personnalités auditionnées ne s'est déclarée favorable à l'euthanasie », reconnaîtra le journaliste du *Monde*.

Le procès de Marie Humbert

Tout est donc parti de l'affaire Humbert. Si Vincent avait accepté sa condition de tétraplégique, nos députés ne se seraient jamais interrogés sur un tel sujet. Cette fable cruelle impose sa moralité. Un malade placé dans une telle situation doit se voir reconnaître le droit de demander et de recevoir la mort. Un point de vue adopté par la France entière et, sans doute, par la majorité de la mission parlementaire. Pour le bloc idéologique adverse, il existe une hypothèque Humbert qui doit être levée. Il faut démontrer que « le cas particulier du tétraplégique qui, avec sa mère, noue une relation médiatisée avec le président de la République[1] », ainsi que le résume avec délicatesse le président Léonetti, ne fut pas du tout ce qu'a dit la presse, et que les conclusions à en tirer ne sont pas du tout celles que l'on croit.

Il aurait été assez simple d'entendre Marie Humbert, le docteur Chaussoy, peut-être aussi d'autres témoins, pour établir les faits et en tirer les enseignements. Le principe républicain de la séparation des pouvoirs va fournir un alibi commode pour s'en dispenser. L'affaire étant à l'instruction, le législateur ne saurait l'instruire de son côté en interrogeant les personnes mises en examen. Ce prétexte ne tient pas, puisque les audiences avaient lieu à huis clos. La mission, née de l'affaire Humbert, se devait d'en entendre les protagonistes, ou bien de n'y faire aucune allusion. Elle choisit une troisième voie : faire le procès des intéressés en leur absence. Car il faut le savoir, le procès de Marie Humbert a bien eu lieu, et elle a été condamnée sans même pouvoir se défendre ! La mission n'était certes pas un tribunal, mais elle n'en a pas moins jugé très sévèrement le comportement de l'accusée. Que des élus du peuple, des représentants de la nation, des gardiens de la loi républicaine aient pu commettre un tel déni de justice en dit long sur la déontologie de toute cette procédure que nos députés n'auront pas hésité à qualifier d'« exemplaire ».

1. « Respecter la vie, accepter la mort », *op. cit.*, tome 2, p. 269.

Pour reconstituer les actes de ce procès, il faut regrouper les multiples passages pris dans les 922 pages du volumineux rapport qui regroupe l'ensemble des dépositions[1]. En voici un trop bref résumé.

Tous ces braves gens vont se relayer pour démontrer que Vincent fut victime de sa mère et des médias, sans lesquels il aurait repris goût aux quarante années de vie immobile qu'il avait devant lui. Le témoignage de Son Éminence le cardinal Philippe Barbarin, archevêque de Lyon, est exemplaire : « Vous avez pu constater qu'on était dans un système d'enfermement entre deux personnes. Ce qui m'a le plus touché, c'est quand le président de la République a envoyé un kinésithérapeute spécial, lequel a obtenu de faire sortir Vincent au bord de la mer en lui expliquant qu'il sentirait l'air frais sur sa peau, etc. Vincent avait dit : oui ! Il était prêt. Le goût de la vie n'était donc pas complètement parti. Des portes s'ouvraient pour lui redonner le goût de la vie. Puis, sa mère est passée avec tout le blocage idéologique par derrière, et il a dit : non[2] ! » Le cardinal pense à l'immense déception du personnel de Berck : « À mon avis, c'était désespérant pour eux parce que, eux, ils n'ont pas ménagé leur peine pour essayer de redonner goût à la vie à Vincent. Mais il y avait un bloc de béton entre eux, ce qui a empêché Vincent de dire oui. Ils avaient trouvé une porte d'entrée : dans les neuf mois qui précédaient, quand il avait trouvé le système de la pression du pouce, Vincent avait retrouvé le goût de la vie. Ce n'était donc pas une

1. Sur les travaux de la mission, on peut également consulter : Catherine Leguay, *Respecter la vie, disposer de sa mort*, Paris, L'Harmattan, 2005.
2. Audition du cardinal Philippe Barbarin, « Respecter la vie, accepter la mort », *op. cit*, tome 2, p. 184.

situation irréversible[1]. » Et de conclure : « Je crois que le cas de Vincent est devenu désespéré parce qu'on a voulu en faire un emblème [...][2]. »

Le député Jean Bardet, par ailleurs professeur agrégé de médecine, abonde dans son sens : « Même pour Vincent Humbert, si on avait réussi à éviter ce blocage affectif et duel avec sa mère, ainsi que ce blocage idéologique, je pense qu'on aurait pu lui redonner goût à la vie[3]. » Il sait bien que le pouvoir médical s'impose toujours à un malade.

Ce morceau d'anthologie demande à être décodé. Le postulat, toujours le même, est qu'un homme ne peut pas souhaiter mourir. Il faut donc montrer que l'attitude de Vincent lui était imposée et qu'elle ne correspondait pas à sa vraie volonté. Songez donc : il avait accepté d'aller goûter l'air marin à l'invitation du kiné spécial du président ! N'est-ce pas la preuve qu'il voulait vivre ? Remarquez que, s'il avait refusé, il aurait prouvé par là même qu'il était en dépression, et sachez par ailleurs que Marie Humbert, elle, n'a aucun souvenir d'un tel épisode.

Notez encore que le prélat offre sa propre version de l'affaire : ce n'est plus Marie Humbert qui a découvert le réveil de conscience chez Vincent, ce n'est pas elle qui, seule contre l'avis des soignants, s'est obstinée, pendant des mois, jusqu'à découvrir que Vincent pouvait communiquer avec son pouce. C'est le personnel qui aurait ouvert au malade cette fenêtre sur le monde. Si cette version est la vraie, celle de Vincent et de Marie Humbert n'est alors qu'une imposture. Pourquoi ne pas avoir le courage de le dire ? Le cardinal se contente, mine

1. *Ibid.*
2. *Ibid.*, p. 185.
3. *Ibid.*, p. 190.

de rien, d'attribuer tout le mérite à l'équipe soignante, et à chacun d'en tirer ses conclusions sur la fiabilité de la mère.

Notez la motivation « idéologique » qu'évoquent le cardinal Barbarin et le professeur Bardet. Voilà qui expliquerait tout : madame Humbert a toujours été une militante de l'euthanasie et, en donnant la mort à son fils, elle a voulu servir la cause qu'elle défendait. Nous connaissons aujourd'hui ses témoignages, ses écrits, ses prises de position. Nous savons donc ce qu'elle aurait dit si la mission avait souhaité l'entendre.

L'« idéologue de l'euthanasie » aurait rappelé combien elle a été marquée par son enfance catholique. Elle aurait pu dire – ce qu'elle écrit dans son livre – que, tout au long de cette épreuve, elle puisait sa force dans « la ligne directe [qu'elle avait] en quelque sorte établie avec la bonne Vierge ». Un profil assez éloigné de ces affreux libres-penseurs rationalistes qui militent pour le droit à l'euthanasie. Elle aurait raconté sa réaction horrifiée lorsque Vincent lui fit part de son désir de mourir, leurs interminables discussions, puis, finalement, sa résignation, contrainte et forcée, pour ne pas se couper de son fils.

Depuis lors, Marie Humbert a engagé une action militante qui éclaire toute son action. La « loi Vincent Humbert », qu'elle voudrait voir adoptée, prévoirait simplement d'admettre, dans des situations extrêmes, une « exception d'euthanasie ». Elle prend soin de préciser qu'elle ne milite pas pour « une euthanasie généralisée ». Elle se démarque ainsi de l'Association pour le droit à mourir dans la dignité, l'ADMD, avec laquelle elle entretient des relations difficiles, compliquées, voire conflictuelles.

Bref, la démarche de Marie Humbert est aux antipodes d'une approche idéologique. Son engagement fait suite à l'épreuve qu'elle a endurée, il est exempt de tout présupposé dogmatique. Il suffisait de l'entendre pour le savoir. Son absence face à cette mission est tout simplement l'hommage du mensonge à la vérité.

La mère mortifère

On voudrait croire qu'un tel réquisitoire a soulevé l'indignation de nos honorables parlementaires. Qu'à tout le moins ils aient exigé d'entendre la mère mortifère avant d'admettre cette version. Pas du tout ! On ne remet pas en cause une parole d'archevêque. Au fil des auditions se dessine un scénario original : un face-à-face opposant un personnel soignant qui joue en faveur de la vie, et une mère qui joue en faveur de la mort. Le docteur Henri Delbecque, responsable du comité de suivi du Programme national de soins palliatifs, note que « les soignants du service ont tout tenté pour sortir Vincent de son isolement. [Il] ne voulait pas entendre parler d'une nouvelle vie à l'extérieur, chez lui, avec une aide permanente[1] ». Tout cela est vrai, mais ne pourrait-on imaginer que Vincent, ayant pris sa décision, n'avait rien à faire de telles propositions ?

Le professeur Pierre-Louis Fagniez, grand patron de la chirurgie à l'hôpital Henri-Mondor de Créteil, par ailleurs député et membre de la mission, n'y va pas par quatre chemins : « Vincent Humbert a fini son existence, non pas ses derniers jours, mais les derniers six mois au cours desquels il était complètement encerclé, presque revenu dans le sein

1. Audition de Henri Delbecque, « Respecter la vie, accepter la mort », *op. cit.*, tome 2, p. 367.

maternel, puisque sa mère avait refusé l'intervention d'un psychologue et des kinésithérapeutes et avait rejeté l'hospitalisation à domicile. Si ces conditions avaient été rendues publiques, on se serait dit : "C'est bizarre, cette femme a finalement soustrait ce jeune homme – peut-être avec son aval – en lui permettant d'exiger des choses qu'il n'aurait pas réclamées s'il avait disposé, au titre de la loi du 4 mars 2002, de tout ce qu'on doit offrir à une personne dans une situation tellement exceptionnelle."[1] » Au moins, là, tout est clair, la mère avait infantilisé le fils et lui imposait ses volontés, alors qu'en son absence Vincent n'aurait jamais voulu mourir dès lors qu'il jouissait d'une prise en charge améliorée.

Le docteur Bruno Pollez apporte une autre démonstration de cette volonté de vivre que Vincent avait gardée en lui : « Si, comme c'était le cas, il ne pouvait supporter son état de vie du fait d'une souffrance insupportable, il avait la liberté de demander que cet état chronique entretenu ne soit plus entretenu[2]. » Mais comment donc ! Vous imaginez Vincent, jouant du pouce pour épeler : « E.N. V.E.R.T.U. D.E.S. L.I.B.E.R.T.É.S. Q.U.I. M.E. S.O.N.T. R.E.C.O.N.N.U.E.S. P.A.R. L.A. L.O.I., J.'E.X.I.G.E. Q.U.E. V.O.U.S. D.É.B.R.A.N.C.H.I.E.Z. L.A. S.O.N.D.E. G.A.S.T.R.I.Q.U.E. Q.U.I. M.'A.L.I.M.E.N.T.E. » Rien de plus simple. S'il ne l'a pas fait, c'est donc qu'il voulait vivre !

Pour Damien Le Guay, « ce sentiment d'être un poids trop lourd pour quelqu'un qui vous aime et qui se dévoue génère

1. Audition du père Patrick Verspieren, « Respecter la vie, accepter la mort », *op. cit.*, tome 2, p. 549.
2. Audition de Bruno Pollez, « Respecter la vie, accepter la mort », *op. cit.*, tome 2, p. 517.

un sentiment de culpabilité[1] », et explique la détermination de Vincent. Voilà Marie coupable de s'être dévouée au risque de créer chez son fils une culpabilité morbide.

Dans la même veine, M. Sadek Béloucif, membre du Comité consultatif national d'éthique, relève que « le jeune Vincent Humbert avait invoqué les difficultés matérielles rencontrées par sa mère pour justifier sa demande auprès des plus hautes autorités de l'État[2] ».

Effectivement, Vincent, dans sa lettre au président, évoque la vie très pénible de sa mère. La conclusion coule de source : il veut partir pour ne plus pourrir la vie de sa maman. Curieux qu'il n'ait pas changé d'avis après que sa maman a obtenu un logement grâce à l'intervention présidentielle...

Et voici le professeur Michel Ducloux qui préside le Conseil national de l'ordre des médecins : « Il [Vincent Humbert] ne souffrait pas, mais il était dans une situation terminale difficile, et l'on comprend la charge que cela représentait pour sa famille[3]. » Dans son livre-confession, Vincent, lui, ne cesse de parler de ses douleurs, de les décrire. Recevant la lettre d'un tétraplégique comme lui, qui l'incite à vivre, il fait observer que, à la différence de ce malade, lui souffre en permanence. Un président du Conseil de l'ordre n'a nul besoin d'examiner un malade pour savoir qu'il ne souffre pas, qu'il affabule, et notez l'allusion à « la charge que cela

1. Audition de Damien Le Guay, « Respecter la vie, accepter la mort », *op. cit.*, tome 2, p. 73.
2. Audition de Sadek Béloucif, « Respecter la vie, accepter la mort », *op. cit.*, tome 2, p. 376.
3. Audition de Michel Ducloux, « Respecter la vie, accepter la mort », *op. cit.*, tome 2, p. 247.

représentait pour la famille». A-t-on noté comme tout, dans le comportement de Marie Humbert, prouve qu'elle voulait se débarrasser de ce fardeau?

Le docteur Jean-Philippe Wagner, président de Jalmalv, se montre plus explicite : «Dans le cas Humbert, c'est l'histoire d'un jeune tétraplégique dont sa mère ne sait que faire quand on lui dit qu'il doit quitter l'établissement héliomarin de Berck après y avoir séjourné deux ans, son état s'étant stabilisé[1]. »

Jean Léonetti confirme cette vision : «L'affaire Humbert est très mal présentée dans la presse. [...] Vincent Humbert demande à mourir quand, au bout de deux ans passés dans l'établissement de Berck, [...] il est obligé de sortir de cette structure sans savoir ce qu'il peut faire[2]»! Savourez l'expression «il ne savait que faire». Ce serait donc sa prochaine expulsion du centre héliomarin qui aurait conduit Vincent au désespoir et au suicide.

Ainsi tous ceux qui s'expriment sur le sujet démentent-ils point par point les récits de Vincent et de sa mère. S'ils ont raison, ces deux-là ne sont que des menteurs et Marie a manipulé son fils afin de s'en débarrasser.

Un homme s'est véritablement interrogé sur la volonté de Vincent, il a voulu savoir, car la réponse était lourde de conséquences pour lui. Cet homme, c'est le docteur Chaussoy. Lorsqu'il se trouve confronté au cas Vincent, il se donne vingt-quatre heures pour réfléchir, et reprend depuis le début tout le dossier du paralysé. Voici ce qu'il constate : «Dès qu'il a pu s'exprimer, Vincent s'est mis à dicter ce qu'il

1. Audition de Jean-Philippe Wagner, «Respecter la vie, accepter la mort», *op. cit.*, tome 2, p. 495.
2. *Ibid.*

avait à dire. Et c'était d'une implacable limpidité : il refusait absolument de passer les quarante ou cinquante années qui lui restaient à vivre dans cet état, enfermé dans son corps comme dans une prison, et incapable de bouger autre chose qu'un doigt[1]. » La constatation qu'il ne ferait plus de progrès et le nécessaire départ de l'établissement n'ont fait que confirmer une volonté depuis longtemps exprimée.

Seule circonstance atténuante reconnue pour les Humbert : ils ont été piégés par les médias. Le père Patrick Verspieren, S.J., directeur du département d'éthique biomédicale du centre Sèvres, est sévère : « Peu de médias se sont interrogés sur leur propre rôle dans la demande même du jeune homme, et sur l'incitation à la mort que représentait leur manière d'aborder son cas[2]. » Il relève aussi avec suspicion que les médias en faisaient une sorte de « star ». Le père, si scrupuleux en d'autres enquêtes, était peu au fait de l'affaire ; sinon, il aurait su que les médias n'avaient joué aucun rôle dans les premières demandes de Vincent. Qui donc le connaissait tandis qu'il dictait sa lettre à Jacques Chirac ? Il est vrai que, par la suite, il a pris conscience de la cause qu'il incarnait. Comment réduire à la recherche d'une quelconque « starisation » cette volonté d'être utile aux autres et pas seulement à soi ?

Quant au docteur Xavier Mirabel, président de l'Alliance pour les droits de la vie, il s'interroge gravement : « Comment une mère peut-elle être libre, lorsqu'elle s'est répandue dans les médias pendant des jours en annonçant ce qu'elle allait

---

1 Frédéric Chaussoy, *Je ne suis pas un assassin*, Paris, Oh ! Éditions, 2004.

2 Audition du père Patrick Verspieren, « Respecter la vie, accepter la mort », *op. cit.*, tome 2, p. 542.

faire[1] ?» Elle voulait sans doute se «stariser» et s'est trouvée prise à son propre jeu.

Qu'ils distribuent les blâmes ou les circonstances atténuantes, nos grands témoins n'auront jamais pu se départir de leur condescendance vis-à-vis des malheureux Humbert.

Ce pauvre docteur Chaussoy

J'arrête là les citations, non sans préciser que le verbatim de ces auditions ne comporte aucune déclaration en sens contraire. Rien que le venin des dépositions à charge, tout juste édulcoré par le sirop des formules compatissantes. Ce fut une fausse procédure vraiment inquisitoriale.

Quant au docteur Chaussoy, il ne fut guère mieux traité. Avec sa morgue de grand patron, le professeur Pierre-Louis Fagniez lui accorde une dédaigneuse compassion : «ce pauvre monsieur Chaussoy [...] a été victime de cet encerclement maternel et de la médiatisation qui a fait aussi de lui une star. [... Il] a été victime d'une telle pression médiatique qu'il a déraillé[2].» Comme si le docteur avait déjà été une star des médias lorsqu'il a effectué la piqûre de chlorure de potassium, comme s'il ne s'était dénoncé qu'à seule fin d'être interviewé à la télévision!

Ledit mandarin sera même allé jusqu'à souligner : «Aux États-Unis, le protocole des condamnés à mort est exactement le même que celui utilisé par M. Chaussoy. Dans l'imagerie populaire, s'il y avait eu utilisation d'une arme à feu, personne n'aurait discuté de la réalité du crime, mais il

1 Audition de Xavier Mirabel, «Respecter la vie, accepter la mort», *op. cit.*, tome 2, p. 632.

2. Audition du père Patrick Verspieren, «Respecter la vie, accepter la mort», *op. cit.*, tome 2, p. 549.

se trouve qu'il a utilisé du curare et du chlorure de potassium. Il n'en reste pas moins qu'il s'agit d'un crime[1]. »

Avec une telle finesse d'argumentation, on pourrait aussi assimiler le bistouri du chirurgien au surin d'un malfrat ! Et faut-il s'étonner que l'on recoure aux mêmes protocoles dès lors qu'il s'agit de faire mourir sans souffrir ? Le docteur Michel Ducloux, président de l'Ordre national des médecins, admoneste ce très obscur confrère. « La maladresse du médecin qui a dit : "J'ai tué" ne nous a pas servis[2]. » Ne savait-il pas que ces choses se font, mais ne se disent pas ? L'Ordre est bien bon d'avoir soutenu un tel maladroit : « J'ai d'ailleurs défendu le médecin de Vincent Humbert, bien que son exhibitionnisme médiatique ne nous ait pas rendu service. [...] Dès qu'il disait une parole, il aggravait son cas [...][3]. » Ah ! la starisation qui a tourné la tête à tous ces gens !

Le père Patrick Verspieren condamne le réanimateur avec beaucoup d'indulgence : « selon l'éthique que je défends, [...] il a commis une faute [...] je crois que le docteur Chaussoy a déraillé[4]. » Et de conclure que, s'il était innocenté, « cela poserait un problème au plan symbolique ».

Au terme de ce travail de sape, les 31 parlementaires tenaient pour acquise cette version révisée de l'affaire Humbert qui n'avait été ni critiquée, ni contestée devant eux. La cause était entendue : le cas du jeune Vincent ne prouvait pas que certaines demandes de mort peuvent être légi-

1. Audition de Michel Castra, « Respecter la vie, accepter la mort », *op. cit.*, tome 2, p. 707.
2. Audition de Michel Ducloux, « Respecter la vie, accepter la mort », *op. cit.*, tome 2, p. 247.
3. *Ibid.*, p. 252.
4. Audition du Père Patrick Verspieren, « Respecter la vie, accepter la mort », *op. cit.*, tome 2, p. 550.

times, mais, au contraire, que, même dans ces circonstances extrêmes, elles ne sauraient comme telles être entendues.

Post-Scriptum

Les attaques lancées contre Marie Humbert au sein de la mission parlementaire visaient à influencer les parlementaires, pas l'opinion. Au reste, elles demeurèrent ignorées du public comme de l'intéressée. Pour le pouvoir médico-religieux, il importait que le souvenir de l'affaire s'efface, que l'émotion retombe afin qu'il puisse reprendre son ascendant sur les esprits. Encore fallait-il que Marie Humbert rentre dans l'anonymat dont elle n'aurait jamais dû sortir.

Mais, décidément incorrigible, elle se lance dans une action militante avec son association « Faut qu'on s'active » et réclame sa « loi Vincent Humbert ». Loin de se faire oublier, elle entreprend de raconter son histoire dans un livre, puis accepte de la voir portée à l'écran sur TF1. Le public ignorant va céder à ses mauvais démons, s'apitoyer sur le sort de Vincent, compatir avec sa mère et, pour finir, demander que de tels malades puissent être aidés à mourir. Insupportable, pour les champions de la vie obligatoire! Puisque Marie Humbert porte le débat sur la place publique, c'est sur la place publique que l'on portera l'attaque. La thèse révisionniste suggérée devant la mission va s'afficher sans retenue devant le public. Le 2 novembre 2007, quatre jours avant la diffusion du film, une déclaration fracassante du kiné de Vincent Humbert s'étale sur toute la une du *Parisien* : « Vincent ne voulait pas mourir ». Dans son interview, Hervé Messager soutient que son patient n'avait plus toute sa tête, qu'il ne souffrait absolument pas, qu'il n'était pas aveugle, qu'enfin et surtout il n'avait aucune envie de mourir. « On l'a forcé. »

Un scoop ne doit rien au hasard. Ces déclarations se trouvent dans un DVD que l'association « SOS fin de vie » a tiré à 500 exemplaires et adressé à toutes les rédactions et à tous les parlementaires. L'opération est entièrement téléguidée par ce groupement qu'anime le docteur Xavier Mirabel. Devant la mission parlementaire, ce farouche militant avait violemment attaqué l'euthanasie en général et le geste de Marie Humbert en particulier. Sous couvert de soins palliatifs, c'est bien le combat contre la mort volontaire, que l'on mène ici.

De fait, ce nouvel accusateur reprend la tactique de ceux qui l'ont précédé devant la mission. S'il dit : « Vincent ne voulait pas mourir », il se garde bien de conclure : « Sa mère qui l'a tué est une criminelle. » Les deux propositions sont pourtant indissociables. Marie Humbert n'a pas cédé à un instant de désespoir ou de découragement. Pendant deux ans, elle relaye le message de Vincent répétant qu'il souffre et qu'il veut mourir. Si tout cela est faux, c'est elle qui a écrit la lettre au président, elle qui a imaginé le livre, et le reste... deux années de mensonge méthodiquement organisé. Une telle manipulation ne peut avoir qu'une fin : assassiner son fils en toute impunité. Si ces faits sont avérés, monsieur Messager pourrait être poursuivi pour n'avoir pas dénoncé ce crime abominable si longuement préparé. Mais non ! Il trouve même des circonstances atténuantes à la mère. Elle était « seule, isolée ». « Il y a des jours, elle saturait. »

La retenue des dénonciateurs ne doit rien à une quelconque bienveillance. Tout d'abord, on l'a vu tout au long des dépositions, elle dispense de preuves. « C'est ma parole contre la sienne [celle de Marie Humbert] », dit Hervé Messager. D'autre part, elle esquive l'épreuve de vérité. Comment raccorder l'image d'une mère abominable avec celle d'une mère admirable ? Voilà une femme qui a tout abandonné, renoncé à toute vie personnelle pour se porter au chevet de son fils. Trois années durant, elle se consacre jour et nuit à son enfant. Cela, c'est un fait indiscutable. Rien ne l'y oblige. Elle pourrait fort bien s'éloigner de Berck, refaire sa vie et se contenter d'une visite par mois. Nul ne le lui reprocherait. Et cette même mère organise et planifie avec un extraordinaire sang-froid l'assassinat de Vincent. Qui peut le croire ? Par comparaison, *Docteur Jekyll et Mister Hyde* devient un roman réaliste !

On aurait aimé que ces gens aient au moins le courage du « J'accuse ». Qu'ils aillent au bout de leurs insinuations et dénoncent dans Marie Humbert un monstre de perversité. Mais non, quand la cause est trop mauvaise, la calomnie reste la plus efficace et la plus perverse des armes.

CHAPITRE 8

Pas de loi pour les malades

Après le procès de Marie Humbert, la mission parlementaire doit faire celui de l'euthanasie. Avec la même équité. Pendant huit mois, les députés n'entendront que les arguments des procureurs. Un véritable lavage de cerveau. Morceaux choisis... assortis des vérités auxquelles nos représentants n'eurent pas droit.

Se peut-il que l'homme demande la mort ? Les Français le disent, leurs représentants risquent de le penser. Erreur funeste ! Dès les premières séances, les bons médecins leur remettent les idées en place. Le professeur Louis Hollender, président de l'Académie nationale de médecine, affirme : « Je n'ai jamais eu affaire à des patients qui m'ont demandé d'abréger leur fin de vie[1]. » Le président du Conseil de l'ordre, le professeur Ducloux, confirme : « Je suis un chirurgien qui n'a jamais eu de demande d'euthanasie[2]. » Le docteur

1. Audition de Louis Hollender, « Respecter la vie, accepter la mort », *op. cit.*, tome 2, p. 21.
2. Audition de Michel Ducloux, « Respecter la vie, accepter la mort », *op. cit.*, tome 2, p. 248.

Christophe Trivalle, gérontologue, tient à souligner qu'il n'a jamais rencontré à l'hôpital Paul-Brousse de malade exigeant l'euthanasie. Et de conclure : « Il n'y a pas de demandes de cette nature, si la prise en charge du malade est correcte[1]. » Seuls les mauvais médecins peuvent donc entendre de telles suppliques. Fait curieux, les deux tiers du corps médical sont favorables à une exception d'euthanasie. Ne recueilleraient-ils pas de telles demandes ? On ne le saura pas : aucun n'a été invité à s'expliquer.

Les infirmières voient et entendent ce qui semble échapper aux grands patrons. L'une d'entre elles a témoigné devant les parlementaires. Hedwige Marchand décrit avec une bouleversante sincérité cette cruauté de la maladie qui peut rendre la mort plus douce que la vie :

« [...] Les demandes les plus insistantes émanent de personnes ne supportant plus leur apparence physique, parce que leur corps devient une plaie, qu'elles se trouvent totalement mutilées par la maladie ou qu'elles n'ont plus même la possibilité de se présenter en famille de crainte de faire peur aux autres, comme cela peut arriver dans certaines formes de pathologies cancéreuses. Dans de telles conditions, une demande très profonde peut survenir, qui relève d'autres motifs que la souffrance et qui peut persister : comment en effet se supporter lorsque l'odeur et la vision de son propre corps deviennent intolérables ? [...] Il faut aussi prendre en compte les situations des patients atteints notamment de maladies neurologiques évolutives, de scléroses latérales amyotrophiques ou d'autres syndromes, qui,

1. Audition de Christophe Trivalle, « Respecter la vie, accepter la mort », *op. cit.*, tome 2, p. 342.

ne pouvant s'exprimer qu'avec les yeux, ne supportent plus leur situation et demandent une sédation. Dans de tels cas, je ne crois pas que l'on puisse faire renoncer à la demande; mais dans d'autres situations, des études ont prouvé que par une bonne prise en charge et une bonne anticipation des symptômes, 90 % des demandes étaient abandonnées[1]. » En médecine, on le sait, la vérité des malades sort de la bouche des infirmières.

L'abus de faiblesse

Marie de Hennezel, qui vient de remettre le rapport commandé par le ministre de la Santé, se montre plus subtile. Sans nier les demandes de mort, elle rappelle à juste titre qu'elles doivent être décodées et jamais prises au pied de la lettre. Il faut écouter, parler, dialoguer afin de connaître les véritables causes de cet appel, et y remédier. La plupart des malades retrouvent alors le goût de vivre. C'est un fait avéré. Les parlementaires confondront « la plupart » et « tous » : tout malade bien écouté retrouve goût à la vie.

Si elle avait eu connaissance de la véritable affaire Humbert, la mission se serait moins interrogée sur la demande, et davantage sur l'écoute. Une réponse était attendue de Vincent, celle conforme à l'« ordre » du président. Elle seule pouvait être entendue. Est-ce cela, la bonne écoute? Celle qui impose le choix de la vie à tout prix? Dieu merci, la version révisée de l'affaire Humbert a fait disparaître cette question qui n'effleura jamais la conscience

1. Audition de Hedwige Marchand, « Respecter la vie, accepter la mort », *op. cit.*, tome 2, p. 594.

de nos missionnés. Or, il existe toujours un risque d'abus palliatif, risque d'autant plus grand que les soignants sont habités par de fortes convictions et qu'ils pensent agir pour le bien du malade, alors même qu'ils étouffent sa volonté.

Tout au long de ces auditions, soins palliatifs et euthanasie sont présentés comme antagoniques. Ce ne peut être que l'un ou l'autre. « L'euthanasie n'existera plus le jour où nous aurons été capables de mettre véritablement sur pied les soins palliatifs[1] », décrète le professeur Louis Hollender. Plus mesurée, Marie de Hennezel souligne que « partout où la démarche palliative se développe, les demandes d'euthanasie, comme la tentation de la pratiquer, régressent[2] ». Et c'est fort heureux. La revendication euthanasique ne saurait en aucun cas constituer un substitut à la médecine palliative.

Nos parlementaires ne sauront pas que soins palliatifs et actes euthanasiques sont compatibles et même complémentaires. À l'unité de soins palliatifs de l'Université libre de Bruxelles, 35 des 510 patients ont demandé à mourir ; 16 d'entre eux ont été effectivement euthanasiés dans les deux années qui ont suivi la légalisation. « L'application de la loi n'a pas suscité de difficultés particulières », constate le rapport officiel belge sur l'application de la loi sur l'euthanasie. Cet exemple aurait pu troubler l'esprit de nos députés. Il ne leur a pas été présenté.

Ceux-ci ont toutefois découvert que la pratique médicale n'empêche pas d'effectuer des sédations que l'on sait

1. Audition de Louis Hollender, « Respecter la vie, accepter la mort », *op. cit.*, tome 2, p. 21.
2. Audition de Marie de Hennezel, « Respecter la vie, accepter la mort », *op. cit.*, tome 2, p. 373.

mortelles. « La différence entre la sédation répétée et l'euthanasie directe est extrêmement subtile[1] », a reconnu le docteur Jean-Marie Gomas lors de son audition. Immense progrès! Hier, les équipes de soins palliatifs avaient pour seul objectif de prolonger la vie « jusqu'au bout »; aujourd'hui, elles ne se bouchent plus les oreilles si le malade demande à mourir et envisagent avec lui et les siens des traitements qui vont précipiter la fin. Mais ce sont elles qui, en dernière analyse, prendront la décision, et elles n'agiront jamais que sous couvert de soins thérapeutiques ou palliatifs.

Guérir plutôt que mourir

Le président du Conseil de l'ordre a entrepris de prêcher aux députés le « plutôt guérir que mourir ». Il a puisé dans sa propre expérience des exemples édifiants. C'est une patiente qu'il maintint en hibernation alors que les consultants estimaient qu'il n'y avait plus rien à faire, et qui a recouvré la santé. C'est un de ses collègues débranché, puis rebranché sur injonction de son épouse, et qui, là aussi, se porte à présent à merveille. D'une audition à l'autre revient cette vision résolument optimiste d'une médecine qui gagne. La conclusion va de soi : la médecine est faite pour soigner et guérir, en aucun cas pour faire mourir.

Ces issues heureuses sont présentées comme la règle, alors qu'elles sont l'exception. Nul n'évoque le cas de Vincent Humbert, qui a survécu grâce à l'acharnement des médecins, mais qui, contrairement aux miraculés du professeur

1. Audition de Jean-Marie Gomas, « Respecter la vie, accepter la mort », *op. cit.*, tome 2, p. 421.

Ducloux, s'est retrouvé emmuré dans son corps. Les guérisons sont rarement gratuites, et l'on parle pudiquement de « séquelles » pour en évoquer le coût. Il en est de légères, que chacun est disposé à payer ; il en est de lourdes et même de paralysantes, qui, pour le malade, peuvent remettre en cause sa propre survie. La mission aurait pu entendre ces miraculés qui ont tout perdu sauf la vie – ceux qui bénissent leurs sauveurs comme ceux qui les maudissent. Il s'en trouve un certain nombre à Berck, il suffisait d'aller les écouter. Oui, une « mort douce » peut sembler préférable à une « mauvaise guérison ». Peut-on prendre tous les risques et toutes les chances de la médecine moderne pour un malade auquel on refuse cette assurance de dernier recours : s'en aller s'il estime que la survie est trop cher payée ?

Une revendication de bien-portants

Les sondages[1] qui reviennent de façon récurrente dans les médias risquaient de troubler les parlementaires, qui attachent d'ordinaire la plus grande attention à ce genre d'enquêtes. Cette hypothèque de l'opinion fut donc levée aussi prestement que l'hypothèque Humbert. Pour le président de l'Académie de médecine : « Un sondage annonce que 70 % des Français sont favorables à l'euthanasie, un autre disant le contraire. Par conséquent, ces sondages n'ont pas beaucoup

1. Depuis une vingtaine d'années, des sondages ont été régulièrement effectués sur le droit à disposer d'une assistance médicale pour mourir en cas de souffrances insupportables. D'une enquête à l'autre, les Français se sont toujours prononcés à plus de 80 % en faveur de ce libre choix de l'euthanasie. Il existe donc une revendication populaire et unanime sur ce droit, qui se heurte à une opposition ultraminoritaire et élitaire, celle-là même qui a verrouillé la mission parlementaire.

d'importance[1]. » On ne sait à quelles enquêtes il fait allusion, mais un président d'académie n'a pas à citer ses références. Le président du Conseil de l'ordre n'a pas moins de condescendance pour le peuple ignorant : « Les gens ne savent pas très bien de quoi ils parlent quand ils répondent aux sondages[2]. » Quant au président de la Mission, il peut même tourner en dérision ces pseudo-enquêtes d'opinion : « S'il n'est pas étonnant que 88 % des Français aient répondu négativement à la question : "Préférez-vous que l'on s'acharne thérapeutiquement contre vous et que vous souffriez alors que vous avez une maladie incurable?", on peut s'étonner que 12 % aient répondu positivement[3]. » Bref, les sondages seraient abusivement interprétés, puisqu'ils ne portent pas sur la mort, mais sur la souffrance. Là encore, ces affirmations sont assénées et reçues sans la moindre contre-enquête portant sur le libellé des questions. Les parlementaires ne sauront jamais que l'intitulé exact des questions comporte les mots « mourir », voire « euthanasie », dont une grande majorité des Français connaissent le sens. Ainsi la mission, après avoir découvert que l'affaire Humbert ne veut pas dire ce qu'on lui a fait dire, découvre qu'il en va de même pour les sondages.

L'argument-massue répété à satiété, c'est que l'euthanasie est une idée de bien-portant. Les mêmes personnes qui prônaient la mort volontaire s'accrochent à la vie à leur heure dernière. Le fait étant avéré, quelle conclusion faut-il en tirer ?

---

1. Audition de Louis Hollender, « Respecter la vie, accepter la mort », *op. cit.*, tome 2, p. 22.
2. Audition de Michel Ducloux, « Respecter la vie, accepter la mort », *op. cit.*, tome 2, p. 246.
3. Audition de Jacqueline Lagrée, « Respecter la vie, accepter la mort », *op. cit.*, tome 2, p. 86.

Pour les maîtres à penser de nos parlementaires, cela prouve qu'il ne faut tenir aucun compte de ces prises de position. Il est une autre interprétation qui ne leur sera pas présentée : le droit à l'euthanasie n'est pas revendiqué comme une fin de vie normale, mais comme une assurance contre la mauvaise mort. Les Français qui prennent une assurance contre l'incendie savent qu'ils ne la feront sans doute jamais jouer, car leur maison ne sera jamais réduite en cendres. Ils s'assurent pourtant. De même veulent-ils choisir leur mort pour le cas où... Nos représentants n'auront pas le droit à cette explication et s'entendront répéter que l'euthanasie est une fausse idée, puisque les bien-portants sont unanimes à en réclamer le droit, et les malades, très rares à en demander l'application.

Il aurait suffi à nos députés de porter leurs regards au-delà des frontières pour comprendre. Aux Pays-Bas, les euthanasies ne représentent que 3 % des décès, et ce pourcentage tend à diminuer plutôt qu'à augmenter. Le vrai chiffre est sans doute plus proche de 5 %, car la légalisation n'a pas fait disparaître les pratiques clandestines. Peu importe : cela reste marginal. Pourtant, le peuple hollandais demeure très attaché à cette liberté. Il sait que la disposition d'un droit est précieuse, alors même que son application reste exceptionnelle.

La pratique du suicide assisté en Suisse n'est pas moins éclairante. Les trois quarts des malades qui ont fait des demandes, puis ont été agréés au terme d'un examen médical très strict, ne vont pas jusqu'au suicide. Les responsables de l'association Exit, qui organise cette « autodélivrance », ont constaté que les personnes sont rassurées par cette possibilité et affrontent avec plus de sérénité la mort naturelle. Loin de traduire une angoisse insurmontable, cette précaution agit comme un anxiolytique... sans effets secondaires indésirables. Voilà ce qu'aurait expliqué à nos élus missionnés le docteur Jérôme Sobel, président d'Exit… s'il avait été invité à apporter son témoignage.

Le droit opposable à la bonne mort

Pendant huit mois, les parlementaires ne vont entendre que les équipes de soins palliatifs, les meilleures, faut-il le préciser, celles qui assurent au mieux les conditions d'une « bonne mort ». En écoutant de tels témoignages, ils pouvaient penser qu'en France on ne meurt plus dans la souffrance, la déchéance et l'abandon, et que la question euthanasique liée à la « mauvaise mort » est désormais dépassée. Erreur d'appréciation qui, de l'exception, fait la règle générale. Le docteur Delbecque, qui suit le programme national de développement des soins palliatifs, a dû reconnaître devant la mission le grand retard de la France en ce domaine. « Elles [les unités de soins palliatifs] sont encore trop peu nombreuses, comptabilisant moins de 1 000 lits. Certaines régions en sont encore totalement dépourvues […]. Un tiers seulement des CHU disposent d'unités fixes de soins palliatifs[1]. » Quant aux soins à domicile, ils ne sont pas plus avancés : « Il manque près de 20 000 places dans les structures comme les services de soins infirmiers à domicile […][2]. » Il conclut fort justement : « L'euthanasie en France est, en partie, la conséquence de l'insuffisance des formations et de soutien des soignants[3]. »

1. Audition de Henri Delbecque, « Respecter la vie, accepter la mort », *op. cit.*, tome 2, p. 360.
2. *Ibid.*, p. 359.
3. *Ibid.*, p. 360.

Rien qu'une réflexion au passage, on n'ira pas plus avant. Notre Mission ne se posera pas la question qui naît tout naturellement de cette constatation. Dans les années à venir, des millions de décès sont programmés pour lesquels le recours aux soins palliatifs de qualité restera un vœu pieux. Ignorera-t-on les appels des mourants sous prétexte que, dix ans plus tard, l'établissement pourra offrir un excellent accompagnement terminal ?

Que fait-on pour ces malheureux qui auront devant eux une agonie atroce, sans disposer d'une médecine palliative pour les soulager ? Le choix des invités excluait que des faits aussi choquants puissent être pris en considération. Pendant huit mois, on va parler d'une France dans laquelle tout malade en fin de vie se voit proposer le meilleur accompagnement.

Le testament de vie

Le « testament de vie[1] » fut un personnage récurrent du psychodrame parlementaire. Comme l'affaire Humbert, les sondages et les demandes de mort, il ne fut pas jugé, juste dénigré. Ce jeu de massacre a fini par transformer le message ultime en simple chiffon de papier.

L'idée elle-même n'est simple qu'en apparence. En réalité, elle est aussi longue que délicate à mettre en œuvre. Il ne s'agit encore que d'un projet contre lequel se déchaîne le pouvoir médical.

1. On entend par « testament de vie » – les Américains parlent de « volontés anticipées » – un document par lequel chacun peut donner des instructions à ses médecins pour le cas où il aurait perdu connaissance et ne serait plus en état de le faire de vive voix. Ces directives portent essentiellement sur les soins de fin de vie, la réanimation, les options philosophiques qui doivent présider aux choix médicaux.

Voilà bien, n'est-ce pas, une idée d'ignorants! Nos deux présidents ne l'envoient pas dire : « Les testaments de vie m'ont toujours fait un peu sourire[1] », laisse tomber le professeur Michel Ducloux. « Ces documents n'ont aucune valeur pratique. [...] Ce sont des instantanés d'une réaction psychologique épidermique momentanée[2] », décrète le président Louis Hollender. Le vice-président du Conseil d'État jette son autorité dans la balance : « Il ne faut absolument pas s'engager dans la voie du "testament de vie" qui s'avère en fait être un testament de mort[3]. »

L'argument invoqué est toujours le même : le testament est sans valeur, le testateur pouvant avoir changé d'avis au moment du trépas. Cette démonstration fut ressassée aux députés avec, à trois reprises, l'anecdote du ressuscité qui avait laissé traîner son testament de vie dans la poche de sa veste[4]. « Le testament de vie n'engage pas, car la personne qui l'établit change[5] », tranche Jacqueline Lagrée. Une version philosophique plus élaborée fut proposée par Nicolas Aumonier : « Lorsqu'une personne ne peut plus communiquer, le

1. Audition de Michel Ducloux, « Respecter la vie, accepter la mort », *op. cit.*, tome 2, p. 248.
2. Audition de Louis Hollender, « Respecter la vie, accepter la mort », *op. cit.*, tome 2, p. 21.
3. Audition de Renaud Denoix de Saint Marc, « Respecter la vie, accepter la mort », *op. cit.*, tome 2, p. 656.
4. Un patient arrive inanimé dans le service. Pronostic très réservé. Les médecins discutent à son chevet de l'arrêt ou de la poursuite des soins. Ils choisissent de se battre. Le malade se rétablit et révèle qu'il entendait tout et craignait que l'on ne trouve dans sa poche un testament de vie demandant qu'il ne soit pas ranimé. Plusieurs grands patrons s'attribuent cette histoire fort improbable, mais dont l'effet est assuré.
5. Audition de Jacqueline Lagrée, « Respecter la vie, accepter la mort », *op. cit.*, tome 2, p. 80.

principe de précaution demande de supposer qu'elle doit pouvoir changer d'avis même après avoir écrit un "testament de vie"[1]. » [...] « La personne, de son vivant, ne peut pas dire : "Ceci est ma dernière volonté." Cela serait, en effet, un terme contradictoire[2]. » Nous serions donc interdits de dernières volontés. Si tel était le cas, nos législateurs devraient annuler tout dispositif testamentaire. Car le comateux, à supposer qu'il ait un avis, pourrait en changer pour la dévolution de ses biens comme pour la conduite de son traitement. On ne saura jamais pourquoi ce soupçon de rétractation doit peser sur le testament de vie et pas sur le legs des biens.

Les changements d'opinion entre le bien-portant et le mourant sont des faits avérés. Faut-il en conclure que, au moment de l'appliquer, le testament de vie ne reflète plus la volonté de son auteur ?

La réponse fut apportée, mais non retenue, par Anita Hocquard, une sociologue entendue par la mission. Voici ce qu'elle a déclaré à propos des membres de l'ADMD, qu'elle a particulièrement observés : « Le professeur Schaerer, dit-elle, a remarqué que les malades en fin de vie, convenablement pris en charge au niveau de la douleur, ne songeaient plus à exprimer de demandes létales, à l'exception des personnes y ayant réfléchi longtemps avant[3]. » Il n'est pas abusif de traduire ici « les personnes qui y ont réfléchi longtemps avant » par « les personnes qui ont rédigé un testament de vie ». Ainsi le professeur Schaerer, l'un des pionniers des soins palliatifs en

1. Audition de Nicolas Aumonier, « Respecter la vie, accepter la mort », , *op. cit.*, tome 2, p. 45

2. *Ibid.*

3. Audition d'Anita Hocquard, « Respecter la vie, accepter la mort », *op. cit.*, tome 2, p. 112.

France, a constaté que les auteurs de tels engagements changent peu d'avis lorsqu'ils restent conscients. Pourquoi donc en irait-il autrement lorsqu'ils tombent dans le coma et que, le plus souvent, ils ne sont plus en état de penser ? Pourquoi donc présumer un changement que l'on sait improbable ? Autant de questions qui coulaient de source – mais la source de la curiosité était bel et bien tarie.

À un instant, pourtant, la mission aurait pu s'efforcer de comprendre la démarche des personnes qui souhaitent maîtriser leur fin de vie à travers des directives anticipées. On sait que parmi les 31 parlementaires s'était glissée Henriette Martinez, députée UMP, mais aussi membre de l'ADMD. En réponse à la harangue du cardinal Barbarin, elle a rappelé qu'elle-même avait pris ses dispositions : « Le jour où je ne serai plus consciente pour le faire, alors que pendant trente ans de ma vie j'ai fait ce choix, que je l'ai revendiqué, que j'en ai parlé avec ma famille, que mes enfants sont signataires de mon testament de vie, que j'en ai longuement parlé avec eux et qu'ils savent quelle est ma dernière volonté, je ne vois pas qui de Dieu ou des médecins m'empêcherait de finir ma vie comme je le souhaite[1]. » Le cardinal Barbarin se contente alors de répondre : « C'est une conviction, ce n'est pas une question[2]. – Oui, dit-elle, c'est une conviction », et le président Léonetti de fermer la parenthèse qui risquait de s'ouvrir : « C'est une déclaration[3] », tranche-t-il. La mission ne cherchera donc pas à entendre cette testatrice que, sans même l'avoir cherchée,

1. Audition du cardinal Philippe Barbarin, « Respecter la vie, accepter la mort », *op. cit.*, tome 2, p. 194.
2. *Ibid.*
3. *Ibid.*

elle avait sous la main. Sur ce sujet comme sur les autres, les seuls propos pertinents sont ceux des « bons experts », jamais ceux des simples témoins.

À demi-mot, les intervenants vont agiter les pires craintes sur le diabolique testament de vie. Le sociologue Pascal Hintermeyer évoque « la personne qui, en raison d'une prise de position antérieure, se trouverait enchaînée, ne serait pas véritablement libre[1] ». C'est toujours le fantasme du médecin faisant irruption dans la chambre avec le document dans une main et la seringue de chlorure de potassium dans l'autre : « C'est bien vous qui avez écrit cela ? Alors, tendez votre bras ! » Et le malheureux tenu par les infirmiers se fait euthanasier de force au nom d'un papier signé vingt ans plus tôt et depuis longtemps oublié. De telles stupidités sont évoquées très sérieusement, et jamais démenties.

Au terme de ces audiences, le testament de vie a cessé d'être un mandat impératif opposable au médecin, l'expression indiscutable d'une dernière volonté, il ne peut représenter au mieux qu'une information pour permettre à l'équipe soignante de se déterminer. Rien donc qui puisse remettre en cause la relation traditionnelle entre le médecin et le malade. En passant de l'impératif au consultatif, les directives anticipées sont devenues consensuelles.

Le diable est à nos portes

La mission parlementaire a déjoué les ruses des Humbert mère et fils, des sondages et de leurs manigances, des

1. Audition de Pascal Hintermeyer, « Respecter la vie, accepter la mort », *op. cit.*, tome 2, p. 132.

prétendues demandes de mort, des pseudo-testaments de vie. Il lui fallait encore s'attaquer aux ennemis de l'extérieur : Pays-Bas, Belgique, Suisse. Cet empire du mal qui encercle notre pays.

Le député Christian Vanneste juge que la législation des Pays-Bas, « sur le plan juridique et social, a un résultat parfaitement nul[1] ». Renaud Denoix de Saint Marc, vice président du Conseil d'État, n'est pas moins dédaigneux : « Il me semble que la loi belge est manifestement très peu satisfaisante, puisque, en caricaturant un peu, elle consiste à valider l'acte d'euthanasie devant une commission, une fois l'acte accompli. La loi néerlandaise n'est guère meilleure[2]. » Le professeur Letellier, du CHU de Caen, nous apprend que, en Belgique et en Hollande, on assiste à « une amplification terrible des actes d'euthanasie sans le moindre contrôle ni le moindre respect des conditions requises par la loi. Ainsi, on s'est aperçu que des personnes seulement dépressives ou des enfants handicapés avaient été euthanasiés. [... C]'est la loi elle-même qui a ouvert les vannes et transformé le médecin en un bourreau, ce qui est totalement contraire à sa déontologie[3] ».

Propos insensés et contredits par le rapport final de Jean Léonetti : « On observe une baisse régulière des déclarations d'euthanasies : [en Hollande, de] 2590 cas en 1998 [...] à 1815 en 2003[4]. » Voilà pour « l'amplification terrible ».

1. Audition de Dominique Perben, « Respecter la vie, accepter la mort », *op. cit/*, tome 2, p.906.
2. Audition de Renaud Denoix de Saint Marc, « Respecter la vie, accepter la mort », *op. cit.*, tome 2, p. 653.
3. Audition de Philippe Letellier, « Respecter la vie, accepter la mort », *op. cit.*, tome 2, p. 287.
4. « Respecter la vie, accepter la mort », *op. cit.*, tome 1, p. 180.

Et voici pour l'illégalité, toujours dans le même texte : « La Cour de cassation hollandaise, dans un arrêt du 24 décembre 2002, a considéré qu'il n'était manifestement pas dans l'esprit du législateur de permettre l'euthanasie en dehors des cas prévus par les textes[1]. » Autant de démentis qui ne furent pas apportés lors des débats.

Michel Hanus, président de la Société française de thanatologie, se contente de lancer : « On connaît les dérives provoquées par la loi sur l'euthanasie aux Pays-Bas[2]. » Effectivement, nous les connaissons, car les autorités néerlandaises les relèvent minutieusement. Rien de tel chez nous puisque l'euthanasie n'existe pas. Et le président Léonetti de pousser plus avant l'attaque : « Aux Pays-Bas, lorsque l'euthanasie est pratiquée dans le cadre de la loi, mais qu'elle n'est pas respectueuse de la loi, elle n'est pas non plus sanctionnée[3]. » Faute d'avoir entendu le moindre représentant des Pays-Bas, comment les députés sauraient-ils qu'ont eu lieu des procès qui, par exemple, ont sanctionné un médecin coupable d'avoir fait faire la piqûre létale par une infirmière (il aurait dû s'en charger lui-même), ou bien une infirmière qui avait procédé à une euthanasie de son propre chef (elle devait passer par un médecin) ? Certes, ces procès sont rares, car les actes déclarés sont, presque par définition, conformes à la loi. Les pratiques sont placées sous étroite surveillance. Cela n'empêche pas le père Patrick Verspieren de parler des euthanasies aux Pays-Bas « avec ou

1. *Ibid.*
2. Audition de Michel Hanus, « Respecter la vie, accepter la mort », *op. cit.*, tome 2, p. 104.
3. Audition de Robert Badinter, « Respecter la vie, accepter la mort », *op. cit.*, tome 2, p. 895.

sans demande[1] ». Les médecins néerlandais auraient, selon lui, droit de vie ou de mort sur leurs malades. Il faut le croire bien pieusement !

Des témoins hollandais auraient encore rappelé que, dans leur pays, depuis une trentaine d'années, 80 % de la population, mais également du corps médical, se déclare en faveur de la légalisation. En revanche, la législation belge, beaucoup plus récente, ne peut se prévaloir d'une aussi longue reconnaissance populaire. Cela permet au président Michel Ducloux d'annoncer que « 25 à 30 % des Belges y sont favorables [à la loi], mais les autres n'y sont pas favorables du tout[2] ». Un chiffre annoncé sans citer la moindre référence.

Au reste, on sait bien pourquoi les Néerlandais ont choisi de légaliser l'euthanasie : « Nous nous sommes rendus en Belgique et aux Pays-Bas, explique le professeur Pierre-Louis Fagniez, et nous avons pu constater que si ces deux pays sont allés beaucoup plus loin que nous sur le problème de la prise en charge de la douleur et sur la législation relative à la fin de vie, les soins palliatifs n'existent quasiment pas[3]. » Le docteur Régis Aubry, président de la Société française d'accompagnement et de soins palliatifs, qui fonde son jugement sur un « échange avec un confrère hollandais », explique qu'« il avait été souhaité, pour des raisons plus culturelles que d'autres, de mettre en place au départ cette modification de la loi [la loi de légalisation de l'euthanasie], [mais que] aujourd'hui

1. Audition du père Patrick Verspieren, « Respecter la vie, accepter la mort », *op. cit.*, tome 2, p. 551.
2. Audition de Michel Ducloux, « Respecter la vie, accepter la mort », *op. cit.*, tome 2, p. 256.
3. Audition de Lucien Neuwirth, « Respecter la vie, accepter la mort », *op. cit.*, tome 2, p. 900.

les Hollandais en viennent à la conclusion qu'il faut développer les soins palliatifs[1] ».

Nos voisins auraient donc choisi de faire mourir les malades plutôt que de les accompagner. Qu'auraient répondu les intéressés s'ils avaient été entendus ? La Belgique a voté dès 1995, plusieurs années avant la France, une loi sur les soins palliatifs, elle a même instauré un congé d'accompagnement pour les parents. Quant aux Pays-Bas, ils ont fondé leur système de santé sur le médecin de famille, c'est d'ailleurs lui qui pratique le plus souvent l'euthanasie à domicile. Là-bas, on meurt chez soi, tout comme ici on meurt à l'hôpital. La comparaison internationale n'a, sur ce point précis, aucun sens, et, comme le reconnaît le professeur Fagniez, ces pays nous ont largement devancés dans la lutte contre la douleur. Mais voici la réponse précise fournie par le député néerlandais Dirk Dees, non pas à la mission, qui ne l'avait pas invité, mais au Conseil de l'Europe : « Aux Pays-Bas, nous devons encore progresser [dans le développement des soins palliatifs], mais, selon les études que je vous ai citées [les rapports officiels sur l'application de l'euthanasie], en aucun cas l'absence de soins palliatifs n'a motivé le recours à l'euthanasie[2]. » En définitive, le pays qui pratique l'euthanasie faute de soins palliatifs ne serait-il pas plutôt la France des années 1970-2000 ?

Mais l'attaque la plus constamment répétée concerne la persistance de l'euthanasie clandestine aux Pays-Bas. « Un grand nombre de pratiques euthanasiques sont pratiquées en

1. Audition de Régis Aubry, « Respecter la vie, accepter la mort », *op. cit.*, tome 2, p. 501.
2. Entretien avec Dirk Dees, membre du Conseil de l'Europe, 9 septembre 2003.

dehors du cadre de critères rigoureux mis en place[1] », rappelle le docteur Régis Aubry, et le président Léonetti d'ajouter : « Si les bonnes pratiques respectueuses des “critères de minutie” [les six critères exigés par la loi pour rendre légale une euthanasie] n'appellent pas, par définition, de poursuites pénales, parallèlement les pratiques clandestines n'entraînent pas non plus, de fait, de poursuites[2]. » Une justice qui ne poursuit pas les faits dont elle n'a pas connaissance : n'est-ce pas la preuve de sa perversion ? Question qui, curieusement, n'est pas posée à la justice française.

Que la légalisation n'ait pas fait disparaître les pratiques clandestines, c'est un fait. Les Hollandais, s'ils avaient été auditionnés, auraient été les premiers à le reconnaître et à le déplorer. En 1990, le pourcentage des déclarations n'était que de 20 %. Il atteint aujourd'hui 60 %. C'est encore insatisfaisant, mais il n'est pas facile de faire passer l'acte de mort de l'opacité à la transparence. La leçon est sans doute vraie pour toute société. Les autorités néerlandaises multiplient les études sur le sujet, fournissant autant d'arguments à leurs adversaires. Sans doute auraient-elles fait remarquer que, en France, le pourcentage des euthanasies clandestines est de 100 %, et celui des études officielles sur le sujet voisin de zéro.

Le suicide assisté des Suisses n'est pas mieux traité que l'euthanasie des Hollandais et des Belges. Il n'est pas pratiqué par des autorités médicales, mais par des associations de citoyens comme Exit, qui accompagnent bénévolement des malades jusqu'à l'ultime instant, à la gorgée fatale. Michel Hanus, président de la Société française de thanatologie,

1. Audition de Régis Aubry, « Respecter la vie, accepter la mort », *op. cit.*, tome 2, p. 501.
2. « Respecter la vie, accepter la mort », *op. cit.*, tome 1, p. 180-181.

s'apitoie sur le sort de ces bénévoles : «Je pense que la personne qui aidera ce malade à se suicider aura beau avoir la conscience d'avoir fait ce geste par humanité, elle portera la culpabilité d'avoir provoqué la mort d'un être cher. [...] Je suis inquiet pour ces bénévoles qui ont ainsi provoqué la mort de dizaines de personnes. [...] Ils doivent tout de même affronter le fait affreux de voir mourir devant eux une personne dont ils ont provoqué la mort. [...] Je propose aux dirigeants d'"Exit" que leurs bénévoles soient supervisés [...par] un professionnel extérieur[1].» L'idée ne vient pas que ce sont surtout les infirmières françaises contraintes de pratiquer l'euthanasie hospitalière qui auraient besoin d'un soutien psychologique.

La mission aurait pu enquêter sur place. Je l'ai fait moi-même, et je puis assurer que les gens d'Exit n'ont rien à cacher. À supposer que nos parlementaires aient voulu savoir ce qui se passe réellement, voici ce qu'ils auraient appris. La pratique de l'autodélivrance est un service humanitaire qui ne correspond à aucune idéologie. Ce n'est pas un mouvement, simplement une association. Ainsi, lorsqu'au dernier moment le malade ne se sent pas prêt, les bénévoles d'Exit repartent avec le poison sans éprouver le sentiment d'avoir failli à leur mission, tandis que les bénévoles des soins palliatifs se sentent remis en cause par le malade qui persiste dans sa volonté de mort. La pratique du suicide assisté est donc beaucoup plus respectueuse de la liberté individuelle qu'un certain prosélytisme des soins palliatifs, qui impose ses propres présupposés.

1. Audition de Michel Hanus, «Respecter la vie, accepter la mort», *op. cit.*, tome 2, p. 102-103.

Quant aux malades qui réclament l'autodélivrance, ils ne manifestent pas les angoisses et les frayeurs qui accompagnent d'ordinaire la mort en Occident. Cela, nos parlementaires l'auraient constaté s'ils s'étaient fait projeter cet extraordinaire documentaire, *Le Choix de Jean*, dans lequel un cancéreux qui a fait le choix de mourir avec Exit est suivi dans les trois derniers mois de son existence. On le voit en gros plan plonger paisiblement dans son dernier sommeil en disant : « Je n'aurais pas cru que c'était si facile. » Voilà le témoignage qu'il aurait fallu opposer à celui du docteur Gomas déclarant à nos parlementaires : « J'ai accompagné des milliers de malades, et ceux qui sont morts sereins ne doivent pas représenter plus de 5 % des cas. La grande majorité des patients meurent révoltés, tristes, confus et désespérés[1]. » La mission n'a jamais cherché à comparer l'état d'esprit des malades dans une situation de mort volontaire et dans des situations de mort subie.

La France serait-elle à ce point irréprochable qu'elle puisse ainsi faire la leçon à ses voisins ? Certainement pas, et la Mission n'a pu faire l'impasse sur les dérives de l'euthanasie à la française.

L'euthanasie hospitalière

Le choc se produit dès la première audition, celle du professeur Didier Sicard, président du Comité consultatif national d'éthique, instance qui, rappelons-le, avait vainement recommandé que soit reconnue une « exception

---

1. Audition de Jean-Marie Gomas, « Respecter la vie, accepter la mort », *op. cit.*, tome 2, p. 417.

d'euthanasie[1] ». Le grand témoin tient à rappeler qu'il a observé, « depuis dix ans, [...] que les pratiques d'euthanasie active [... étaient devenues] infiniment moins fréquentes dans les hôpitaux universitaires qu'elles ne l'étaient en 1983. L'usage du cocktail lytique[2] a régressé. Son emploi était banal dans les années 70-80[3] ». De quoi troubler nos députés, peu au fait du dossier. Le professeur Pierre-Louis Fagniez s'empresse d'intervenir pour rassurer ses collègues parlementaires mais non médecins : « J'ai été très sensible au fait qu'on ait évoqué très clairement ce qui se passait voilà vingt ans avec les cocktails lytiques. Les médecins présents ici qui ont travaillé dans des services universitaires ont tous connu cela [... Quand] on parle de cocktail lytique, il s'agit de médicaments qui peuvent soulager le patient et diminuer la durée de vie. En revanche, à côté des cocktails lytiques, il y a une drogue qui devrait être supprimée définitivement : le chlorure de potassium directement injecté dans les veines[4]. »

Comprenez : premièrement, que cela remonte à un lointain passé, mais n'existe plus; et deuxièmement, qu'on ne faisait jamais que forcer sur la dose pour calmer le malade, au risque de précipiter sa fin. Bref, c'est le passé et ce n'était pas vraiment de l'euthanasie. Mais le médecin-député est sèchement remis en place par le docteur Sicard : « Le cock-

1. Audition de Didier Sicard, « Respecter la vie, accepter la mort », *op. cit.*, tome 2, p. 12.
2. Le principal cocktail lytique, le DLP, est une perfusion mélangeant trois médicaments, le Dolosal, le Largactyl et le Phénargan, qui peut soulager à faible dose et, à forte dose, provoque la mort du malade. Il était le principal instrument de l'euthanasie hospitalière.
3. Audition de Didier Sicard, « Respecter la vie, accepter la mort », *op. cit.*, tome 2, p. 12.
4. *Ibid.*, p. 13.

tail lytique n'a jamais été destiné à soulager, mais à tuer. Le chlorure de potassium fait partie des cocktails lytiques. Administrer du Phénergan-Largactyl-Dolosal (PLD) n'a jamais servi à permettre au malade de mieux respirer ou d'améliorer la vigilance. Le problème [...] est que ces traitements restaient parfois inefficaces pour donner la mort. En revanche, le chlorure de potassium la donne en quelques minutes. Sur l'intention de donner la mort par cocktail lytique, il ne faut pas être hypocrite. Le mot "lytique" me semble un euphémisme pour dire "mortel".[...] Les mots "cocktail lytique" signifient que le médecin traitant a considéré qu'il fallait un arrêt de la vie[1]. »

Cette mort était donnée le plus souvent en l'absence de tout consentement, de toute concertation avec le malade. C'était l'euthanasie à la sauvette, ni vu ni connu, dans l'opacité et l'arbitraire. Dans la plupart des cas, cette fin était, pour les malades, la moins pire des solutions disponibles. Il n'empêche que la façon de procéder était totalement inadmissible. Mais comment pouvait-on encadrer une pratique réputée être tout à la fois criminelle et inexistante ?

Le docteur Jean-Philippe Wagner, président de Jalmav et opposant déterminé à l'euthanasie, a reconnu devant la mission avoir « dû pratiquer, à une époque, des actes d'euthanasie, par la force des choses, parce que [ses] chefs de service [l]'y obligeaient[2] ». Si les jeunes médecins pouvaient devenir des exécutants malgré eux, ce rôle revenait le plus souvent aux infirmières, comme le rappelle une syndicaliste représentant les personnels de santé, Yolande Briand : « Qu'elle soit reconnue ou non, cette pratique existe [...].

1. *Ibid.*, p. 15.
2. Audition de Jean-Philippe Wagner, « Respecter la vie, accepter la mort », , *op. cit.*, tome 2, p. 493.

Elle résulte toujours d'une décision médicale, mais elle est mise en pratique par les infirmiers, selon des protocoles, le plus souvent non écrits. [...] Selon le schéma accepté, c'est le médecin qui décide et l'infirmière qui exécute, sans explication ni concertation préalables[1]. »

Peut-on parler de ces pratiques au passé ? Le docteur Jean-Marie Gomas est catégorique : « Vous devez savoir que, actuellement, toutes les semaines dans les hôpitaux de la région parisienne [...] des patients sont régulièrement euthanasiés sans avoir rien demandé et sans même que les familles le sachent[2]. » L'intervenant ne s'arrête pas en si bon chemin : « J'ai eu l'occasion, en tant que secrétaire général de la Société française d'accompagnement et de soins palliatifs, d'en parler au plus haut niveau avec les ministres qui se sont succédé. J'ai bien compris qu'il est dangereux et inutile de prendre ce genre de situation en choc frontal[3] [...]. »

Et le président Léonetti de préciser à l'adresse de la mission : « Le directeur de l'hospitalisation et de l'organisation des soins n'a pas pu nous répondre sur ce sujet, malgré nos demandes réitérées[4]. »

Le professeur Emmanuel Hirsch, directeur de l'espace éthique à l'Assistance publique de Paris, confirme : « Je n'ai aucune information particulière sur la pose aléatoire, et à l'insu de la personne, de cocktails lytiques[5] [...]. »

1. Audition de Yolande Briand, « Respecter la vie, accepter la mort », *op. cit.*, tome 2, p. 617.
2. Audition de Jean-Marie Gomas, « Respecter la vie, accepter la mort », *op. cit.*, tome 2, p. 414.
3. *Ibid.*
4. *Ibid.*
5. Audition d'Emmanuel Hirsh, « Respecter la vie, accepter la mort », *op. cit.*, tome 2, p. 474.

Simple aperçu de la situation française, à partir de laquelle nous prétendons faire la leçon à nos voisins!

Face à un tel constat, la mission se devait d'en rechercher les causes : pourquoi la médecine française a pu faire de l'euthanasie une pratique courante? Le progrès médical n'aurait-il pas changé les conditions dans lesquelles nous posons la question de la mort? Pourquoi les Français demandent-ils l'assistance pour une mort paisible comme un « service » qu'ils peuvent attendre de la médecine?

Eh bien non : ces questions-là ne seront pas posées. On se contentera de réaffirmer la *doxa* qui fonde notre ordre moral depuis des siècles.

Tu ne (te) tueras pas

Des philosophes sont donc envoyés en première ligne faire la leçon aux parlementaires. Le docteur Léonetti a particulièrement jeté son dévolu sur Nicolas Aumonier, qui, à deux reprises, se lancera dans des arabesques théoriques terminées en apophtegmes sentencieux qui laisseront ses auditeurs décontenancés. Quelques exemples : « Si vous dites que vous supprimez Paul pour supprimer la souffrance, que vous supprimez le sujet pour supprimer le prédicat, vous commettez une faute de logique impardonnable et difficile à soutenir[1] »; « Elle [l'existence d'un droit de choisir sa mort] contredit la notion même de contrat social. [... Ce] serait s'attaquer à soi-même. Dans ce cas de figure, il est légitime que le corps social tout entier réagisse[2] »; « Nous ne choi-

1. Audition de Nicolas Aumonier, «Respecter la vie, accepter la mort», *op. cit.*, tome 2, p. 46.
2. *Ibid.*, p. 381.

sissons pas de naître homme ou femme. Telle est la réalité. De même, s'approprier sa mort ne résout en rien l'énigme qu'elle pose. Telle est aussi la réalité[1] » ; « Le choix de sa mort n'est pas possible hors contexte stoïcien ou aristocratique[2] » ; « Vouloir quitter la vie peut être un désir légitime, mais le faire ou contraindre quelqu'un à le faire, revient peut-être à transformer un désir légitime en fantasme, en rêve de lendemains meilleurs. Or qu'est-ce qui peut assurer le législateur qu'il y a une vie après la mort [...][3] ? »

Pour le coup, le président s'étonne d'entendre dire que « le législateur sortirait de sa laïcité pour entrer dans le religieux » s'il légiférait sur l'euthanasie. Notre philosophe persiste néanmoins : « [...] le soubassement d'une loi sur l'euthanasie présente un argument de lendemains meilleurs et cela me paraît impossible à justifier[4]. »

Autre philosophe, Damien Le Guay fait découvrir que « l'homme est toujours et surtout dans ces moments [lorsqu'il est confronté à la mort] en excès de lui-même. L'homme dépasse l'homme, comme disait Pascal. L'homme est en surcroît de lui-même [...][5] ».

Ce galimatias dont Molière n'aurait pas osé affubler ses professeurs de philosophie a tout de même rempli une importante fonction : persuader nos élus que « c'est plus compliqué que ça », qu'en ce domaine la simplicité est toujours simpliste et mutilante. Bref, que la vérité populaire n'a rien à faire ici.

1. *Ibid.*, tome 1, p. 98.
2. *Ibid.*, tome 2, p. 380.
3. *Ibid.*, tome 2, p. 45.
4. *Ibid.*, tome 2, p. 56.
5. Audition de Damien Le Guay, « Respecter la vie, accepter la mort », *op. cit.*, tome 2, p. 70.

Au nom du Conseil de l'ordre, le professeur Ducloux se contente d'asséner que, « pour un médecin, donner délibérément la mort [...] est une limite absolument infranchissable[1] ». Et nul ne lui a rappelé les déclarations, en tous points semblables, de ses prédécesseurs dénonçant la contraception, puis la légalisation de l'avortement ?

En refusant d'entendre tous ceux qui ne partagent pas ce point de vue, la mission a tenu pour nulle et non avenue l'opinion quasi unanime des Français. Elle n'a pas voulu savoir ce qui avait poussé Marie Humbert à faire son geste, elle n'a pas cherché à comprendre les raisons qui ont poussé tant de médecins, tant de malades, tant de citoyens ordinaires à revendiquer ce droit. S'ils avaient donné la parole aux uns et aux autres, s'ils avaient écouté le peuple tout simplement, qu'auraient découvert nos représentants ?

Ils auraient été confrontés à une approche diamétralement opposée, fondée sur le vécu, l'empirisme, le ressenti, à l'opposé de la théorie, du dogme et de l'abstraction. La question n'est plus : « La vie est-elle un droit ou une obligation, l'homme est-il libre de choisir sa mort ? », mais : « Que fait-on pour tous les Vincent Humbert qui ne supportent plus leur existence et demandent à en finir ? » Deux démarches qui correspondent à un clivage sociologique. L'élite prospère sur la théorie, la population vit dans l'expérience. L'une tient aux valeurs fondatrices de l'ordre moral, l'autre aux remèdes consolateurs de l'expérience quotidienne. Selon que l'on adopte l'une ou l'autre voie, l'euthanasie sort criminalisée ou légalisée.

---

1. Audition de Michel Ducloux, « Respecter la vie, accepter la mort », *op. cit.*, tome 2, p. 246.

À tort ou à raison, les Français ont pris acte de leur nouvelle condition mortelle. Ils ne sont plus tenus par les dogmes religieux d'antan. Pour eux, la réalité est la matrice du relativisme qui laisse au vécu le soin de dire le vrai. Face à la mort, ce divorce entre l'idéologique et l'empirique est déchirant.

Surtout pas de loi !

Imaginons pourtant que, en dépit de cet apartheid rigoureux entre l'élite et la population, certains élus soient tentés de légiférer, comme le souhaite l'opinion. C'est alors que tombe la sentence suprême : le législateur ne peut ni ne doit intervenir sur ce sujet.

C'est l'argument-massue qui sera assené par tous les juristes entendus par la mission. Là encore, le principe d'autorité a de quoi impressionner nos élus. Robert Badinter, ancien président du Conseil constitutionnel : « Le législateur procède de façon trop générale et trop abstraite pour prétendre pouvoir résoudre ces problèmes[1]. » Renaud Denoix de Saint Marc, vice-président du Conseil d'État : « Il est très difficile, voire impossible de légiférer sur le fond en la matière [...]. Tout est affaire d'espèce[2]. » Guy Canivet, premier président de la Cour de cassation : « Ce sont des situations [celles que l'on rencontre en fin de vie] devant lesquelles le droit autant que la raison sont désarmés[3]. » Daniel Vigneau, professeur de

1. Audition de Robert Badinter, «Respecter la vie, accepter la mort», *op. cit.*, tome 2, p. 893.
2. Audition de Renaud Denoix de Saint Marc, «Respecter la vie, accepter la mort», *op. cit.*, tome 2, p. 654.
3. Audition de Guy Canivet, «Respecter la vie, accepter la mort», *op. cit.*, tome 2, p. 660.

droit : « Je ne suis pas convaincu que le législateur ait à légiférer sur une question aussi sensible que la vie et la mort[1]. »

Sous des formes variées, le raisonnement est toujours le même : la loi serait disqualifiée, car elle fixe des règles générales, alors que chaque cas est singulier. Aucun étudiant en première année de fac ne viendra rappeler à nos législateurs que l'état de droit se fonde sur des règles générales inscrites dans des lois et destinées à régir les situations concrètes qui naissent de la réalité. Entre les deux s'inscrit l'ordre judiciaire qui fait la transposition du général au particulier. Nos tribunaux ne font jamais que cela. Faute de quoi, ils pourraient être remplacés par des machines à distribuer automatiquement les sentences. La grandeur de la justice, c'est précisément de trouver la juste concrétisation d'un principe dans des cas d'espèce toujours différents, toujours singuliers, toujours plus ou moins ambigus.

Est-ce le fait de donner la mort qui interdit toute forme de légalisation ou de dépénalisation ? Mais qu'en est-il de la légitime défense ? Et, plus généralement, qu'en est-il de la médecine moderne ? Celle-ci ne doit-elle pas constamment « aider à mourir », « faire mourir », pour ne pas dire « donner la mort » ? Dans l'affaire Chaussoy, le débranchement du respirateur n'était pas moins mortel que l'injection massive de sédatifs, puis que celle de chlorure de potassium. Or, les deux premières opérations étaient considérées comme déontologiquement acceptables, alors que la dernière entraîna l'inculpation du praticien. Mais, à l'époque, aucune disposition légale ne distinguait les bonnes pratiques des mauvaises.

1. Audition de Daniel Vigneau, « Respecter la vie, accepter la mort », *op. cit.*, tome 2, p. 726.

Il y avait donc des façons de donner la mort qui étaient acceptables, d'autres qui ne l'étaient pas, sans que la loi ait son mot à dire. Au reste, le président Canivet avait attiré l'attention des parlementaires sur ce fait : « Aujourd'hui, en France, nous avons, dans les services de réanimation, 150 000 décès provoqués, non par un acte d'euthanasie, mais par un arrêt de respirateurs. Or la loi ne dit rien en la matière[1]. » Il existait donc bien un vide législatif à combler. Et toutes ces hautes autorités qui, depuis un demi-siècle, répétaient que le législateur ne pouvait pas intervenir sur de tels sujets, finirent par convenir qu'il fallait faire une loi. Ce fut la loi Léonetti. Excellente sur ce qu'elle dit, et plus encore, aux yeux de ses inspirateurs, sur ce qu'elle ignore. La mission avait parfaitement rempli son rôle.

---

1. Audition de Guy Canivet, « Respecter la vie, accepter la mort », *op. cit.*, tome 2, p. 668.

CHAPITRE 9

Une loi pour les médecins

La mission a neutralisé l'affaire Humbert, écarté l'euthanasie ; reste la mort médicalisée. L'affaire Chaussoy est l'occasion de bousculer le conservatisme frileux qui règne en ce domaine. Une invraisemblable casuistique jette les bases d'une loi qui permet de faire mourir sans donner la mort. L'ordre moral est sauf!

La mission parlementaire a donc fait progresser le droit de « laisser mourir », voire de « faire mourir ». C'est le troisième débat qui s'est mêlé aux deux premiers. Il ne venait pas de l'affaire Humbert, mais de l'affaire Chaussoy ; il visait à concilier demandes des médecins et maintien des tabous. C'est une véritable concertation qui a jeté les bases d'une loi pour les médecins présentée au public comme la loi pour les malades.

Temps fort de cette réflexion, l'audition des professeurs Jean-Michel Boles et François Lemaire, représentant la Société de réanimation.

Le droit de débrancher

Au départ, un constat dressé par le professeur Lemaire : « Depuis une vingtaine d'années, on est capable, en réanimation, de prolonger quasi indéfiniment tout le monde. [...Or] c'est techniquement impossible. Si on se met à prolonger tous les agonisants, imaginez les moyens à mettre en œuvre[1]. » Les réanimateurs ont dû se résoudre à laisser mourir ces survivants sans espoir. Dans quelles conditions ? « Lorsque, il y a vingt ans, un médecin décidait d'un arrêt des soins, il le faisait tout seul, dans la nuit, sans prévenir personne[2]. »

Tous les jours, les réanimateurs débranchent des malades et accompagnent leur geste d'injections médicamenteuses. Le nombre total des décès qui font suite à de telles décisions dépasse largement les 100 000 par an. La médecine doit gérer la mort sans aucune base légale et tenir une tolérance pour une approbation.

Un pis-aller insatisfaisant, comme le constate le professeur Lemaire : « Nos collègues sont inquiets. Une étude a ainsi montré que, sur 500 ou 600 réanimateurs interrogés, 20 % pensent que ce qu'ils font est illégal, même s'ils le font correctement. Les conséquences sont importantes, car ils préfèrent ne pas respecter la transparence (ils ne disent pas aux infirmières ce qu'ils font, ils ne le marquent pas dans les dossiers, ils ne le disent pas aux familles)[3]. »

Le professeur Boles souligne à quel point le respect de la transparence peut être inquiétant pour l'équipe soignante. « Toutes les discussions sont reportées dans un dossier qui nous fait prendre des risques ; quand on en discute avec des magistrats, cela nous fait froid dans le dos. Ainsi, un magistrat nous

1. Audition de Jean-Michel Boles et de François Lemaire, «Respecter la vie, accepter la mort», *op. cit.*, tome 2, p. 262.
2. *Ibid.*, p. 263.
3. *Ibid.*, p. 273.

disait il y a trois ans : “Ce que vous écrivez dans vos dossiers est constitutif d’une préméditation.” C’est à cette crainte exprimée par nos collègues qu’une réponse doit être donnée.[1] » « Nous avons besoin de sérénité pour travailler, réfléchir, avancer, et cela ne peut pas se faire avec cette crainte de tomber sous le coup de la loi et de risquer les assises.

– C'est le cas actuellement? interroge le président Léonetti.

– Oui, et, sur notre forum, nombre de gens disent : “Ça suffit !”[2] »

C’est clair : les réanimateurs ne veulent plus risquer de se retrouver hors la loi. À leurs yeux, le code de déontologie ne constitue pas une protection suffisante, car on ne connaît pas sa valeur juridique. Ils souhaiteraient qu’un texte légal le rende opposable en justice.

La médicalisation de la mort conduit partout aux mêmes impasses. Dans les unités de soins palliatifs, les centres de cancérologie ou les services de maladies neurodégénératives, les médecins administrent des médicaments qui précipitent le décès. Cela permet d’adoucir des fins de vie atroces, mais les praticiens se fondent sur une dépénalisation de fait et non pas de droit.

Le docteur Marie-Sylvie Richard, de la maison médicale Jeanne-Garnier, s’en est inquiétée dans sa déposition : « En soins palliatifs, nous risquons d’être en procès tous les huit jours, parce que nous n’allons pas vers une obstination thérapeutique[3]. » Et le médecin de préciser aux parlementaires que

---

1. Audition de Jean-Michel Boles et de François Lemaire, «Respecter la vie, accepter la mort», *op. cit.*, tome 2, p. 274.
2. *Ibid.*, p. 266.
3. Audition de Marie-Sylvie Richard, *op. cit.*, p. 575.

son établissement est déjà l'objet d'une plainte en homicide volontaire pour refus de traitement thérapeutique.

Pour justifier ces pratiques, la médecine a modernisé la casuistique du double effet. Le principe en est assez simple : il s'agit de juger l'intention et non pas l'acte. En l'occurrence, le médecin ne veut pas tuer, mais soulager. La preuve : il utilise un médicament fait pour soulager. C'est par un effet second, prévisible mais non désiré, que la dose utilisée, indispensable pour apporter cet apaisement, va précipiter le décès du mourant. L'action demeure donc licite et ne peut s'assimiler à une euthanasie, puisque l'objectif n'est pas de supprimer la personne, mais de supprimer la douleur. Ainsi la déontologie médicale a-t-elle empiriquement posé des règles. La justice y fait référence, faute de mieux, mais les textes sont muets. Peut-on se référer à des « bonnes pratiques », même codifiées, pour juger de questions touchant à la vie humaine ?

La protection de la loi fait toutefois craindre l'enserrement dans un carcan réglementaire. « Si des procédures juridiques ou judiciaires complexes sont instaurées, nous ne pourrons pas les suivre semaine après semaine [...][1] », prévient le professeur Boles.

« [... J]e suis d'accord avec vous sur la nécessité de créer des protections simples qui se calquent sur les bonnes pratiques [...][2] », convient le président Léonetti, qui, toutefois, pour rétablir l'équilibre, ajoute : « Il faut à la fois protéger le corps médical de poursuites ultérieures, mais aussi l'obliger à respecter un certain type de procédures[3]. »

1. Audition de Jean-Michel Boles et de François Lemaire, « Respecter la vie, accepter la mort », *op. cit.*, tome 2, p. 267.
2. *Ibid.*, p. 269.
3. *Ibid.*, p. 270

Non à l'euthanasie passive

D'un échange à l'autre s'élaborent les principes qui pourraient inspirer le nouveau texte. Mais les réanimateurs savent qu'ils avancent en terrain miné. Si jamais ils violent l'un ou l'autre des tabous majeurs, si, simplement, ils semblent admettre, voire pratiquer l'euthanasie, alors leurs demandes seront rejetées sans appel. Ils refusent donc l'expression d'« euthanasie passive », couramment utilisée pour désigner le simple arrêt des soins, et redoutent même une éventuelle cohabitation législative entre différentes pratiques euthanasiques.

Le professeur Lemaire insiste sur ce point : « Il nous paraît inacceptable que, dans un même cadre juridique, soient traitées dans des articles différents : la notion de soins de fin de vie en réanimation avec les limitations et l'arrêt des traitements, la problématique de l'euthanasie, et la problématique du suicide médicalement assisté. Un tel texte contribuerait à la confusion des termes et des situations[1] ».

Pour être entendus, les réanimateurs ne doivent pas seulement se démarquer des revendications relayées par l'ADMD, ils doivent surtout tracer les frontières qui séparent leur discipline de ce trop populaire droit à la mort. De fait, leurs problèmes sont très spécifiques. Le réanimateur se trouve face à un malade inconscient. Le dialogue qu'il peut nouer avec les proches n'a rien à voir avec celui qui s'instaure directement avec le patient. C'est donc bien le médecin, et pas le malade, qui prend les décisions ultimes.

Encore convient-il de lever l'hypothèque du « testament de vie » qui concerne directement les personnes plongées

1. *Ibid.*, p. 267.

dans le coma. Il ne doit pas se transformer en une demande de mort qui engagerait le médecin. Le président Léonetti tient à cadrer le propos des intervenants : « Il faut bien rester sur l'idée qu'un "testament de vie" n'est qu'une indication [...][1]. »

La théorie du double effet paraît difficilement applicable à un débranchement qui parfois entraîne la mort dans les minutes qui suivent. Peut-on prétendre ne pas vouloir donner la mort en faisant un geste qui tue directement un malade, alors que celui-ci ne souffre même pas ? La question, que les réanimateurs posent sur leurs forums de discussion, ne sera guère soulevée devant les parlementaires.

Le débranchement ne serait donc qu'une abstention thérapeutique, mais qu'en est-il des médications qui l'accompagnent ? On rejoint alors les terres balisées du double effet, sur lesquelles se retrouvent notamment les responsables de soins palliatifs. Le professeur Lemaire rappelle que la déontologie de la réanimation repose sur « la prohibition absolue des injections dites létales. [...] Si les fins de vie doivent être adoucies avec la morphine, malgré le double effet de cette dernière, l'administration de potassium ou de curare, nous l'avons écrit, n'est pas acceptable[2] ». Son collègue redouble d'assurances : « Ne sont pas acceptables les injections à volonté mortifère, de chlorure de potassium, de curare ou de cocktails lytiques [...][3]. »

La différence serait donc de nature entre l'utilisation de médicaments, même à dose massive, et celle de poisons. Encore faudrait-il justifier une telle distinction.

---

1. *Ibid.*, p. 271.
2. *Ibid.*, p. 264.
3. *Ibid.*, p. 274.

Le coup de grâce

Tout au long de ces auditions, les autorités ont condamné par principe et soutenu par mansuétude ce « pauvre » docteur Chaussoy. Quelles fautes lui étaient donc reprochées ?

La première, assez vénielle, fut d'avoir déclaré publiquement : « C'est moi qui ai fait mourir Vincent Humbert. » Ces choses-là ne se disent pas. Quel besoin de faire allusion à un accompagnement chimique ? Mais le plus grave, l'impardonnable, c'est le chlorure de potassium, le poison. Pourquoi donc le docteur Chaussoy s'est-il livré à cette transgression dont, comme tout réanimateur, il connaissait les conséquences ? Il n'a pas eu le loisir de s'en expliquer devant la mission, qui ne l'a pas invité. Mais il a publié un livre, intitulé *Je ne suis pas un assassin*[1], qui permet d'imaginer ce que les députés auraient dû entendre.

Le docteur Chaussoy avait suivi la « bonne pratique » avec le débranchement du respirateur et la sédation. Il a décidé d'aller au-delà en découvrant que la fin de Vincent s'annonçait pénible, tourmentée, chaotique. Plutôt que de laisser le jeune homme s'asphyxier quelques heures avant de rendre son dernier soupir, il lui a donné le coup de grâce. A-t-il voulu assassiner son malade ou lui éviter de souffrir ? La réponse va de soi. Et s'il a pris un tel risque pour lui-même, c'est que la souffrance était évidente, et qu'il n'était pas d'autre moyen d'y mettre fin. Au reste, c'est toujours dans l'urgence terminale que les médecins utilisent un poison à effet immédiat. Dans l'affaire de Périgueux, le docteur Tramois et l'infirmière Chanel avaient injecté le chlorure de potassium à une malade qui était à quelques

1. *Op. cit.*

heures de sa mort et qu'aucun analgésique ne pouvait plus soulager. Dès lors que le mourant n'a pas, de son vivant, exprimé la volonté contraire, son intérêt évident est de voir précipiter ses derniers instants lorsqu'ils s'annoncent aussi pénibles.

Comment distinguer la volonté de soulager et l'intention de tuer ? En se référant aux produits utilisés, dit la médecine. Médicament : intention de soulager ; poison : intention de tuer. Distinction non pertinente. Comment font les bénévoles suisses d'Exit pour permettre à leurs membres le suicide assisté ? Ils ne leur administrent pas un poison, mais un barbiturique surdosé, un médicament. Ils n'auraient donc pas d'intention mortifère ? Allez comprendre…

Le docteur Chaussoy a tué, c'est vrai, mais, à l'évidence, son intention était de mettre un terme aux souffrances du malade. C'est d'ailleurs ce que le juge a retenu dans l'arrêt de non-lieu : « Il n'avait pas l'intention de donner la mort au sens pénal, mais de préserver la dignité de Vincent Humbert et de sa famille. » Cette volonté passe par l'usage de médicaments aussi longtemps qu'ils peuvent faire effet dans les conditions et les délais impartis ; elle peut aussi, en ultime recours, aller jusqu'au poison. Les parlementaires auraient sans doute été sensibles à ces arguments si le docteur Chaussoy, fort de son expérience, était venu les leur exposer.

Les médicaments et les poisons

La médecine moderne, pressée par les progrès de sa technique, tenue par le service des malades, s'approche toujours plus près du tabou suprême, qu'elle n'ose transgresser alors même qu'il a perdu son socle. Seul le commandement de

Dieu ne se discute pas, mais il n'a pas cours dans une république laïque. Comment maintenir le caractère absolu d'un interdit qui ne se fonde plus que sur des principes rationnels et discutables ? La mission va multiplier les contorsions intellectuelles pour maintenir la loi traditionnelle, l'antique *doxa*, dans la médecine moderne.

Concrètement, il s'agit de justifier cette acceptation du médicament surdosé et cette condamnation du poison. « Le malade est endormi, il ne souffre pas[1] », affirme le professeur Lemaire. Affirmation dix fois réitérée tout au long des auditions. S'il ne souffre pas, quel besoin de le tuer ? Pour le croire, il faut admettre que le docteur Chaussoy fut victime d'une illusion trompeuse à propos de Vincent ! Pourtant, la discussion n'ira pas plus loin.

Si elle avait entendu certains réanimateurs qui s'expriment sur les sites de discussion, la mission aurait constaté que perte de conscience et absence de souffrance ne sont pas automatiquement liées. Ces praticiens font état de malades qui, « bien qu'inconscients, semblent encore se débattre et demeurer dans l'inconfort ». La complexité des états comateux, l'impossibilité d'avoir un témoignage vécu interdisent toute affirmation catégorique.

Une fois débranché, le malade n'a plus devant lui qu'une seule issue : la mort plus ou moins rapide. Ou bien il lui reste une certaine conscience, et nul ne connaît les états par lesquels il peut passer, nul ne peut exclure qu'ils soient fort pénibles. Ou bien il n'a plus aucune conscience, et la survie n'a pour lui aucun sens. Dans un cas comme dans l'autre, le

1. Audition de Jean-Michel Boles et de François Lemaire, « Respecter la vie, accepter la mort », *op. cit.*, tome 2, p. 265.

malade n'a rien à gagner à ce que soit différé son départ. Quel est donc le fondement d'un tel interdit s'il ne se rapporte pas à la situation concrète du mourant ?

La raison fondamentale n'est pas médicale, mais idéologique tout en restant laïque et non religieuse. Elle reviendra à de nombreuses reprises dans les différentes interventions : la mort doit rester « naturelle ». L'intervention humaine peut en bousculer le cours, mais elle ne doit pas en prendre le contrôle. Nous devons rester des mortels, c'est-à-dire des êtres qui subissent la mort et ne la choisissent pas.

Dans cette casuistique, le poison n'est pas criminel parce qu'il fait mourir, mais parce qu'il agit instantanément. Il permet de prévoir et de fixer dans le temps le terme de la vie. Voilà l'inadmissible. Le délai d'incertitude devient la marge qui sépare la mort « naturelle » de la mort « criminelle ».

Les réanimateurs insistent beaucoup sur ce point. À lui seul, le débranchement des machines condamne le patient, mais ne fixe pas le terme, comme le rappelle le professeur Lemaire : « La mort du patient peut survenir dans les deux, trois, quatre jours si l'on arrête les reins artificiels, dans les heures qui suivent si l'on arrête la ventilation artificielle, et dans les minutes qui suivent si, l'intéressé étant en choc profond et ayant une pression maintenue par une machine, vous arrêtez cette dernière[1]. » Les médications « licites » restent dans cette marge d'incertitude. « Nos patients sont alors sédatés, les doses de morphine sont augmentées. Le malade finit par mourir. […] Il va s'éteindre doucement,

1. *Ibid.*, p. 264.

comme lors d'une mort naturelle (à la différence de l'injection de potassium qui provoque le décès immédiat)[1]. »

Les parlementaires peuvent s'interroger sur le sens de cette durée si l'on admet que le mourant n'a ni conscience ni souffrance. « Cette période a un sens profond pour les familles qui [...] peuvent se retrouver autour d'un proche [...][2] », explique Jean-Michel Boles, alors président sortant de la Société de réanimation de langue française. Notez que le malade se trouve généralement dans le service depuis un certain temps déjà, que les médecins ont eu tout le temps d'annoncer l'issue fatale, et les proches de s'y préparer. Mais non, il faut *mimer* un « ordre naturel » dans un ordre totalement artificiel.

Le docteur Wagner, posant en principe que « l'on naît par hasard et que l'on meurt par hasard[3] », en tire pour conséquence qu'« il ne faut pas toujours donner le droit de tout faire, notamment le droit à des malades de choisir librement l'heure de la mort[4] ». Le docteur Gomas abonde dans ce sens : « Il faut oser affirmer à nos concitoyens que mourir prend du temps et qu'il faut laisser ce temps, y compris aux personnes qui demandent à mourir[5]. » C'est donc bien le temps mis à mourir qui donne la clé de la « mort licite ». « La sédation altère sans doute l'état du malade, mais elle

1. *Ibid.*, p. 265.
2. *Ibid.*
3. Audition de Jean-Philippe Wagner, « Respecter la vie, accepter la mort », *op. cit.*, tome 2, p. 493.
4. *Ibid.*
5. Audition de Jean-Marie Gomas, « Respecter la vie, accepter la mort », *op. cit.*, tome 2, p. 422.

ne permet pas de contrôler l'instant du décès[1] », conclut le docteur Gomas.

Pour concilier l'inconciliable – l'ordre religieux, l'ordre laïque et la médecine moderne –, la mission en arrive donc à cette extravagance : proclamer la loi du hasard suprême ! Tous autant que nous sommes, nous devons obéir à notre maître, le hasard, promu tout à la fois architecte constructeur et ange exterminateur de notre existence, il est le seul maître de notre mort.

La république n'en vient à de telles aberrations que pour s'être aventurée sur un terrain qui n'est pas le sien. Elle n'a pas à dire si la vie est un droit ou une obligation, si l'homme peut ou ne peut pas choisir l'instant de sa mort. En fidèle servante de la laïcité, elle doit renvoyer cette question à la conscience de chacun. C'est la volonté de maintenir ce reste de théocratie dans la démocratie qui la fait ainsi dérailler. Mais, tout au long de ces débats dans les palais nationaux, nul n'aura rappelé le principe fondateur de l'ordre républicain : le droit pour chacun de vivre et mourir selon ses convictions. Toutes ces contorsions intellectuelles ne visent en définitive qu'à contourner la liberté de conscience afin de protéger le pouvoir médico-religieux.

La mort « naturelle »

Par quelle chance les interdits posés au départ, sur des bases idéologiques et non pas médicales, donneraient-ils toujours les meilleurs résultats pour les malades ? Pour le savoir, il

1. *Ibid.*, p. 420.

nous faut quitter un instant les travaux de la mission et faire un saut dans le temps.

Responsable des soins palliatifs à l'hôpital des Diaconesses, le docteur Gilbert Desfosses – qui, Dieu sait, n'est pas un défenseur de l'euthanasie ! – a fait part de ses interrogations lors d'un discret colloque tenu à l'automne 2005, c'est-à-dire après l'adoption de la nouvelle loi. Il a relaté le cas d'une patiente décédée dans son service[1]. Cette femme, âgée de 55 ans, souffrait d'une tumeur au cerveau et n'était plus justiciable d'aucune thérapeutique. Elle était par ailleurs adhérente de l'ADMD. « On discuta longuement avec elle. On était convenu de ne faire aucun acharnement thérapeutique à partir du moment où la maladie l'empêcherait de communiquer et de parler. » En un premier temps, elle peut encore mener une existence acceptable, profiter des visites de ses proches. Mais l'état général se dégrade inexorablement. « Elle est devenue hémiplégique, elle a des crises convulsives, elle perd peu à peu la parole, et il est convenu avec elle qu'on arrêtera nourriture et hydratation. » À partir du 8 août, la malade est placée sous morphine, elle entre dans la phase ultime du « laisser-mourir », phase qui durera jusqu'au 26 septembre, au terme d'une très grande altération de toute sa personne. « Ce fut long, très long, très impressionnant, se souvient le médecin qui s'interroge sur de telles fins de vie. J'ai un sentiment d'insatisfaction d'avoir vu cette patiente souffrir... Les décisions prises en soins palliatifs n'ont pas permis que la mort survienne, alors qu'elle avait, de mon point de vue, vécu au-delà de ce qu'elle souhaitait... Quel sens donner à ces quinze derniers jours ? D'ordinaire, on apprend en soins

1. Dans *Libération* du 8 novembre 2005 et *Le Monde* du 6 février 2006.

palliatifs à donner un sens à cette fin de vie. Là, il n'y en avait pas. »

Il eût été inconvenant de présenter de tels cas à nos parlementaires. Il devait être entendu que la question de la « mauvaise mort » ne se posait plus dès lors qu'étaient apportés des soins de qualité. Il faudrait donc croire que la malade du docteur Desfosses représentait un cas unique, comme Vincent Humbert et tant d'autres.

Si les gens ordinaires avaient eu droit à la parole, ils se seraient exprimés comme ceux, si nombreux, qui sont intervenus dans les émissions qui ont suivi la publication de mon ouvrage consacré à la fin de vie, *La Dernière Liberté*[1]. La plupart évoquaient la mort d'un parent. Dès les premiers mots, au seul son de la voix, je savais s'ils allaient évoquer une mort « naturelle » ou « provoquée ». Il s'agissait dans tous les cas de souffrances terribles, de déchéances terminales, de détresses insoutenables. Tous avaient demandé aux médecins d'abréger ces insupportables agonies. Les uns en parlaient avec une voix triste et apaisée, ils avaient été entendus, et « le docteur avait fait ce qu'il fallait », comme ils disaient. Les autres avaient encore des sanglots dans la gorge, la plaie ne s'était jamais refermée. Ils avaient le sentiment d'avoir manqué à l'être qu'ils aimaient et se reprochaient de n'avoir pu lui apporter ce dernier secours.

Il serait simplement honnête de reconnaître que le « laisser-mourir » et le double effet peuvent toujours être pris en défaut par la cruauté de la nature. C'est alors que le confort du mourant devrait l'emporter sur celui des soignants. Certes, l'utilisation de telles substances létales

1. *La Dernière Liberté*, Paris, Fayard, 2001.

permet bien des dérives. Raison de plus pour élaborer une loi qui impose la transparence et le respect de règles strictes, seul moyen de mettre un terme à ce pathétique divorce au chevet de certains malades en fin de vie.

L'ordre théocratique ne veut pas mourir

Car il s'agit bien d'une totale incompréhension entre l'élite médico-religieuse et la sensibilité populaire. L'euthanasie compassionnelle n'éveille pas dans les consciences la même horreur, la même répulsion que le meurtre. Nos élites peuvent le déplorer, mais c'est un fait. Plutôt qu'en prendre acte et reconstruire une nouvelle morale pour une nouvelle réalité, elles restent obstinément crispées sur le vieil interdit. La mort médicalisée doit se conformer à une norme simpliste d'inspiration religieuse pour gérer une mort complexe et laïque.

Et voilà pourquoi notre mission parlementaire, tant par ses organisateurs qu'avec ses intervenants, a pu jouer cette détestable partition malgré une distribution aussi remarquable. Car les personnalités qui s'exprimèrent au cours de ces huit mois de travaux sont, chacune dans leur discipline, de tout premier plan. Elles ont amplement démontré leur compétence et leur intégrité. Les médecins qui adoptèrent ces positions dogmatiques font preuve des plus rares qualités professionnelles dans leur pratique quotidienne. J'en ai eu des témoignages personnels. Comment donc ont-ils pu se donner de si mauvais rôles ?

Ils s'étaient enfermés dans le piège de tous les conservatismes : la justification d'un *statu quo* dépassé. Comment imaginer que, en accumulant ainsi les arguments fallacieux, ce bric-à-brac finirait par peser aussi lourd que l'interdit divin d'autrefois, qu'il s'imposerait dans un monde déchristianisé ?

La république est confrontée en permanence à ces questions qui mettent en cause l'essentiel. Les Français, très en avance sur leur élite, ont compris qu'elle ne doit pas trancher. La revendication d'un droit à la mort n'a jamais été pensée comme une obligation, mais seulement comme un choix. Ainsi le peuple donne-t-il une formidable leçon de démocratie à sa classe dirigeante.

Par chance, le décalage était tel entre l'ordre moral et l'opinion, entre les principes anciens et les techniques modernes, entre les interdits ancestraux et les situations concrètes, que le bloc médico-religieux a dû en rabattre et accorder aux individus le droit de refuser, tout en leur refusant le droit de décider.

L'avant-dernière étape

À l'arrivée, cela donne une cotte mal taillée, mais une cotte tout de même. La loi Léonetti constitue un progrès indiscutable pour les médecins, qui verront dépénaliser leurs « bonnes pratiques » de fin de vie, qui ne craindront plus la justice chaque fois qu'ils aideront un malade à mourir. C'est également un progrès pour les malades, qui voient confirmer leur droit à refuser toute forme de traitement, y compris l'alimentation et l'hydratation, au risque de précipiter eux-mêmes leur fin. C'est encore un progrès de voir reconnaître aux « directives anticipées » une valeur, ne serait-ce qu'indicative. Mais le conservatisme idéologique est demeuré intraitable sur les deux tabous : le droit de demander la mort et le droit de la donner.

Cette loi d'initiative parlementaire et non pas gouvernementale fut donc adoptée à l'unanimité par l'Assemblée nationale le 26 novembre 2004. Au terme d'une séance mémorable par l'absence de tout antagonisme, la recherche constante du compromis, les élus du peuple se décernèrent une brassée de louanges. Tous ceux qui défilaient à la tribune estimaient que l'Assemblée s'était « honorée » et se devaient de remercier les initiateurs de cette proposition. En vérité, la représentation nationale n'en revenait pas d'avoir osé légiférer sur une telle matière ! Depuis cinquante ans, elle s'était persuadée que le premier qui s'y attaquerait serait « carbonisé ». Elle était étonnée et satisfaite de s'en être tirée à si bon compte.

De fait, le texte réussissait ce miracle de paraître novateur, alors qu'il se bornait à confirmer et à consacrer le *statu quo* en confortant l'ordre moral. L'unanimité regroupaient ceux qui avaient approuvé un premier pas en annonçant d'autres et ceux qui y avait vu une barrière interdisant d'aller plus loin. Le ministre Philippe Douste-Blazy était sur cette deuxième position en rappelant à la tribune qu'il était contre l'euthanasie et que la France ne voulait pas de ce qui se passait en Belgique ou aux Pays-Bas. Il affirma aussi que la loi permettait « aux malades incurables de choisir leur mort ». À condition, bien sûr, de s'en tenir au catalogue du double effet.

Marie Humbert avait suivi le débat depuis la tribune du public. Elle écoutait ces députés qui ne l'avaient pas entendue. L'inverse eût été préférable. Elle avait beaucoup à leur apprendre ; ils n'avaient pas grand-chose à lui dire. La vie lui avait durement enseigné la nouvelle morale de la mort, celle-là même que la mission parlementaire avait soigneusement évitée pendant huit mois.

Marie était partie en campagne avec sa « proposition de loi Vincent Humbert » comme oriflamme : un texte bien raisonnable, puisqu'il ne proposait même pas la légalisation de l'euthanasie, rien qu'une « exception d'euthanasie » telle qu'elle a été sans cesse recommandée par le Comité national consultatif d'éthique. Mais c'était encore trop, beaucoup trop pour les défenseurs de l'ordre moral.

Notre élite figée n'avait définitivement rien compris à une revendication à la fois populaire et démocratique. Les instigateurs de cette grande manipulation entendaient même appeler « loi Vincent Humbert » la future « loi Léonetti », et furent tout surpris par le refus indigné de Marie Humbert.

Conclusion

La France hors d'attente

La France arrive à l'heure de vérité, elle s'est mise hors d'attente. Elle n'a plus de temps « à donner au temps », et le vent qui se lève balaiera sur son passage les conformismes, les conservatismes, les corporatismes. Le XXIe siècle se paie comptant, il ne fera pas crédit.

Au fil de mes livres, j'ai mis en lumière ce divorce français qui paralyse la démocratie, ce goût de l'affrontement qui, sous couvert de références idéologiques, masque les crispations corporatistes. Cette stérilisation du lien social se retrouve dans les domaines les plus divers, elle remet en cause notre art de vivre ensemble. Le pouvoir politique, trop faible pour créer l'événement, reste prisonnier des tabous, otage des minorités ; l'élite, oublieuse de ses responsabilités, bascule de l'excès de pouvoir à l'absence d'autorité, et le peuple, peu enclin aux vertus civiques, passe de la soumission à la protestation en sautant l'étape de la participation. Un irréductible autant qu'un impossible divorce, c'est ce que je retiens de mes histoires de France.

Un tempérament national

Il nous faut revenir sur cette « société de défiance » décrite par Pierre Cahuc et Yann Algan. Que penser d'un tel constat ? Comment l'interpréter ?

À dire vrai, on s'en doutait. Frondeur, fraudeur, rouspéteur, resquilleur, individualiste, indiscipliné, égotiste, égoïste, « tous pour moi et moi pour moi », tel est notre tempérament, telle est notre ascendance gauloise, tel est notre art de vivre. On est français, nom de Dieu !

Quand être français signifie penser par soi-même, se dégager du conformisme ambiant, n'accepter une règle qu'après en avoir vérifié le bien-fondé, laisser son voisin vivre à sa guise sans l'épier ni le dénigrer, n'écouter jamais que d'une oreille critique les grands sermons de nos chefs, jouir de la vie sans rien demander aux moralistes, se nourrir d'une histoire et d'une culture auxquelles on est attaché, cette identité, nationale ou pas, est assurément la mienne.

Mais il existe aussi cette face sombre du tempérament français. Ce n'est plus Figaro, Scapin, Cyrano, mais la triche, la goujaterie, le parasitisme. La tentation est grande de lier les deux comme l'avers et l'envers d'une médaille. Remettre en cause nos travers reviendrait à dénigrer notre identité même. On pourrait ainsi légitimer ou à tout le moins excuser, sous couvert de fierté nationale, cet incivisme que dénoncent nos économistes. Le Français, qu'on se le dise, ne serait pas à réinventer, il se prendrait tel quel.

Imposture que tout cela ! Sommes-nous moins français depuis que nous n'enfumons plus nos voisins, depuis que nous ne conduisons plus n'importe comment, que nous commençons à trier nos ordures ? Notre art de vivre serait-il altéré si la fraude fiscale cessait d'être un sport national, si les espaces de loisirs n'étaient pas jonchés de détritus le lundi matin ? Si chaque salarié cotisait à son syndicat plutôt que d'en attendre les services sans rien donner en échange ?

La France a la tête au nord et les pieds au sud. Grand merci à la géographie ! Nous mêlons la rigueur, la raison des pays nordiques, et la chaleur, la fantaisie des pays méditerranéens. Le cocktail idéal auquel tous les peuples ont envie de goûter. Mais, peu à peu, nous avons pris le pire d'un côté comme de l'autre. Ce n'est pas une fatalité, rien qu'un accident de l'histoire, à corriger au plus vite.

Car la méfiance, un défaut parmi d'autres sur le plan individuel, devient dramatique sur le plan collectif. C'est le poison de la démocratie. Montesquieu nous avait prévenus : « La République se fonde sur la vertu », dont il nous précise qu'elle « demande une préférence continuelle de l'intérêt public au sien propre ». À suivre *L'Esprit des lois*, les Français auraient donc cessé de se comporter en citoyens.

Sortir de cet impossible divorce, trouver les voies d'une réconciliation démocratique, c'est vivre au quotidien dans la conviction qu'une volonté générale peut émerger d'un débat authentique et s'imposer à tous comme la loi commune. Cette loi, on peut toujours la contester, mais on doit d'abord la respecter. La société se trouve alors liée par le pacte de confiance. À tous les niveaux : confiance dans les institutions, dans les valeurs, dans les élites, dans le peuple.

Il en va de même pour l'économie de marché : un pari sur l'honnêteté des différents intervenants qui doivent tous respecter les mêmes règles. Les Français n'en croient rien, c'est pourquoi ils se méfient de la compétition, redoutent la concurrence, se réfugient dans le corporatisme et demandent sans cesse des réglementations et des protections renforcées. Un formidable frein à la croissance.

Une société démocratique est de nature imparfaite, ce n'est pas son moindre mérite. Toutefois, les histoires que nous avons relatées révèlent des dysfonctionnements qui dépassent l'ordinaire et nécessaire imperfection du système.

À l'origine de la méfiance

Pourquoi nous sommes-nous enfermés dans ce divorce qui paralyse la démocratie ? Yann Algan et Pierre Cahuc réfutent l'image des Gaulois rétifs à toute forme d'engagement civique ou de discipline collective. Ils datent cette dérive des années qui ont suivi la Libération. Paradoxe ! N'est-ce pas alors la naissance de l'État-providence ? La solidarité collective ne devrait-elle pas avoir eu l'effet inverse ? Ce n'est évidemment pas l'idée qu'ils incriminent, mais son expression. Le système mis en place, expliquent-ils, était tout à la fois étatiste, corporatiste, inéquitable et compliqué. Les Français n'y trouvent ni la justice ni la transparence. « Le mélange de corporatisme et d'étatisme est au cœur du cercle vicieux de la défiance actuelle », expliquent les auteurs.

Cette société est profondément bureaucratique, elle mise sur le règlement plus que sur la négociation, sur les droits acquis plus que sur les conventions. Au total, un monde assez figé dans lequel l'état de fait tient lieu de justice et d'égalité. Chacun se débrouille comme il peut, tant mieux pour les gagnants, tant pis pour les perdants. Un tel modèle est plus aliénant qu'intégrateur, il ne peut avoir aucune vertu pédago-civique.

Sans doute l'analyse pourrait-elle être poussée plus avant. Pour expliquer une telle méfiance, à la complexité et à l'opacité, il faut ajouter le mensonge et l'hypocrisie. L'État ne distribue pas ses faveurs de manière arbitraire ou aléatoire, il favorise les catégories qui possèdent les meilleurs moyens de pression. Sous couvert de justice sociale, il rémunère le pouvoir de nuisance. D'un côté, le discours exalte le progrès social et la solidarité nationale ; de l'autre, la politique protège les plus menaçants et dédaigne les moins armés. 23 000 embauches de fonctionnaires en moins, c'est un drame dans les médias ; 10 000 salariés qui perdent leur emploi chaque jour, ce n'est même pas une information. Les Français ne sont pas dupes de cette grande triche. D'autant que c'est en permanence et dans tous les domaines que nos valeurs républicaines sont instrumentalisées.

L'éblouissement des projecteurs

Premier point : la présentation ou la représentation de la réalité impose une hiérarchie fallacieuse de l'actualité. La sélection de nos interrogations et de nos indignations se fait en dépit du bon sens. Nous sommes scandalisés à l'idée de laisser à nos enfants une nature dévastée, mais nous supportons fort bien la dette qu'ils devront rembourser toute leur vie. Nous sommes interpellés par le chômage de masse, mais ne remarquons pas la pénurie de main-d'œuvre qui en a toujours été le corollaire. Nous sommes révoltés par l'échec scolaire, mais fort peu concernés par celui de l'apprentissage.

Depuis trente ans, l'image de la peur est associée à celle du nucléaire, et pas de l'automobile. Les mêmes qui traquaient la moindre dose d'émission radioactive n'avaient pas un mot pour l'hécatombe routière. Et que représente en surface médiatique la suralimentation par rapport aux OGM ? Peu de chose, assurément. Pourtant, nul à ce jour n'a été tué par les organismes transgéniques alors que notre boulimie de sucre fait tous les jours des ravages. Notre élite se mobilise contre la drogue, mais beaucoup moins contre l'alcoolisme. Les causes défendues sont justes, mais les causes oubliées le sont tout autant. Comment cela est-il possible ? Pour le comprendre, je prendrai un cas d'école de l'actualité récente, qui a focalisé l'attention sur un problème mineur au détriment d'autres sujets de plus grande conséquence : l'affaire des tests ADN.

Le mélodrame de l'ADN

La question est d'une extrême banalité : évaluer l'intérêt économique ou social d'une technique pour une application particulière. Les sociétés industrielles sont constamment confrontées à ce genre d'interrogation et devraient disposer d'instances et de procédures spécialisées pour y répondre. En pratique, elles préfèrent se lamenter sur les dégâts du progrès plutôt que les prévenir. Pour une fois, l'interrogation a précédé l'application : un bon point pour la France. Ce sera bien le seul.

En matière d'immigration, la France vit sur un principe que Michel Rocard a résumé dans la formule fameuse : « La France ne peut pas accueillir toute la misère du monde. » Deux propositions en une : d'une part, « accueillir » certains étrangers qui désirent vivre dans notre pays ; d'autre part,

« ne pas accueillir » certains autres, non moins désireux de venir chez nous.

Cette problématique est en particulier posée par le regroupement familial. Il faut favoriser le rapprochement des enfants d'immigrés – et ce, malgré les défaillances éventuelles des états civils dans les pays d'origine – tout en évitant les fraudes.

L'identification génétique devrait apporter une bonne réponse, puisqu'elle permet d'établir de façon rapide et certaine une parenté biologique. Reste la question des enfants adoptés ou des familles recomposées, qui relèveront toujours des procédures actuelles. Mais, pour la filiation biologique, la méthode a fait la preuve de son efficacité, les institutions européennes ont recommandé son utilisation et ont été suivies sur ce point par une dizaine de pays voisins et fort démocratiques. Ce n'est une raison ni pour y recourir ni pour l'interdire, mais cela prouve que les droits de l'homme ne sont pas en cause. Pas de quoi monter sur ses grands chevaux.

L'évidente commodité de cette méthode ne cache-t-elle pas des effets pervers ? Pour le savoir, il faut confronter la technique proposée au problème posé. Or, la critique s'est d'emblée portée sur le plan de la morale et des symboles. L'élite a offert aux Français un grand mélodrame donnant à croire que la filiation biologique serait désormais la seule reconnue, que la France rejetterait toute personne génétiquement non conforme. Racisme et eugénisme étaient de retour. On est tout de suite passé d'une question rationnelle à ces dérapages dans l'irrationnel dont raffolent les médias. Attention, spectacle sur le forum ! Juste ce qu'il faut pour creuser un peu plus ce fossé d'incompréhension entre le peuple et l'élite.

Les dés étaient pipés avant même d'être lancés. La génétique, dans ses applications non médicales, n'est pas considérée en France comme une simple discipline utile ou nuisible selon l'usage qu'on en fait. Il s'agit d'une science maudite, à l'égal du nucléaire ou des OGM. Il suffit de dire « empreintes génétiques » pour que l'on agite le spectre d'un fichage génétique généralisé et que l'on suscite l'indignation majeure.

Par ailleurs, quelle est la réalité du regroupement familial ? Que sait-on de son importance, des difficultés, des contrôles, des fraudes, etc. ? Impossible de répondre avec précision. Toute observation sérieuse, quantitative, des phénomènes migratoires est idéologiquement incorrecte, et la France n'a aucune visibilité statistique sur les problèmes de l'immigration en général, ni du regroupement familial en particulier.

« Génétique », « immigration » : voilà deux « thèmes mobilisateurs ». En les réunissant, on provoque le grand hourvari médiatique. Périodiquement, les Français sont ainsi pris à témoin de ces querelles qui instrumentalisent et décrédibilisent les valeurs républicaines. Comment s'étonner, après cela, qu'ils manifestent cette méfiance vis-à-vis du débat démocratique, qu'ils se replient sur la défense de leurs intérêts particuliers ?

Les Français vivent dans un parc d'illusions, allant d'une attraction à la suivante, sans prise directe sur la réalité. Ce détournement d'attention impose une certaine hiérarchie des priorités, une vision conforme aux intérêts du moment de la classe dirigeante. Intérêt politique des partis, qui font donner les grandes orgues pour défendre leurs électeurs, intérêts économiques des corporations, qui mélodramatisent leurs difficultés, intérêt commercial des entreprises, qui poussent les projets profitables, etc. Malheur aux populations sans parrains médiatiques et aux problèmes en déshérence !

À l'évidence, les personnalités qui se sont engagées dans le combat contre les tests ADN ne poursuivaient aucun but égoïste et ne voulaient pas tromper l'opinion. Ont-elles pour autant contribué à clarifier le débat ? Je ne le pense pas. Et c'est le deuxième point.

L'émotionnel et le rationnel

Quand Thierry Mariani glisse cet amendement dans la loi de Brice Hortefeux sur la maîtrise de l'immigration, l'intégration et l'asile, il ne dispose pas des informations indispensables pour encadrer une telle mesure. La première version, hâtive et fautive, traduit parfaitement cette ignorance. Elle se soucie de réprimer les fraudes, non de favoriser le regroupement. Cette mesure n'est pas exempte d'arrière-pensées politiciennes. « Empreinte génétique », pour l'électorat sarkozyste, cela sonne « sérieux ». Faire appel à une technique moderne donne à penser que la nouvelle loi sera mieux respectée que les précédentes. Disons que c'est là de la « com' » politique, pas de la perversion raciste.

Le concert de protestations soulevé par l'amendement Mariani a eu le grand mérite d'obliger le pouvoir à revoir sa copie, à entreprendre ce travail de réflexion indispensable avant de mettre en application une nouvelle technique. La version revue et amendée subordonne les tests ADN à une demande de la mère et d'elle seule, les soumet au contrôle du juge et en fait supporter le coût par l'administration. Sur cette base, un examen critique devient possible. Mais pensez donc! Quand on tient une si bonne cause, on ne s'en laisse pas déposséder. Les protestations continuent de fuser comme jamais. «Ne déshonorez pas la France!» titre à la une *L'Humanité* en annonçant un casting éblouissant de protestataires ralliant Bernard-Henri Lévy et Michel Piccoli, Amélie Nothomb et Noël Mamère, Axel Kahn et Renaud. Le quotidien aurait même pu ajouter tous les leaders de la gauche socialiste, plus Charles Pasqua, Dominique de Villepin, Fadela Amara, l'Église catholique, et j'en passe. C'est véritablement l'élite qui s'est rassemblée dans ce sursaut d'indignation face à une population qui, d'après les sondages, serait, elle, plutôt favorable à une telle mesure... Parfaite illustration du divorce français.

Les pourfendeurs de l'ADN ont cédé à l'émotion, aux symboles, à l'outrance, au détriment de l'analyse, de la réflexion et de la discussion. Avec les meilleures intentions du monde et la bonne conscience en prime. Entre ceux qui instrumentalisent les grands principes au service de leurs petits intérêts et ceux qui laissent parler leur cœur et font taire leur raison, le débat démocratique se perd dans l'idéologie.

À elle seule, l'émotion peut poser une question, c'est déjà beaucoup, mais certainement pas apporter une réponse, c'est sa limite, toujours franchie, qui nous fourvoie dans les remèdes d'évidence à l'utilité incertaine, aux effets secondaires redoutables. Comment protester contre le drame des sans-logis sans exiger dans le même élan le blocage des loyers et l'interdiction des expulsions? Or, on sait d'expérience que de telles mesures ne font qu'aggraver la crise. Comment se porter au secours de travailleurs licenciés sans s'opposer à la fermeture de l'usine? Une réponse totalement inefficace face au problème des délocalisations. Comment penser correctement les problèmes dans le tohu-bohu des dénonciations et des imprécations ?

Pour en finir avec les tests ADN, il s'avéra impossible de poser les deux questions majeures restées en suspens. D'une part, l'administration ne va-t-elle pas rendre, dans les faits, cette preuve obligatoire ? Ne va-t-elle pas considérer comme fraudeuse toute mère qui ne la demandera pas ? Plus généralement, ne va-t-elle pas ignorer toute autre forme de filiation ? D'autre part, cette méthode, ainsi encadrée, a-t-elle encore une quelconque utilité ? La mise en place d'un tel dispositif est lourde, elle n'est justifiée que si le nombre des cas à traiter est important. Or, ce sont plus souvent les pères que les mères qui veulent faire venir leur famille. Combien de personnes sont concernées, combien d'admissions seraient facilitées, combien de fraudes évitées ? Bref, le jeu en vaut-il la chandelle ? C'est au terme d'une telle réflexion que les tests ADN pouvaient se voir acceptés ou refusés selon les réponses apportées. Mais ces questions sont devenues tout à fait secondaires dans l'affrontement politico-idéologique. Ne reste que l'épreuve de force entre le pouvoir et ses adversaires.

Voilà donc comment la réalité est tout à la fois mal présentée et mal traitée par notre élite médiatisée. On connaît la formule expéditive : les peuples ont les élites qu'ils méritent. Trop facile, vraiment ! Le citoyen ne peut avoir une connaissance directe de la réalité. Il n'en a ni le temps, ni la compétence. Il se prononce en fonction de l'image qui lui en est proposée. Dans le jeu démocratique, l'élite est maîtresse de l'offre politique, c'est elle qui a l'initiative. Elle présente à travers les médias une grille de lecture aussi déterministe qu'un sondage. On ne répond jamais qu'aux questions posées.

Il arrive que le peuple manque de talent. Il ne voulait pas abolir la peine de mort, et il en tient toujours pour le tout-répressif. Nos pères se désintéressaient du vote féminin et nous nous accommodons des inégalités entre hommes et femmes. En son temps, l'intelligentsia s'est fourvoyée en préférant avoir tort avec Sartre que raison avec Aron, mais, en 1988, le corps électoral a fait de même en choisissant Jacques Chirac plutôt que Raymond Barre. Avec ces candidats qui vont chercher leur programme auprès de leurs électeurs, la sagesse populaire a fait un retour en force : elle est tout, sauf infaillible.

La démocratie donne le dernier mot au peuple souverain, c'est vrai, mais le dernier après tous les autres, lesquels ne lui appartiennent pas. C'est bien la classe dirigeante qui prépare la décision. Historiquement, les peuples ont plus souvent été trompés qu'ils ne se sont trompés. Dans la grande réconciliation, ce n'est pas à eux de faire les premiers pas.

Le langage perverti

Nous ne savons plus vivre ensemble, car nous ne savons plus penser ni simplement parler ensemble. Notre langage s'est perverti dans une dérive qui se fixe sur un mot, qui oublie le sens et impose le symbole.

La querelle de l'ADN est exemplaire de ce dérapage. « Génétique », « étrangers », ont suffi à échauffer les esprits. On vit même certains bondir lorsque le Premier ministre parla de « détail », terme fort banal mais à tout jamais « lepénisé », qui conduirait à débusquer les pires arrière-pensées racistes. Ainsi le débat démocratique se réduit-il à un verbalisme qui oscille entre l'anathème et l'incantation. Réduire la langue à l'énoncé d'un mot, d'une expression, d'une image, c'est aussi réduire l'analyse à la conclusion, la réflexion à l'émotion.

Comment n'être pas consterné de voir le débat économique et financier, si dramatique pour notre avenir, ramené à un jeu de mots. François Fillon aurait commis une « gaffe » en parlant d'un État « en faillite », alors que notre incapacité à corriger les dérives actuelles nous conduit tout droit, en effet, à une cessation de paiement. Et Christine Lagarde n'a-t-elle pas manqué de tout sens politique en osant parler de « rigueur » ? Nicolas Sarkozy a bien vite rectifié le tir en rejetant le mot « austérité ». Or, quel magicien pourrait éviter à notre pays la faillite pure et simple sans faire preuve de rigueur et imposer l'austérité aux finances publiques ?

Nous n'avons simplement plus les mots pour décrire le monde dans lequel nous vivons, pour l'appréhender et assurer notre redressement : ils ont été chassés par le démagogiquement correct. La classe politique vit dans la conviction que le peuple n'est plus en état d'entendre un langage de vérité. Qu'il faut l'entretenir dans ce verbalisme illusoire qui nous a fait perdre nos repères au cours des dernières décennies.

Le héros ou l'élite

La France a connu sous la présidence du général de Gaulle une efficacité singulière qui tranche avec l'impuissance de la période suivante. Elle se lançait hardiment dans le nucléaire, tant militaire que civil, dans de grands programmes parfois démesurés. Était-ce la démocratie qui générait ce dynamisme, n'était-ce pas plutôt une sorte de bonapartisme populaire et technocratique ? Le débat public était réduit à sa plus simple expression. Les Français s'en remettaient au Général pour l'Algérie comme pour le reste.

Ses successeurs se devaient de refonder la république sur la confiance des citoyens dans leur élite. Un défi qu'ils n'ont su relever qu'en dérivant dans la surenchère démagogique. Sommes-nous condamnés au sauveur suprême ? Mieux vaut alors nous souvenir de l'avertissement de Bertolt Brecht dans *La Vie de Galilée* : « Malheureux le pays qui n'a pas de héros ! » lance le disciple au savant qui s'en va vers l'abjuration. « Malheureux le pays qui a besoin de héros ! » répond Brecht par la voix de Galilée. Oui, nous serions bien malheureux si nous avions besoin d'un nouveau de Gaulle pour nous tirer d'affaire. Il faut nous débrouiller par nous-mêmes en dépassant le divorce à la française.

La France du XXIe siècle, emportée par de nouveaux désirs, prise dans la mondialisation, doit redéfinir son avenir. Changement d'objectif, pas de méthode. Or, nous avons fait le contraire. En guise d'objectif, nous en sommes restés à la défense d'un « modèle français » incapable de se rénover ; pour la méthode, en revanche, nous sommes passés de la raison à l'émotion, de la continuité à l'instantanéité, de l'action à la parole, de l'offensive à la défensive, de la compétition à la rente, de la rigueur au laisser-aller, de l'ambition à l'idéologie.

L'élite ne va pas d'un coup de baguette magique retrouver sa mission et assumer ses responsabilités. Si une telle mutation était possible, elle se serait accomplie pendant la campagne présidentielle de 2007. Malheureusement, la « rupture » salutaire s'est accompagnée d'une navrante continuité. À nouveau le prix de l'élection a hypothéqué le succès de la gestion, les promesses de campagne ont plombé les défis de la présidence. Plus on applaudit aux réformes, plus on s'inquiète des finances.

Mais, dans le même temps, le scrutin a provoqué une salutaire remise en cause de notre classe politique. Moment privilégié où l'opinion retrouve sa fonction de juge-arbitre. Quand l'élite est saisie par le doute, le peuple peut à nouveau se faire entendre. Il dispose même pour cela d'un nouveau forum.

La nouvelle parole du souverain

La démocratie proclame le peuple souverain, encore faut-il qu'il puisse s'exprimer. Traditionnellement, il ne manifeste sa volonté qu'en répondant aux questions qu'on lui pose, aux choix qu'on lui propose lors des élections. Dans l'intervalle, il est censé faire connaître son opinion à travers le filtre plus ou moins déformant de la presse. Faute de se faire entendre, il ne lui reste qu'à descendre dans la rue.

Plus récemment, le peuple fut équipé d'une prothèse : les sondages d'opinion. Ainsi appareillé, le grand taiseux est devenu un bavard impénitent. Tous les jours il est censé donner son avis sur tout et n'importe quoi. Mais cette parole reste singulièrement passive, il lui manque la spontanéité et l'interactivité.

Voilà précisément ce qu'apporte Internet, le nouveau forum. Les Français se sont pris au jeu, les blogs connaissent un développement foisonnant exubérant. Défoulement sans conséquence ou révolution de notre vie démocratique ?

Le phénomène est si récent que l'on peut difficilement utiliser l'analyse rétrospective. Et pourtant... À deux reprises, les Français se sont exprimés sur les questions européennes : en 1992 pour ratifier le traité de Maastricht et en 2005 pour rejeter le projet de constitution européenne. Deux superbes illustrations du divorce français. Dans un cas comme dans l'autre, l'élite, gauche et droite confondue, se prononce en faveur du texte. Les premiers sondages donnent une confortable majorité au « oui ».

Au cours de la campagne, les forces de gouvernement, les gens raisonnables et responsables, viennent conforter les Français dans leur opinion favorable. La contradiction est apportée par des forces de protestation extrémistes, marginales, minoritaires dans tous les cas. Bref, c'est bien l'élite qui vient prêcher la bonne parole au peuple.

Résultat de ces appels à la raison : la majorité des deux tiers n'est plus que de 51 % en 1992 et se réduit à un piteux 45 % en 2005. D'une consultation à la suivante, Internet s'était invité dans le débat. Les opposants y trouvèrent, en dehors des voies classiques, un moyen d'expression d'une redoutable efficacité. Impossible d'en mesurer l'influence exacte, mais tous les politologues conviennent qu'il fut loin d'être négligeable.

Internet a de nouveau joué un rôle essentiel dans la désignation du candidat socialiste à l'élection présidentielle. Ségolène Royal en fit un bien meilleur usage que Dominique Strauss-Kahn et Laurent Fabius. Aurait-elle gagné sans son blog « Désirs d'avenir », on ne le saura jamais ; le fait est que ce contact direct avec les militants et sympathisants l'a beaucoup aidée.

Deux précédents significatifs pour un média tout juste débutant. Nul doute qu'Internet prendra une place de plus en plus importante dans notre vie politique. Une étude de l'European Interactive Advertising Association n'a-t-elle pas révélé que désormais les jeunes européens de 15 à 25 ans consacrent chaque semaine 13 heures à la télévision et 15 heures à Internet. Cette nouvelle génération de citoyens fera un usage des différents médias que nous ne pouvons pas imaginer. Mais nous voyons déjà le sens d'une telle évolution. Pour le meilleur ou pour le pire, elle fera perdre à l'élite une part de sa superbe et la soumettra à une pression accrue de la population. Les courants protestataires ont été les premiers à investir ce nouveau forum, il appartient désormais aux citoyens de s'y manifester, de l'utiliser pour imposer le renouveau de notre démocratie. Une fois de plus, le progrès technique s'impose dans notre société, mais sans fournir le moindre mode d'emploi.

Cette garce de vérité

C'est plus que jamais à nous, citoyens, de faire le tri entre ceux qui veulent nous séduire et ceux qui veulent nous servir, ceux qui se servent des mots pour nous éclairer et ceux qui s'en servent pour nous éblouir, ceux qui disent les choses comme elles sont et ceux qui les accommodent à leur façon, ceux qui misent sur le courage et la raison, et ceux qui misent sur la facilité et l'émotion, ceux, pour tout dire, avec lesquels nous avons envie de vivre et pas de divorcer. Comment faire le tri entre les uns et les autres afin de ne plus galvauder notre confiance ?

Premier point : pratiquer le doute. Toute société produit de l'évidence. Ses membres pensent tous la même chose au même moment. Cet unanimisme suffit bien souvent à transformer l'erreur en vérité. « Puisque tout le monde le dit… »,

« Puisqu'on a toujours fait comme ça... » Difficile de résister à cette pression du conformisme, qui tantôt prêche le vrai et tantôt le faux. À nous de ne pas tenir le consensus de l'élite ou de l'opinion pour une preuve.

Deuxième point : transformer la méfiance en lucidité. La défiance généralisée est une névrose ; il existe des hommes, des partis, des organisations qui méritent notre confiance. Les reconnaître n'est pas si difficile. Il suffit d'appliquer le bon critère, celui de la vérité. À ne pas confondre avec la sincérité. Tout homme public finit par croire à ce qu'il dit. La belle affaire ! Seul mérite notre confiance celui qui cherche la vérité. C'est donc elle qu'il faut reconnaître et savoir entendre. Une recherche toujours incertaine.

Par chance, son double maléfique, l'erreur, est beaucoup plus facile à démasquer. C'est une bonne fille inventée pour nous plaire. C'est elle que nous voulons entendre, elle qui nous séduit, c'est la putain du démagogue. Elle nous dit que tout cela n'est pas bien grave et qu'on peut en sortir sans efforts, que d'autres seront mis à contribution, mais pas nous. La vérité ne se fabrique pas, elle est ce qu'elle est : une personne surprenante, déroutante, désagréable, parfois même une vraie garce. Mais, telle qu'elle est, il faut la recevoir. Car c'est elle et jamais sa sœur fallacieuse qui porte l'espoir.

Parler vrai, c'est affaire de fond et non pas de forme, ce n'est pas parler « comme tout le monde », c'est même le contraire. C'est dire ce qui ne se dit pas, c'est parler contre son intérêt et s'attirer la réprobation de son propre camp, pas seulement celle du camp adverse. C'est agir à l'inverse de la mission parlementaire créée à l'occasion de l'affaire Humbert et dont les membres, soigneusement choisis, se décernaient complaisamment des brevets de bien-pensance. Le doute n'avait pas sa place dans une telle assemblée. La vérité non plus.

Les grand-messes politiques poussent à la caricature cette jubilation dans les certitudes partagées. Quel que soit le sujet traité, chacun connaît les choses à dire, les mots à éviter pour recueillir l'approbation de ses amis et supporters. Attention, danger ! Ce sont toujours les phrases les plus creuses qui sont applaudies par les militants. L'orateur a calculé son effet, il lance la formule, puis s'interrompt, la mine satisfaite, pour recevoir en écho la vague des vivats. Un rituel de célébration au service de l'erreur. Le parler-vrai fait plus souvent l'effet d'une douche glacée que d'une douche chaude. Silence, étonnement, inquiétude et, pour finir, irritation. Les visages se ferment. La réalité s'est invitée dans le débat, elle a rompu le sortilège des mots. Instant privilégié.

Dans notre jeu politique manichéen, le retour au réel ne se fait jamais qu'en empruntant à l'adversaire. Celui qui ne prend pas le risque de décevoir et de choquer les siens, celui-là ne dira jamais la vérité.

La France traverse une mauvaise passe, c'est vrai. Elle peut à tout moment se redresser, c'est aussi vrai. Ce redressement nécessite des efforts de tous, c'est la troisième vérité. La plus déplaisante. Chacun considère la charge comme trop lourde pour lui, trop légère pour les autres. La politique de salut public qu'impose la réalité ne fait de cadeau à personne, n'épargne personne, elle ne peut plaire à aucun Français. C'est à cela que chacun peut la reconnaître et, du même coup, reconnaître les hommes qui parlent vrai, ceux auxquels il peut accorder sa confiance.

Depuis trente ans, il est admis que le corps électoral sanctionne ceux qui prennent le risque de déplaire, qui tiennent des propos impopulaires. Voici le temps des vérités pas bonnes à dire. Elles seules sont porteuses d'espérance. Instruits par des années d'illusions, les Français amorcent leur retour à la réalité. Plus exigeante à court terme, plus rassurante à long terme. Ils ne peuvent se réconcilier qu'avec ceux qui prennent les choses pour ce qu'elles sont, pas pour ce qu'on nous en dit. Un exercice d'humilité, car les faits sont stupides, c'est entendu. Mais, le plus stupide de tout, c'est bien de les ignorer. Telle pourrait être la moralité de ces histoires.

Remerciements

J'avais emmagasiné dans ma mémoire quantité d'histoires, celles-là et bien d'autres. Mais lesquelles retenir et quelles leçons en tirer ? Il est long, le chemin qui va des souvenirs au livre. J'ai beaucoup hésité, et sans doute hésiterais-je encore, si je n'avais été accompagné dans ce travail par mon éditrice préférée : Sophie. C'est elle qui a su mettre de la cohérence dans une matière trop riche, tenir le propos au travers des paysages les plus variés. Sans elle, *Le Divorce français* n'aurait été qu'un recueil d'histoires, qu'une collection de dossiers. Ce livre ne lui est pas dédié, il lui appartient pour une part.

Ce travail en commun ne me fait pas oublier tout ce que je dois à mes impitoyables lecteurs : Janick, mon épouse, et Claude Durand. Leur sûreté de jugement, c'est aussi ma liberté d'écrivain.

Table

Cet ouvrage a été composé en Garamond par Palimpseste à Paris
Impression réalisée sur CAMERON par
BRODARD ET TAUPIN
La Flèche

pour le compte des Éditions Fayard
en février 2008

Dépôt légal : février 2008
N° d'éditeur : 97231 – N° d'impression : 45592
35-57-3877-4/01
Imprimé en France

Pour l'éditeur, le principe est d'utiliser des papiers composés de fibres naturelles, renouvelables, recyclables et fabriquées à partir de bois issus de forêts qui adoptent un système d'aménagement durable.
En outre, l'éditeur attend de ses fournisseurs de papier qu'ils s'inscrivent dans une démarche de certification environnementale reconnue.